통찰의 투자

통찰의 투자

30년차 투자 전략가가 알려주는 돈의 흐름과 투자의 원칙

박재훈 지음

예문
yemun

머리말

투자의 감각을 기르는 가장 빠른 방법

감각이라고 하면 흔히 직관적인 것을 떠올립니다. 직관이라고 하면 운이나 영감, 혹은 신기神氣 비슷한 것이 떠오르지만 전문가의 직관은 사실 오랜 경험과 공부에서 기인하는 것입니다. 좋은 상황, 나쁜 상황 모두 겪으며 온갖 연구와 시도, 다양한 성과, 예기치 못한 상황과 예측이 실현되는 상황 등을 경험하면서 자연스럽게 체득하는 것이 직관입니다. 내일을 예측할 수 없는 투자의 세계에서 이 같은 직관은 매우 중요하다고 생각합니다. 어느 순간이 되면 시장과 돈의 흐름에 대한 감각이 발동하고 그것이 투자 성과를 좌우하는 경우가 왕왕 있기 때문입니다.

특히 젊은 세대가 투자 세계에 대거 진입하고 있습니다. 국내 주식뿐 아니라 해외, 그중에서도 미국주식에 관한 관심 또한 그 어느 때보다 높아졌습니다. 그런데 투자에 대한 감각을 오해하고 과거 성과에만 의존하여 판단하거나, 막연한 기대 또는 우려를 기반으로 한 의사결정에 자산의 운명을 맡기는 모습을 보곤 합니다.

최근 우리는 코로나바이러스로 인해 전례 없는 금융 환경에 직면했습니다. 과거 이론들이 제대로 작동하지 않고 있어 전문가들도 자산 증식이 어려운 시기입니다. 하물며 경험과 이론이 부족한 젊은 세대들은 더 말할 것도 없을 것입니다. 최종적으로 승자가 되는 가장 좋은 길은 직접 경험하고 학습함으로써 깨닫는 것이지만, 시간이 오래 걸립니다. 그래서 젊은 세대에게 가장 좋은 방법은 간접 경험을 하며 앞선 세대의 지식을 물려받는 것입니다. 투자에서도 마찬가지입니다. 직관이 생겨나기까지는 긴 세월이 걸리지만 타인의 직관을 오버레이_{가상현실에서 특정 지점을 바라보면 각종 정보가 표시되는 것}되는 안경 삼아 험난한 투자 세계를 헤쳐나가는 데 도움을 받는 것은 가능합니다.

모든 부모가 마찬가지겠지만, 자식들의 편안한 삶을 위해 무엇이라도 물려주고 싶은 것이 솔직한 심정입니다. 물질적인 재산도 좋지만, 지적인 재산을 물려주는 것은 그보다도 더 부가가치가 높은 증여 방법이라고 생각합니다. 필자에게도 이제 갓 사회에 진출한 아들이 있습니다. 이 책에 실린 글들은 필자의 아들이 제가 증여한 지식을 바탕으로 조금이나마 자산을 증식했으면 하는 바람에서 작성한 것들입니다. '이렇게 했더라면 더 좋았을 텐데' 하는 회한과 '이렇게 해보니 효과적이었다'는 등의 경험을 모두 물려주고자 했습니다. 그리고 미래에는 이러한 이론들이 작동할 것이라는 나름의 의견도 제시했습니다. 금융시장 이론 중 상당수가 해외로부터 유입된 것이라 부득이 해외 유명 전략가, 파워 블로거, 해외 논문들을 다수 인용했습니다. 또한 코로나바이러스 사태와 관련하여 새로운 시장 환경에 대응할 수 있도록 가급적이면 최신 데이터가 반영된 내용을 수록했습니다. 이러한 이론적 내용을 바탕으로 IT에 익숙한 젊은 세대들이 스스로 투자 모델을 개발할 수 있도록 현재 사용되고 있는 자산배분 모델 또한 실었습니다. 필자가 현재 몸담고 있는 ETF 업계와 관련해서도 다채로운 정보를 제공하고자 했습니다. 투자 용어나 개념에 익숙하지 않은 초보 투자자에게는 다소 어렵게 느껴질 만한 부분도 있으나, 그러한 점은 앞으로 독자와의 직접적인 만남을 통해 해결하고자 합니다. 마지막 페이지까지 조금이라도 성공투자에 도움이 되었으면 하는 바람을 눌러 담았습니다. 이 책을 읽는 모든 분이 최종적으로 승자의 미소를 짓게 되길 희망합니다.

차례

PART 1

경제적 자유의 기회는 박스 밖의 세상에 있다

PART 2

지금부터 시작해도 부자가 될 수 있을까?

PART 3

◆──── 첫 번째 인사이트 : 돈의 세계에는 분명한 패턴이 있다 ────◆

PART 4

◆──── 두 번째 인사이트 : 시장은 반드시 순환한다 ────◆

PART 5

◆━━━━ 세 번째 인사이트 : 팩터는 가장 확실한 전략이다 ━━━━◆

PART 6

◆━ 네 번째 인사이트 : 가치, 세계 최대 시장의 역사에서 얻은 교훈 ━◆

PART 7

시장을 이기는 투자를 시작하라

PART 8

앞으로 30년, 연금보다 든든한 투자 전략

경제적 자유의 기회는
박스 밖의 세상에 있다 .

부자가 되는 길,
돈을 대하는 태도가 출발점이다

무엇을 아느냐보다 어떻게 행동하느냐가 부와 가난을 가른다

제가 금융업에 처음 진입했을 때, 직장인들이 가장 안전하게 목돈을 마련하는 방법은 재형저축에 가입하는 것이었습니다. 1976년부터 1995년까지 운용된 재형저축은 파격적인 세제혜택과 고금리로 인해 일반 근로자와 자영업자들에게 매우 인기가 높았습니다. 연이자 12%짜리 저축에 6년 정도 저축하면 원금이 2배가 되었으니 지금 생각해보면 대단한 상품입니다. 현재는 3% 저축 상품에 가입한다고 가정할 경우 원금이 2배가 되려면 적어도 20년 이상이 걸립니다.

한편, 80년대 고도성장을 배경으로 주식시장이 활황세를 보이며 주식으로 2~3배의 시세차익을 보는 사람들이 생겨났습니다. 이런 경험은 점차 재형저축의 장점을 앞서게 되고, 그래서 많은 사람이 직접투자에 뛰어들었습니다.

그렇게 1988년 무렵이 되자 주가는 대세 고점을 형성하고 내리막길을 걷게 됩니다. 마침 금융시장에 입문했던 때라 저는 대규모 손실을 기록한 많은 투자자를 목격했습니다. 반대로 "주식시장은 이미 고점이니 앞으로 몇 년은 주식시장에 발 들여놓지 않겠다"라고 선언한 후 부동산 개발 지역에 투자하여 막대한 재산을 일군 분도 보았습니다.

당시에는 그분들의 경험담이 가슴에 크게 와 닿지 않았습니다. 하지만 주식시장 사이클이 형성될 때마다 동일한 현상이 반복되는 것을 경험하면서, 주식을 통해 많은 이익을 얻은 사람과 그렇지 않은 사람들, 이들 사이에는 뭔가 차이점이 있을 것이라는 생각을 하게 되었습니다. 이와 관련된 많은 연구논문과 보고서들을 읽으며 제가 찾은 내용들, 고민하고 생각한 것들을 이 책을 통해 여러분과 공유하고자 합니다. ■

■ 주식시장의 고점을 예측하고 부동산에 뛰어들어 많은 재산을 증식했던 분을 닮으라는 것이나, 시장 사이클마다 실패했던 분을 반면교사 삼으라는 말이 아니다. 필자가 강조하고 싶은 바는 수익을 내기도 하고, 손해를 입기도 하는 이러한 현상은 어떠한 투자 영역에서나 발생한다는 것이다.

많은 사람이 착각하는 지점이 있습니다. 투자를 금융에 관련된 학문으로 이해하는 것입니다. 그러나 실상 투자란 사람들이 돈을 어떻게 대하는지, 그리고 돈을 갖고 어떻게 행동하는지를 다루는 학문입니다. 인간의 행동은 가르치기 어렵습니다. 매우 스마트한 사람이라 해도 말이죠. 행동이란 공식을 암기하거나 엑셀 스프레드 모델을 이용해 완성할 수 있는 것이 아닙니다. 행동패턴은 타고나는 것으로 사람마다 다르며, 측정하기 어렵고, 시간이 지남에 따라 변화합니다. (사람들은 특히 자신들의 행동을 설명할 때 이 같은 사실을 부정하는 경향이 있습니다.)

돈을 관리하는 것도 마찬가지입니다. 돈을 버느냐 잃느냐는 여러분이 어떻게 행동하느냐와 관련이 있습니다. 일반적으로 많이 가르치거나 논의되는 이야기는 아닙니다. 금융 산업에서는 투자에 필요한 여러 도구들을 제공하지만, 투자에 있어 정말 중요한 것은 어떤 행동을 하려 할 때 우리 머릿속에 맴도는 '무언가'입니다. 그 '무언가'가 행동으로 이어지고, 그러한 행동이 투자 결과로 이어지게 됩니다.

내가 알아차리지도 못하는 사이에 나를 지배하는 그 '무언가', 투자와 관련된 행동패턴을 변화시키기 위해서는 어떻게 해야 할까요? 먼저 돈에 대한 개념을 파악하고, 돈과 관련된 심리를 살펴보는 것이 첫걸음입니다. 이론이나 구체적인 방법론을 알기 위해서는 개념 파악부터 시작해야 합니다.

돈이란 무엇인가 : 가장 쉽고도 가장 어려운 질문

돈이라는 단어를 백과사전에서 찾아보면 '재산이나 재물을 가리키는 경제용어'라고 되어 있습니다. 여기서 알 수 있듯이 '돈은 곧 재산'을 의미합니다.

우리는 살아가면서 재산을 형성하기 위해 많은 노력을 합니다. 이를 위한 방법은 저축과 투자로 나눠볼 수 있습니다. (물론 상속을 받는 경우도 있지만 본고에서는 다루지 않을 것입니다.) 개인 성향에 따라 다르겠지만, 분명히 본인이 설정한 기준에 따라 저축과 투자를 결정하게 될 것입니다.

그렇다면 저축과 투자는 어떤 기준으로 결정하는 것일까요? 일정 기간 동안 저축으로 형성되는 금액과 투자로 만들어지는 금액의 차이를 비교할 수도 있고, 안정성을 기준으로 결정할 수도 있습니다.

여기까지는 일반적인 상식이라고 할 수 있습니다. 그런데 혹시 여러분은 재산을 형성하는 과정에서 돈의 가치에 대해 생각해본 적이 있나요? 이런 질문을 하는 이유는 돈의 가치가 재산 형성 방식을 결정하는 중요한 기준이라고 생각하기 때문입니다. 좀 더 정확히 말하면 돈의 시간 가치Time Value of Money에 의해, 즉 물가를 반영한 구매력무엇을 얼마나 살 수 있는가으로 결정됩니다.

이를 증명하기 위해 다음의 사이트를 함께 보시죠.

CPI물가지수http://kostat.go.kr/incomeNcpi/cpi/를 방문해서 "체험"을 클릭하고, 왼쪽 두 번째 항목인 "화폐가치계산"를 클릭하면 됩니다. 왼쪽 그림은 1986년 1월을 기준 시점으

● ——— 화폐가치의 변화를 알아보자

화폐가치의 변화를 소비자물가지수(2015=100)에 의해 계산해 보겠습니다.

기준시점	○ 년	2000	✓	⦿ 월	1986	✓	01	✓
비교시점	○ 년	2019	✓	⦿ 월	2018	✓	06	✓	실행
물가상승배수				3.280 배

물가상승 배수를 이용하여 기준시점 화폐금액을 비교시점의 화폐가치로 환산해 보겠습니다.

| 기준시점(1986년01월) 금액 | 1.000 원 | 실행 |
| 비교시점(2018년06월) 환산금액 | 3,280 원 |

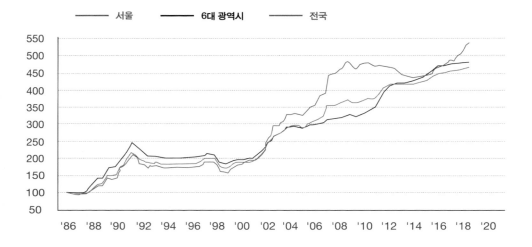

● ───── **같은 시기 아파트 가격의 변화** 출처 : KB부동산 / 기준 : 1986년 1월 = 100

───── 서울   ───── **6대 광역시**   ───── 전국

로 2018년 6월까지의 화폐가치를 산출한 것입니다. 32년 동안 물가는 3.28배 상승했습니다. 이를 비교 시점의 화폐가치로 환산해보면 1986년 1월의 1,000원은 2018년 6월 시점에 3,280원의 가치를 지닙니다. 즉, 현금을 그대로 보유하고 있는 경우 3,280원의 구매력이 있다는 의미입니다.

그런데 기준 시점에서 아파트를 구매했다면 현재 가치는 어떤 수준이 되었을까요?

위의 그래프에 나타나듯 서울 지역의 아파트 가격은 5.374배 상승했습니다. 전국 및 6개 광역시의 아파트 가격도 거의 5배에 이르는 상승률을 기록했습니다. 물론 동일한 구간에서 주식시장은 거의 20배에 이르는 상승률을 보였습니다.

간단한 예시지만, 현금보다는 다른 투자 대상을 선택했을 경우 훨씬 더 좋은 결과를 얻었음이 확인됩니다. 물론 국면마다 투자 대상을 다르게 선택할 수도 있지만, 본고에서는 구매력의 중요성을 강조하기 위해 단순 비교한 것임을 참고하기 바랍니다.

부자들은 어떻게
재산을 증식했을까?

대한민국 부자 vs. 글로벌 부자의 자산배분 비교

이번 챕터의 제목을 정하자마자 머리속을 스쳐 지나간 것이 한 가지 있었습니다. 조금은 코믹할 수도 있는, 저의 20대 시절 모습이 떠올랐던 것입니다.

저의 첫 직장은 증권사 지점이었습니다. 다들 아시겠지만 개인투자자들을 대상으로 주식 중개업무를 하는 곳입니다. 그곳에서 첫 사회생활을 하면서 소규모 자산가부터 큰 재산을 일군 분들까지, 많은 사람을 만났었는데 그중 지금도 잊히지 않는 분이 계십니다.

어느 날, 여느 때와 다름없이 폐장 후 주식공부를 하고 있는데 행색이 초라한 어르신 한 분이 객장에 찾아오셨습니다. 객장을 둘러보다가 저를 발견하고는 제 앞에 앉으시더니 이렇게 물어보셨습니다. "자네는 왜 증권사에 입사했나?"

저는 그분의 초라한 겉모습을 보곤 약간 경시하는 듯한 말투로 "돈 벌기 위해서 왔는데요"라고 대답했습니다. 그분은 웃으시더니 "증권사에 들어오면 돈을 벌 수 있는가? 그렇다면 나한테 방법을 알려주게"라고 말씀하셨습니다. 저는 "이제 입사했는데 제가 방법을 어떻게 알 수 있겠어요? 차츰 배우면서 벌어야죠"라고 대답했습니다. 그러자 제 마음을 이미 읽은 듯 "혹시 자네는 부자들이 어떤 모습으로 살고 있고, 어떻게 재산을 형성했는지 알고 있나? 혹시 모른다면 먼저 그들의 모습을 살펴보고 느껴보기 바라네. 부자가 되는 방법론은 그 이후에 알아도 충분하다네"라고 말씀하셨습니다.

그 순간, 저는 무언가에 머리를 맞은 듯 대단한 충격을 받았습니다. 당황한 것도 사실입니다. 당시 제 주변에는 부자들이 없었고, 시대적으로도 부를 형성해가는 단계여서 속칭 졸부들만 가득했던 것입니다.

그때는 '부자'란 단어가 곧 '재벌'과 동일시되던 시기였습니다. 저는 한동안 주말이면 부자들의 사는 모습을 살펴보기 위해 소위 부자 동네라고 하는 한남동, 평창동, 압구정동 등을 찾기 시작했습니다. 지금도 그렇지만 대단한 저택들이 많았지요. 롯데호텔, 하얏트호텔, 조선호텔, 쉐라톤 워커힐 호텔 등을 다니며 그 자체만으로도 큰 감명을 받았습니다. 그리고 결심도 했습니다.

하지만 여전히 마음속에는 허전함이 있었습니다. '어떻게 하면 나도 부자들처럼 살 수 있을까'하는 방법론을 찾지 못했기 때문입니다.

한동안 이를 잊어버리고 업무에 매달리던 중, 그분이 다시 방문하셨습니다. 웃으며 제게 "부자들의 모습을 좀 찾아보았나?"라고 질문하시더니 저와 거래를 하고 싶다며 계좌를 만드셨습니다. 이후 자주 접촉하며 그분의 생활과 부자들의 모습을 어렴풋이나마 느꼈고, 닮아가려고 많은 노력을 했습니다. 이후에 저는 증권사 중개업무를 마무리하고 본사의 투자 전략을 담당하게 되었고, 그러한 경력을 바탕으로 다시 자산운용사로 이직하면서 조금은 다른 길을 걷게 되었습니다.

비록 부자가 되고 싶다는 목표를 이루지는 못했지만, 요즘엔 저의 아들에게 부자가 되는 방법을 알려주고 싶어 여러 자료를 모으며 글을 쓰곤 합니다. 그럴 때마다 그분이 해주셨던 말씀이 떠오릅니다. 목표를 이룬 사람들을 보면, 자신만의 독특한 방법으로 해낸 경우도 있지만 대부분은 롤 모델을 부분적으로 추종하였음을 알 수 있습니다. 부자라는 목표 역시 마찬가지겠죠. 정말 성공한 사람들이 어떤 경로를 거쳐 그러한 부를 이룩했는지 파악해야 합니다. 그리고 그를 따르는 것이 목표에 다다르는 지름길입니다.

한국 부자와 글로벌 부자의 차이

KB금융그룹에서 조사한 <2019년 한국 부자보고서>를 기반으로 한국 부자들의 총자산 포트폴리오는 부동산 자산주택, 건물, 상가, 토지 등 53.7%, 금융 자산 39.9%, 기타 자산예술품, 회원권 등 6.4%인 것으로 나타났습니다.

부동산 비중이 다소 높은 구조입니다. 하지만 국내 가계의 평균 자산 구성은 금융 자산 비중이 18.9%, 거주 주택을 포함한 부동산 자산 비중이 76.6%에 달할 만큼 부동산에 치우친 구조를 가지고 있어 일반 가구의 자산 구조에 비해서는 금융 자산 비중이 월등히 높은 수준임을 알 수 있습니다. 이러한 부동산 자산 비중의 증가는 수도권 중심의 주택시장 매매 가격의 상승세, 투자 수요로 인한 분양 및 재건축 시장의 활성화 등으로 인해 부동산 자산의 가치가 상승하였기 때문으로 해석됩니다.

부동산 투자가 재산 형성 방식의 70% 이상을 차지하는 점을 보면, 한국 사회에서 자산 증식의 수단으로써 부동산의 위치를 가늠할 수 있습니다. 이는 굳이 수치를 대입하지 않더라도 필자가 사회 초년병 시절이었던 때와 별반 다르지 않은 구조입니다. 결국 재산을 형성하기 위해 부동산 투자는 필수라는 결론이 나옵니다.

(국내의 투자 환경과 재산 형성 과정의 노하우 등 차이점이 있을 테지만) 그런데 이러한 구조를

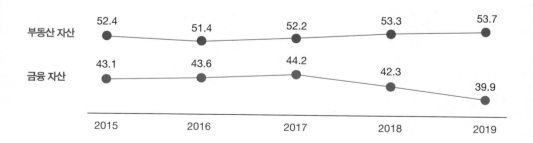

● ── **한국 부자의 자산구성 비중 추이** 출처 : KB금융그룹, 단위 : %

	2015	2016	2017	2018	2019
부동산 자산	52.4	51.4	52.2	53.3	53.7
금융 자산	43.1	43.6	44.2	42.3	39.9

글로벌 자산가들의 그것과 비교해보면 크게 다르다는 걸 알 수 있습니다. 특히 세계 최고의 선진국이라는 미국과 비교해보면 그 차이가 확연히 드러납니다.

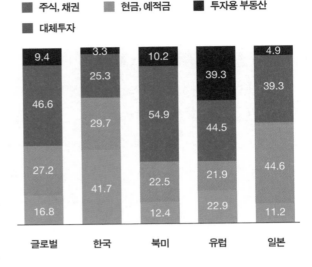

글로벌 부자의 자산구성 비중 추이
출처 : KB금융그룹, 단위 : %

■ 주식, 채권　　■ 현금, 예적금　　■ 투자용 부동산
■ 대체투자

	글로벌	한국	북미	유럽	일본
투자용 부동산	9.4	3.3	10.2	39.3	4.9
	46.6	25.3	54.9		39.3
	27.2	29.7	22.5	44.5	44.6
	16.8	41.7	12.4	21.9	11.2
				22.9	

앞 장의 차트에서 보듯이 우리나라 부자들의 부동산 비중은 글로벌 대비 거의 2.5배, 미국에 비해서는 3배, 그리고 일본에 비해서는 거의 4배에 이를 정도로 과도한 비중을 차지하고 있습니다. 물론 이러한 비중이 잘못된 자산 배분이라는 뜻은 아닙니다.

여기서 더 나아가, 글로벌 거액투자자HNNI: high-net-worth investors들의 자산배분 구조와 비교해보면 더욱 뚜렷한 차이를 알 수 있습니다. 이들을 대표하는 준거집단인 타이거21Tiger21: 미국, 영국, 캐나다 등지의 29개 도시와 500개 기업을 회원으로 두고 있으며 투자 가능 자산규모는 50조 원임의 자산배분을 보시죠. 부동산 비중과 주식 비중이 거의 유사합니다.

물론 이러한 배분 구조는 철저히 펀더멘탈을 기초로 구성된 것이지만, 자산배분의 기본 논리인 리스크 온risk on·리스크 오프risk off■ 그리고 자산 간의 트레이드 오프trade off, 즉 상충관계를 철저히 준수하고 있다는 점을 알 수 있습니다.

다음에 자세히 다루겠지만, 필자가 ETF를 통한 자산 증식을 강조하는 근거도 이에 두고 있는 것입니다. 자산 증식을 위한 첫 번째 과정인 목돈 만들

■ 리스크 온은 리스크가 큰 위험자산을 운용하는 것으로 일반적으로 낙관론이 강한 시점에서 이런 투자가 행해지는 경우가 많다. 리스크 오프는 반대로 시장에 비관론이 우세해질 경우 안전자산으로 자금을 이동시켜 위험을 회피하는 것을 말한다.

● ── **글로벌 거액투자자, 타이거 21의 자산배분** 출처 : 블룸버그 / 단위 : %

Legend:
- ■ 고정수입
- ■ 현금
- ■ 상장주식 투자
- ■ 사모펀드 투자
- ■ 부동산 투자
- ■ 헤지펀드 투자
- ■ 기타

구분													
고정수입	8	7	6						6		6		
현금	11	11	10	10	9	10	9	9	9	9	9	9	
기타	10	11	11	11	11	11	11	10	10	10	10	12	
상장주식 투자	22	21	21	21	21	20	21	23	23	24	23	22	22
사모펀드/헤지펀드 투자	23	23	22	20	20	21	21	22	21	23	24	25	25
부동산 투자	25	26	28	30	32	33	31	30	30	27	28	27	26

2016 Q2　2016 Q4　2017 Q2　2017 Q4　2018 Q2　2018 Q4　2019 Q2

기에서도 과도한 초기 자금이 소요되는 부동산물론 소자본으로도 형성할 수 있음보다는 주식을 통해 형성하는 방법이 보다 가능성이 높고, 필자의 전공이 부동산이 아닌 투자 금융인이라는 점도 반영되었습니다.

부자들의 습관을 실천하는 것이 경제적 자유를 향한 첫걸음

글로벌 부자들에게는 공통적인 습관이 있다

어떤 일을 성공적으로 달성하기 위해서는 지식도 중요하지만 습관이 제일 중요합니다. 습관이란 나도 모르는 사이 몸에 밴 행동입니다. 앞서 투자는 금융이론이 아닌, 돈을 대하는 태도 및 행동과 관련된 학문이라 말한 바 있습니다. 부자의 습관을 모방하는 것은 부자들의 행동패턴을 학습하는 것과 같습니다.

이번 장의 내용은 필자의 경험을 바탕으로, 구글Google에서 검색한 것들 가운데 공통적이라고 생각하는 사항들을 정리한 것입니다. 지금부터 설명할 기준이 절대적인 것은 아닙니다. 하지만 성공하길 원하고 부자를 꿈꾼다면 한 번쯤은 실천해야 할, 어쩌면 반드시 숙지해야 할 것으로 판단되며, 필자의 아들에게도 권장하고 있는 내용입니다.

능력 범위 내에서 생활해라

부자들은 미래에 벌어들일 소득을 예상하여 미리 지출하려 하지 않습니다. 그들은 수입의 20%를 저축하고 나머지 80%로 먹고삽니다. 이는 제가 증권사 초년병 시절에 만났던 그 분이 제일 먼저 강조했던 사항입니다. 그분은 신용카드를 사용하지 않았습니다. (불행하게도 직장에 취업하게 되면 신용카드부터 만들게 됩니다. 필자의 경험으로 신용카드는 미래의 부채를 만드는 출발점이었습니다.) 따라서 이를 실천하기 위한 구체적인 방법은 다음과 같습니다.

❶ 자가 주택을 갖고 있든, 임대를 하든 상관없이, 주택에 관련된 비용은 수입의 25% 이하로 제한해라.

❷ 식음료 지출에 15% 이상 쓰지 않도록 해라.

❸ 술집, 영화, 미니어처 등 엔터테인먼트와 관련된 지출은 10% 이내로 제한해라. 휴가에 사용되는 비용은 연 소득의 5%를 넘지 말아야 한다.

❹ 자동차를 소유하고 싶다면 자동차 대출에 5% 이상 지출해서는 안 된다. 부자들의 95%는 자동차를 리스하는 대신 구입하여 사용한다. 구입한 자동차는 바퀴가 떨어질 때까지 사용하고, 장기적으로 절약할 수 있도록 세심한 주의를 기울인다.

❺ 신용카드 빚이 누적되는 것을 경계해라. 만약 신용카드로 인한 부채가 쌓이고 있다면, 어디선가 지출을 줄여야 한다는 분명한 신호이다.

❻ 저축과 투자를 완전히 다른 개념으로 생각해라. 여러분은 저축한 돈을 절대로 잃어서는 안 된다. 실직하거나 사업이 잘 안 될 경우에 대비해서 6개월치 생활비를 긴급자금으로 비축해둬라.

❼ 퇴직 이후를 대비하기 위해 가능한 수단을 모색해야 한다. (사적 퇴직연금 가입을 고려해라.)

절대 도박을 해서는 안 된다

매주 많은 사람이 로또 복권을 구입합니다. 부자들은 절대로 이러한 숫자 놀음을 하지 않습니다. 그들은 행운에 의해 부자가 되는 방법에 의존하지 않으며, 스스로 운을 개척합니다.

매일 무언가를 읽어라

사업과 관련된 지식, 업무에 도움이 되는 정보나 직업상 고객이나 동료에게 매우 가치가 있어 보이는 것들을 읽어야 합니다. 부자들 가운데 88%는 매일 30분 이상 이를 실천합니다. 주로 다음과 같은 시간을 이용한다고 합니다.

❶ 63%는 출퇴근 시간에 오디오북을 듣는다.

❷ 79%는 경력 교육과 관련된 교재를 읽는다.

❸ 55%는 자기계발에 도움이 되는 것을 읽는다.

❹ 58%는 성공한 사람들의 자서전을 읽는다.

❺ 94%는 현재 벌어지고 있는 사건들에 관한 뉴스를 읽는다.

❻ 51%는 역사를 읽는다.

❼ 11%는 단순히 즐거움을 목적으로 읽는다.

그에 반해 재정적으로 어려움을 겪는 사람들 50명 가운데 한 명만이 자기계발을 위한 독서를 하고 있으며, 그 결과 전문적인 지식을 갖고 있지 않아서 제일 먼저 해고되거나 도태될 가능성이 높다고 합니다.

TV 시청을 절제하고 인터넷 서핑 시간을 줄여라

자신이 브라운관 앞에서 넋을 잃고 얼마나 많은 시간을 소비하는지 알고 있나요? 부자들의 2/3는 TV 시청에 하루 한 시간 이상을 소비하지 않습니다. 부자들의 63%는 업무와 관련된 일이 아니면 인터넷 서핑 시간 또한 한 시간 미만에 불과합니다.

대신에 부자들은 여가 시간을 자기계발, 인간관계 관리, 자원봉사, 부업 등 보상을 받을 수 있는 목표를 달성하는 데 사용합니다. 그러나 재정적으로 어려움을 겪는 사람 중 77%

는 하루 한 시간 이상 TV를 시청하고, 74%는 인터넷을 오락용으로 사용한다고 합니다.

당신의 감정을 통제해라

모든 생각을 굳이 입을 통해 전달할 필요는 없습니다. 감정을 다 표현할 필요도 없습니다. 경제적으로 힘든 사람의 69%가 가볍게 말하는 습관을 갖고 있다고 합니다. 반대로 94%의 부자들은 자신의 감정을 제어합니다. 그들은 감정을 그대로 표출하는 습관이 직장 내 인간관계 또는 가족 관계를 파괴할 수 있다는 것을 알고 있습니다. 말을 하고 싶어도 마음이 차분해지고 객관적으로 상황을 볼 시간이 있을 때까지 기다려야 합니다.

업무와 직업을 뛰어넘어라

성공하지 못한 사람들은 대개 '내 직업에는 미래가 없다'고 생각합니다. 결과적으로, 그들에게는 더 많은 책임이 주어지지 않으며 연봉은 해가 지나도 거의 증가하지 않습니다. 반면에 부유한 사람들은 그들이 속한 산업과 관련된 글을 작성하고, 관련된 행사나 네트워킹에서 연설하면서 자신들의 고용주나 고객들에게 자신이 매우 소중한 존재란 사실을 홍보한다고 합니다.

게으름을 피우지 말라

성공한 사람들은 게으름을 피우는 것이 자신의 가치를 손상시키는 행위란 걸 알고 있습니다. 게으름은 고용주와 고객을 불만족스럽게 하고, 다른 비사업적인 관계를 훼손시킵니다. 게으름을 방지하기 위해서는 어떻게 해야 할까요? 여기, 도움이 되는 전략이 있습니다.

❶ 매일 '해야 할 일to-do' 리스트를 작성합니다. 그리고 리스트의 70% 이상을 실천해야 합니다.

❷ 해야 할 일을 실천하기 위한 마감시한을 정합니다. 마감시한 전에 끝내는 것은 문제가 되지 않습니다.

❸ 동료들에게 책임감 있는 모습을 보이세요. 이들은 큰 목표를 추구하기 위해 함께 일하는 사람들입니다. 적어도 주마다 그들과 소통하면서, 그들이 당신에게 압박을 주고 있는지를 확인해야 합니다.

❹ '지금 할 수 있다'는 자신감을 자주 표현하세요. 일종의 자기 암시 기법으로, 과제나 프로젝트를 시작하기 전에 "지금 할 수 있다"라는 말을 반복하는 것입니다.

해가 되는 사람은 가급적 피해라

부유하고 성공한 사람들의 86%는 성공한 사람들과 사귄다고 합니다. 그렇지만 재정적으로 어려운 사람들의 96%는 비슷한 여건을 갖춘 사람들과 교류합니다.

성공한 사람들의 교류 습관을 익히려면, 인간관계 가운데 부자의 관계Rich Relationship : 당신에게 도움이 될 수 있는 사람와 가난의 관계poverty Relationship : 여러분의 뒤통수를 칠 사람를 구분해낼 필요가 있습니다. 부자의 관계와 더 많은 시간을 보내는 것이 좋으며, 가난의 관계와 보내는 시간은 줄여야 합니다. 부자의 관계들은 여러분이 더 나은 직업을 찾는 데 도움이 될 수 있고, 그러다 보면 새로운 사업이나 투자의 기회를 발견할 수도 있을 것입니다.

스스로 한계가 있음을 인정해서는 안 된다

경제적으로 고통받는 많은 이들이 다음과 같은 말을 입에 달고 삽니다. "가난한 사람들은 절대 부자가 될 수 없어." "부자들은 무슨 복이 저렇게 많대, 나는 박복해." "난 전혀 똑똑

하지 않아." "나는 아무것도 제대로 할 수 없어." "운도 없지, 하는 일마다 실패야." 이와 같이 자기 스스로 정한 한계점들은 여러분의 행동을 부정적으로 변화시킵니다. 5명의 부유한 사람 중 4명은 자신들의 성공이 스스로에 대한 믿음에서 비롯되었다고 생각합니다.

멘토를 만들어라

부자들 가운데 93%는 성공 모델로 삼을 수 있는 멘토를 가지고 있습니다. 멘토들은 정기적으로 그리고 적극적으로 해야 할 일과 해서는 안 되는 일에 관한 가르침을 주면서 여러분의 성장에 크게 기여할 수 있습니다. 이와 같은 멘토를 찾는 것은 고통을 줄이면서 부자가 될 수 있는 최선의 방법입니다.

당신 자신만의 중요한 목적을 만들어라

이것이 마지막 부자들의 습관입니다. 자신만의 이상, 중요한 목표를 추구하며 사는 사람들이야말로 최고의 부자이자 가장 행복한 사람들입니다. 그들은 자신의 직업을 사랑하기 때문에 목표를 이루기 위해 매일 많은 시간을 기꺼이 투입합니다. 좋아서 하는 노력은 자기 발전과 목표 달성, 그리고 새로운 목표라는 선순환을 만들어냅니다. 이런 사람들은 성공하지 못하는 게 오히려 이상할 겁니다.

만약 직장생활에서 충분한 소득을 얻지 못하고 있다면, 자신의 직업을 사랑하지 않을 확률이 높습니다. 만약 좋아하는 일을 하면서 충분한 소득을 얻고 있다면, 당신은 자신만의 중요한 목적을 발견한 것입니다.

나만의 목적을 발견하는 일은 어렵지 않습니다.

❶ 나를 행복하게 해 줬던 모든 것을 리스트로 작성합니다.

❷ 목록 가운데 특별한 능력이 요구되는 항목들을 찾아내고, 관련된 항목들을 분류해 봅니다.

❸ 내게 기쁨을 안겨준 항목을 순서대로 10가지로 순위를 설정합니다. 어떤 항목이든지 최고의 행복을 안겨주었다면 10점을 부여합니다.

❹ 이제 10가지 항목을 소득 창출 잠재력 순으로 정리합니다. 가장 수익성이 높은 항목에 10점을 부여합니다.

❺ 점수를 합산합니다. 가장 높은 점수를 받은 항목이 당신의 삶에서 가장 중요한 목적일 가능성이 높습니다.

지금까지 부자들이 갖고 있는 습관을 설명했습니다. 특히 젊은 독자라면, 이번 장에서 읽고 실천하기 시작한 아주 조그마한 습관이 훗날 커다란 차이를 만들지 모릅니다.

투자 기간에 따른 리스크와
수익률 설정이 중요한 이유

투자와 돈, 어떻게 대해야 할 것인가

지금까지 부자가 되기 위한 기본적인 요건과 마음가짐 등을 살펴보았습니다. 이제 본격적으로 부자가 되기 위해서는 어떤 수단을 사용해야 하는지 알아보겠습니다.

앞서 밝힌 바와 같이 한국과 글로벌 거액자산가들의 자산배분을 보면, 비중은 상이하지만 주식 투자가 주요한 자산 증식의 수단임을 확인할 수 있습니다. 사실 필자는 부동산이나 다른 부분은 문외한이어서 제가 여기서 다루기에는 부적절하다고 생각합니다. 또한 대다수의 젊은 독자들은 금수저가 아닌 이상 현재 대규모 자금을 투자할 여력이 없을 것입니다. 따라서 제일 중요한 것은 목돈Lump Sum(앞으로 본고에서 자주 사용될 용어이기 때문에 꼭 기억하시기 바랍니다)을 만드는 것입니다.

목돈을 만드는 데는 많은 방법이 존재합니다. 부동산 전문가들을 통해 알아본 결과 부동산을 통해서도 목돈 마련이 가능하다고 합니다. 금융시장에는 주식을 포함한 다양한 투자 대상들이 있습니다. 부동산도 마찬가지겠지만 금융시장에서 목돈을 만들기 위해서는 소액을 정기적으로 저축하거나 투자를 통해 목표로 하는 기간 내에 예상하는 일정 규모의 자금을 확보하는 것이 가장 중요합니다.

지극히 원론적이지만, 젊은 여러분이 많은 것을 희생하고 목돈을 마련하려는 목표를 세운 만큼, 이를 달성하는 데 도움이 되는 상품들을 잘 선택해야 할 것입니다. 투자 리스크는 낮고 적절한 수익률을 보장하는 상품들을 골라야 합니다. 그리고 스스로 설정한 목표 기간Time Horizon에 따라서 리스크와 수익률을 설정해야 합니다.

왜냐하면 투자 대상 상품에는 추세trend와 주기적인 변동cycle이 존재하기 때문입니다.

투자 대상을 선택할 때, 대상 상품이 상승 추세를 형성할 것인지의 여부 그리고 상승 추세를 형성한다면 지금 투자에 나서는 것이 적절한 선택인지 아닌지 판단하기란 정말 어렵습니다. 예측의 영역이기 때문입니다. 추세를 판단하는 것도 어렵지만, 사이클 상의 정점과 고점을 맞추기는 더욱 어렵습니다. 이것이 바로 투자 리스크Risk입니다.

그때 그걸 샀더라면 : 가정은 왜 무의미한가

지금 국내 주식시장에서 가장 대표적인 종목은 역시 삼성전자일 것입니다. 제가 입사할 당시1991년 삼성전자 주가는 500원을 중심으로 움직이고 있었습니다. 역사상 최고가는 2020년 1월 20일에 기록한 62,800원이었으니까, 당시에 주식을 매입했다면 30년 만에 120배나 오른 셈이죠액면분할을 감안한 수치. 연간 4배씩 상승한 것과 같은 의미입니다. 생각해보면 정말 대단한 주식입니다. 물론 이에 버금가는 투자 대상들도 많지만, 일반적으로 생각하기에 안전하면서 이처럼 높은 수익률을 제공한 투자 대상은 찾아보기 어려울 것입니다. 당시에 제가 월급의 일정 부분을 삼성전자 주식에 투자했다면 저는 지금쯤 증권사를 운영하고 있을지도 모릅니다.

그러나 당시에는 삼성전자가 이처럼 높은 투자수익을 안겨주리라 생각한 투자자는 많지 않았습니다. 기관투자자들 역시 마찬가지였고요. 왜일까요? 기억하고 싶지 않지만 우리는 1997년에 외환위기로 인해 IMF 구제금융을 받는 등 국가가 파산 상태에 이르렀던 경험이 있습니다. 당시에 대부분의 투자자들은 주식과 같은 위험자산을 버리고 안전자산으로 몰려갔습니다. 물론 당시에 채권을 매입했다면 삼성전자만큼 수익을 얻을 수도 있었을 것입니다.

그러나 2000년 IT 버블과 2008년 글로벌 금융위기 등을 거치면서 이와 같은 전략도 지속적으로 유지하기 힘들어졌습니다. 그 근거를 지금부터 설명드리겠습니다.

첫째, 20년간 시가총액 상위 10위에 편입된 종목은 삼성전자가 유일하다

매우 단순한 사례를 들어보겠습니다. 1997년연말 기준부터 2019년까지 유가증권시장 시가총액 상위 10위에 계속해서 이름을 올린 기업은 삼성전자가 유일합니다. 1997~1999년 2~3위에 있던 삼성전자는 2000년에 1위를 차지한 뒤 20년 가까이 자리를 유지하고 있습니다. 뒤이어 SK하이닉스가 4년 연속으로 2위를 차지했고, 포스코POSCO도 꾸준히 10위권에 들어있지만 부침이 있었습니다.

둘째, 투자 대상 자산군별 연간 수익률을 보면 지속성 있는 투자 대상을 발견하기 어렵다

다음 장의 그림32페이지 참고은 글로벌 투자 대상에 대한 연간 수익률을 표시한 것입니다. 매년 수익률 1위 자리가 바뀌고 있습니다. 2009년에는 이머징 마켓 주식이 78.51%의 수익률을 기록했고, 2010년과 2011년에는 금이 각각 28.72%와 9.63%의 수익률을 냈습니다. 2012년에는 다시 이머징 마켓 주식18.22%이, 2013년에는 미국의 소형주스몰캡, 31.78%가, 2014년과 2015년에는 미국의 부동산31.78%, 4.23%이, 2016년에는 다시 미국 소형주21.31%가 1등을 차지했습니다. 이어서 2017년에는 이머징 마켓 주식37.28%, 2018년에는 미국 국채0.01%, 2019년에는 미국 대형주31.49%의 수익률이 1등이었습니다. 물론 미국주식 대형주는 2013년부터 7년간 연속으로 수익률 상위 5위권 안에 포진한 점이 흥미로운 따름입니다. 왜 이러한 현상이 나타나는 것일까요?

● ─── 글로벌 투자 대상에 대한 연간 수익률 출처 : Hanlon Research

2009	2010	2011	2012	2013	2014	2015	2016	2017	2018	2019
Emerging Market Stocks 78.51%	Gold 28.72%	Gold 9.63%	Emerging Market Stocks 18.22%	US Small Cap 38.82%	US Real Estate 31.78%	US Real Estate 4.23%	US Small Cap 21.31%	Emerging Market Stocks 37.28%	US Agg Bond 0.01%	US Large Cap 31.49%
US High Yield Bonds 44.46%	US Real Estate 28.60%	US Real Estate 9.24%	US Real Estate 17.59%	US Mid Cap 34.76%	US Large Cap 13.69%	US Large Cap 1.38%	US High Yield Bonds 15.33%	Developed International Stocks 25.03%	Global Agg Bond -1.20%	US Mid Cap 30.54%
US Mid Cap 40.48%	US Small Cap 26.85%	US Agg Bond 7.84%	Developed International Stocks 17.32%	US Large Cap 32.39%	US Mid Cap 13.22%	US Agg Bond 0.55%	US Mid Cap 13.80%	US Large Cap 21.83%	US High Yield Bonds -1.51%	US Real Estate 25.76%
Developed International Stocks 31.78%	US Mid Cap 25.48%	US High Yield Bonds 5.95%	US Mid Cap 17.28%	Developed International Stocks 22.78%	US Agg Bond 5.97%	Developed International Stocks -0.81%	US Large Cap 11.96%	US Mid Cap 18.52%	Gold -2.81%	US Small Cap 25.52%
US Real Estate 28.60%	Emerging Market Stocks 18.88%	Global Agg Bond 5.64%	US Small Cap 16.35%	US High Yield Bonds 5.93%	US Small Cap 4.89%	US Mid Cap -2.44%	Commodities 11.77%	US Small Cap 14.65%	US Large Cap -4.38%	Developed International Stocks 22.01%
US Small Cap 27.17%	Commodities 16.83%	US Large Cap 2.11%	US Large Cap 16.00%	US Real Estate 1.86%	US High Yield Bonds 2.13%	Global Agg Bond -3.15%	Emerging Market Stocks 11.19%	Gold 12.79%	US Real Estate -4.84%	Emerging Market Stocks 18.42%
US Large Cap 26.46%	US Large Cap 15.06%	US Mid Cap -1.55%	US High Yield Bonds 14.15%	US Agg Bond -2.02%	Global Agg Bond 0.59%	US Small Cap -4.41%	Gold 7.75%	Global Agg Bond 7.39%	US Mid Cap -9.06%	Gold 18.03%
Gold 22.86%	US High Yield Bonds 12.58%	US Small Cap -4.18%	Gold 6.08%	Global Agg Bond 2.60%	Gold -1.75%	US High Yield Bonds -5.03%	US Real Estate 7.24%	US High Yield Bonds 6.34%	US Small Cap -11.01%	US High Yield Bonds 14.65%
Commodities 18.91%	Developed International Stocks 7.75%	Developed International Stocks -12.14%	Global Agg Bond 4.32%	Emerging Market Stocks -2.60%	Emerging Market Stocks -2.19%	Gold -10.88%	US Agg Bond 2.65%	US Real Estate 4.18%	Commodities -11.25%	US Agg Bond 8.72%
Global Agg Bond 6.93%	US Agg Bond 6.54%	Commodities -13.32%	US Agg Bond 4.21%	Commodities -9.52%	Developed International Stocks -4.90%	Emerging Market Stocks -14.92%	Global Agg Bond 2.09%	US Agg Bond 3.54%	Developed International Stocks -13.79%	Commodities 7.69%
US Agg Bond 5.93%	Global Agg Bond 5.54%	Emerging Market Stocks -18.42%	Commodities -1.06%	Gold -28.65%	Commodities -17.01%	Commodities -24.66%	Developed International Stocks 1.00%	Commodities 1.70%	Emerging Market Stocks -14.57%	Global Agg Bond 6.84%

개별자산 선택이 생각보다 어려운 이유 참조 : creativePlanning

물론 펀더멘탈 측면에서는 각각의 자산군들이 처한 경제적 상황이 다르기 때문에 상기와 같은 현상이 발생합니다. 즉, 국내 주식시장의 주도주들이 시점에 따라 다르게 변화한 것은 경제 상황과 구조 등에 기인한 것입니다. 정말 원론적인 대답이죠. 이에 비해 투자자들의 심리를 투자의사결정에 이용하는 최근의 행태주의 재무이론behavioral finance에서는 보다 명쾌한 설명을 제공합니다.■ 주식에 한정해서 설명해보겠습니다.

결론부터 이야기하자면, 승자주식winner stock을 발견한다는 건 거의 미친 짓에 가깝습

■ 재무 관련 이론을 전공으로 선택하지 않는 이상, 개인 투자자들이 펀더멘탈 요인을 이해하고 개별 투자 대상을 선정하는 것은 매우 위험한 일이다. 따라서 먼저 심리적인 요인을 파악하고, 이를 개선하려고 노력한다면 소기의 성과는 얻을 수 있을 것이다.

니다. 말로는 쉬워 보이지만 아마추어와 전문 투자자를 불문하고 상당수는 실패를 거듭합니다. 이를 증명하기 위해 액티브하게 운용하는 미국주식형 펀드의 성과를 살펴보니 (어떤 분야에 초점을 맞추는가에 따라 다르지만) 지난 15년간 벤치마크^{지수}를 상회한 펀드는 1~14%에 불과했습니다. S&P Dow Jones Indices 발표. 액티브한 전략으로 쉽게 수익을 올릴 수 있다는 생각이 허구에 불과한 이유는 무엇일까요? 성공적인 종목 선정을 위해서는 다음과 같은 장애물을 극복해야 하기 때문입니다.

치열한 경쟁

투자는 게임과 유사하다고 표현되기도 합니다. 왜냐하면 투자 목적이 매우 중요하기 때문이죠. 많은 사람이 투자를 매혹적인 게임으로 여기며, 손쉽게 부자가 될 가능성이 높다는 생각에 사로잡혀 있습니다. 그러나 글로벌 금융시장은 전 세계적으로 투자에 성공하길 원하는 가장 뛰어나고 현명한 사람들이 모인 곳입니다. 따라서 저가 매수의 기회가 생기면 이들이 이러한 상태가 오래가도록 가만 놔두지 않습니다.

거래비용

투자자들이 매수·매도 행위를 할 때마다 거래비용이 발생합니다. 거래비용은 필연적으로 투자자들의 수익을 감소시킵니다. 증권사에서는 거래비용은 매우 적고 때로 제로_{zero}에 가깝다는 내용의 광고를 정기적으로 내보내는데, 이는 투자자들에게 적은 거래비용으로 거래할 수 있음을 상기시켜 주기 위해서입니다. 그 결과 낮은 거래비용만 생각하고 투자자들은 개별 종목들을 선호하게 됩니다.

왜도 현상

주식 한 종목의 최대손실률은 100%입니다. 그러나 상승 잠재력은 200%, 500%, 아니 그 이상일 수 있습니다. 매년 매우 놀라운 상승세를 보이는 소수의 종목들이 종합지수를 끌어올립니다. 그래서 대부분의 주식들은 평균적으로 부진한 수익률을 보입니다. 이것이 바로 왜도skewness 현상입니다. 애리조나 주립대Arizona State University 교수인 헨드릭 베셈바인더Hendrik Bessembinder의 최근 연구에 따르면 지난 90년 동안 미국 단기국채TB 수익률을 상회한 주식은 겨우 4% 미만인 것으로 나타났습니다. 그럼에도 극소수에 불과한 최고의 승자주식들은 복권 당첨금처럼 우리의 상상력을 자극해서 시장을 쉽게 이길 수 있으리란 환상을 심어줍니다. 물론 이런 기대감은 접어야 합니다.

처분 효과

당신이 승자주식을 매수할 수 있는 행운아라고 가정해봅시다. 주가가 2배, 3배 상승하는 모습을 보면 흐뭇할 것입니다. 그런데 어느 날 갑자기 주식시장이 급락하면 어떤 행동을 할까요? 높은 확률로 그동안 2~3배 상승했던 아마존Amazon이나 애플Apple 같은 주식들을 매도할 것입니다. 그리고 손실이 발생한 주식들은 원금회복을 기다리며 보유할 것입니다.

최고의 승자주식을 매도하는 건 커다란 실수입니다. 궁극적으로는 이러한 몇 가지 종목들이 일생 벌어들인 주식 투자수익에 맞먹는 대단한 수익을 안겨줄 수 있었을 테니까요.

행태재무학에서는 많은 투자자가 이익을 얻으면 결국에는 매도하고 만다고 주장합니다. 이를 '처분 효과'라고 부릅니다. 이러한 현상이 발생하는 원인은 무엇일까요? 손실을 복구하려는 욕구가 있기 때문입니다. 또, 손절매에 따른 정신적 고통을 회피하기 위해 매도를 꺼리는 경향도 있습니다.

쉽게 번 돈은 쉽게 나간다

주식 투자 초기에 성공하고 나면 사람들은 어떤 행동을 할까요? 최고의 주식을 찾으려는 노력을 계속하는 것이 아니라, 자신이 선택한 종목들에 더 많은 돈을 투자해서 더 많은 수익을 추구하려 합니다.

왜 이렇게 공격적인 투자를 하는 것일까요? 사람들은 쉽게 돈을 벌면 이를 가볍게 취급하고, 더 많은 리스크를 감수하려는 경향이 있습니다. 이를 하우스 머니 이펙트House money effect라고 합니다. 도박꾼들이 놀음에 심취하여 도박장Houes에서 빌리는 돈을 가볍게 생각한다는 데서 비롯된 표현입니다. 즉, 재정적으로 풍부하기 때문에 더 많은 위험을 감수할 수 있다고 생각하는 것입니다.

평균회귀

그렇다면 지금까지 설명한 이야기는 어떻게 종결될까요? 개별 종목에 지속적으로 투자하는 것은 결국 실패로 귀결될 것이고, 평생의 투자수익률은 시장 평균을 하회하게 될 것입니다. 이러한 결과의 원인은 다시 한번 투자 비용과 왜도 현상에서 찾을 수 있습니다. 매우 특별한 능력을 갖고 있거나 행운이 따르지 않는 한, 우리가 선택한 주식 대부분은 시장 수익률보다 부진한 결과를 낼 것입니다. 그 와중에 매수한 소수의 승자주식들을 끝까지 보유할 경우, 그나마 평균 수익률로 회귀할 수 있지만 총체적으로는 낮은 수익률을 내게 됩니다.

파스칼의 도박

여러분이 최고의 주식을 선정할 확률이 낮다는 뜻은 아닙니다. 그리고 여러분을 절대 과소평가하는 것도 아닙니다. 다만 우리는 파스칼Pascal의 도박에서 교훈을 얻을 필요가 있습니다. 파스칼의 도박이란 17세기 프랑스 철학자이면서 수학자인 파스칼이 발견한 것으로, '신을 믿는 것은 합리적이다'라는 주장입니다. 만약 신이 존재한다고 믿었는데 사실은 존재하지 않는다는 것이 밝혀지면, 그 대가는 크지 않을 것입니다. 즉, 평생 예배는 드리지만 조금은 비도덕적인 행동을 해도 됩니다. 그렇지만 우리가 신은 존재하지 않는다고 믿었는데 신이 존재하는 것으로 밝혀진다면 그에 대한 대가는 가혹할 것입니다. 지옥으로 떨어질지도 모릅니다.

파스칼의 도박이 주는 교훈은, 각기 다른 결과가 발생할 가능성뿐만 아니라 각각의 결과에 대해서도 생각해야 한다는 것입니다. 만약 우리가 일생 동안 개별 종목 투자에 시간을 허비하고 마침내 승자가 된다면, 우리의 나머지 인생은 보다 풍요로울 것입니다. 그러나 만약에 실패한다면 어쩌면 퇴직 이후의 생활은 없을지도 모릅니다. 다시 말해서, 성공적인 주식 선정에 따른 혜택은 실패에 따른 결과 다음으로 불확실합니다.

퇴직 이후를 위한 저축이나 투자는 결코 실패해서는 안 됩니다. 그렇기 때문에 신중한 사람들은 정기적으로 저축하며, 저비용의 인덱스펀드를 통해 분산투자하는 방식으로 자산을 관리합니다.

투자 실력을 키워 크게 벌 수 있단 착각에서 벗어나라

필자는 펀드매니저로도 15년간을 일했습니다. 일반적으로 펀드매니저가 펀드를 운용하는 프로세스는 다음 2가지로 분류할 수 있습니다. 운용 스타일에 따라 종목 선정 bottom-up에 주안점을 두기도 하고, 거시 변수를 전제로 한 톱다운top-down 방식을 선호하기도 합니다. 방식은 다르지만 모두 어떻게 하면 벤치마크를 상회하는 수익률알파값을 얻을 수 있을까에 초점을 맞추고 있습니다. 알파를 창출하기 위해 소수 종목에 집중된 투자를 하기도 하고, 업종 비중을 조절하여 벤치마크를 이기려는 노력을 하게 됩니다. 어쨌거나 포트폴리오 종목을 선정하는 데 심혈을 기울인다는 것이 공통점입니다.

그렇다면 포트폴리오에 편입할 종목은 어떻게 선정할까요? 1차적으로 종목 관련 재무제표를 기반으로 다수의 종목운용기관에 따라 다르지만 200종목을 상회하지 않음을 고릅니다. 이 가운데 시가총액이 큰 대형주의 경우 일반적으로 알려진 정보기업실적 공시내용, 기업과의 콘퍼런스 콜, 거시변수점검 등을 통해 밸류에이션이 가능합니다. 그러나 이러한 프로세스를 통해서도 걸러지지 않는 종목들이 있습니다. 이른바 숨어 있는 보석hidden champion을 발굴하기 위한 노력이 대단합니다. 사실상 포트폴리오 알파값은 이들 종목을 통해 실현됩니다.

따라서 펀드운용역들은 이러한 특성을 지닌 종목들을 발굴하기 위해 사활을 걸고 있습니다. 제일 좋은 방법은 직접 기업을 방문하는 것입니다. 최고경영자 또는 최소한 재무담당임원이나 IR 담당자들을 만나 기업 내용을 파악합니다. 더욱 세밀히 살피기 위해 제조업의 경우 공장을 방문하기도 하고 경쟁업체들을 만나기도 합니다. 그리고 회사에 들어와서는 방문한 내용을 기반으로 밸류에이션을 추정합니다.

이렇게 추정된 밸류에이션에 오류가 있을지 모르므로 증권사에 있는 담당 애널리스트들과 세미나를 통해 교차분석도 합니다. 혹시 있을지도 모르는 판단오류를 제거하기 위해서입니다.

이런 식으로 1개 종목을 분석하는 데 길게는 한 달 정도의 시간이 소요됩니다.

그렇습니다. 최고의 전문가들도 종목 개발에 이처럼 많은 시간과 노력을 기울이는데, 과연 이제 갓 사회생활을 시작한 20대 청년들이 이와 같은 정성을 쏟을 시간과 정신적 여유가 있을까요? 실무의 한가운데서 업무만으로도 한창 바쁜 30~40대 직장인이나 자영업자들은 또 어떨까요? 전업 투자자라면 시간을 쏟을 수 있을지 모르지만 노력과 성과가 비례하는 것은 아닙니다. 하물며 그처럼 긴 시간과 많은 노력을 기울이는 전문적인 투자자펀드매니저 등들도 벤치마크를 이기기 어려운 것이 현실입니다.

여러분도 익히 들어보았을 경제학자 케인스는 말했습니다. "시장은 여러분이 생각하는 것보다 훨씬 더 오랜 기간 동안 비합리적인 상태로 존재한다." 이 말을 다시 한번 강조하고 싶습니다.

지금까지 젊은 투자자들이 현재 처한 상황을 기준으로 개별 종목 또는 개별 투자 대상에 투자할 경우, 성공할 확률보다는 불리하게 전개될 가능성이 높다는 점을 설명했습니다. 기대와 다른 이야기에 많이 실망했을지도 모르겠습니다.

그렇다면 다음 장부터 다시 주목하기 바랍니다. 이러한 불리한 상황을 극복하고 처음에 제가 제시했던, 상대적으로 안정된 방식으로 목표로 한 목돈lump sum을 만들 수 있는 방법론을 제시하겠습니다.

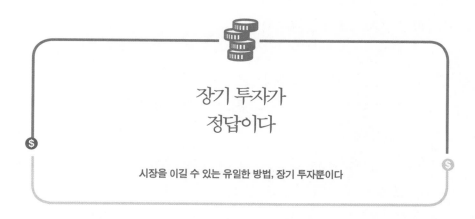

장기 투자가
정답이다

시장을 이길 수 있는 유일한 방법, 장기 투자뿐이다

지금까지 '목돈 마련의 첫걸음은 올바른 투자 방향을 설정하는 것이다'라는 주제로 일부 특정 자산에 대한 집중적인 투자는 위험하다는 말씀을 드렸습니다. 이제 투자에 임하기 위한 기초적인 요건을 갖추었다고 생각하고, 조금 더 구체적으로 어떤 투자 방식을 실행해야 목돈을 마련할 수 있을지, 그리고 최소한의 리스크를 기반으로 적정한 투자수익률을 올릴 수 있을지 설명하겠습니다.

투자의 세계에는 고전처럼 내려오는 원칙이 있습니다.

"저점에 사서 고점에 매도해라." 즉, 로우 하이 셀 하이buy low & sell high입니다. 아무리 생각해봐도 정말 멋진 표현입니다. 그러나 중요한 것은 실천하기 어렵다는 것이죠. 물론 학문적인 연구를 통해, 또는 전문적인 투자자들이 이에 대한 심도 있는 연구를 해서 실질적으로 성과를 거두기도 합니다. 그러나 영원하지는 않습니다.

이를 실천할 방법이 하나 있기는 합니다. 주가를 실시간보다 단 몇 초만이라도 먼저 알면 가능합니다. 그렇게 되면 승률은 100%겠죠. 그러나 어렵습니다.

지속가능한 투자지표란 존재하지 않는다

제가 투자 전략을 담당하던 초년 시절, 이렇게 어려운 일에 도전한 적이 있습니다. 당시에는 정말 획기적인 접근법이었고, 이를 기반으로 코스피 시장을 거의 2년 동안 정확히 예측한 바 있습니다. 무려 2년간 말입니다.

제가 당시에 사용했던 예측지표는 이격도disparity degree라는 것입니다. 지금은 누구나 사용하는 개념으로, 당시에도 존재하긴 했습니다. 다만 누구도 이를 시장 전망에 사용하지 않았죠. 너무 쉬워서 투자 전략 자료로 쓰기에는 창피하다는 논리였습니다.

어쨌든 저는 이격도를 이용해 2년 동안 '은' 예측에 성공했습니다.

여러분도 기억할지 모르겠지만 1997년은 외환위기로 인해 IMF에 가입해야 하는 치욕적인 해였습니다. 나라가 망하는데 주식시장이 정상적인 흐름을 보이지는 않겠지요. 외환위기 가능성을 본격적으로 예상했던 1997년 6월 이후 IMF에 구제금융을 신청했던 11월까지 주식시장은 고점 대비 58%나 하락했습니다. 이후 반등하더니 다시 한 번 하락해서 1998년 6월 16일에는 277.37포인트까지 하락했습니다. 이후 약 2달간의 횡보 국면이 이어졌고, 본격적인 위기관리 대책이 시행되며 주식시장은 대세 상승기에 진입했습니다.

투자 전략을 담당했던 저로서는 주식시장을 설명할 근거들을 찾지 못해 무척 당황했던 기억이 있습니다. 이때 저는 주식시장에서 과매도 이후 과매수 현상이 반복되는 과정을 지켜보면서 평균회귀mean-reversion 현상이 나타나고 있음을 발견했습니다. 그래서 과매수·과매도 국면을 판단하는 지표를 찾아보려 했고, 결국 이격도 지표를 발견한 것입니다. 이격도는 n일 이동평균가격 대비 현 주가가 어느 정도의 위치에 있는가를 판단하는 지표입니다.

당시엔 5일 이격도가 92 이하에 진입하면 주식시장은 다음날 반등권역대에 진입했고, 20일 이격도가 115 이상 그리고 120을 상회하면 단기 고점일 확률이 높았습니다. (당시 이격도를 기준으로 한 과매도 영역은 5일 이격도 기준 95였고, 과매수 기준은 20일 이격도 기준 110이

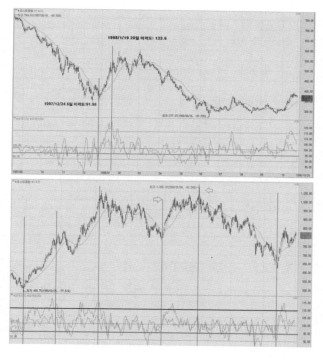

● ──── 이격도로 예측이 가능했던 당시의 차트

였습니다.) 이를 기준으로 일별 주가 흐름을 거의 정확하게 예측하여 주식시장을 판단했습니다.

그러나 옆의 그래프에서 보듯이 1999년 10월이 지나면서 이전의 판단 기준들이 일치하지 않기 시작했습니다. 더욱이 2000년 이후 주식시장에서 과매수 영역 판단 기준인 20일 이격도 120이라는 수치는 거의 나타나지 않습니다. 과매도 영역인 5일 이격도 92 이하도 지속성이 떨어집니다.

왜 이러한 현상이 나타난 것일까요?

한참 후에야 확인된 것이지만, 그동안 다수의 시장 참여자들이 이격도 지표에 익숙해졌던 것입니다. 따라서 암묵적으로 형성되었던 기존의 판단 기준이 조금씩 낮아지거나 높아져 아비트리지■ 기회가 사라진 것입니다. 결국 지표로써의 효용성이 떨어졌습니다. 이를 기준으로 주식 투자에 나섰다면 100전 100패 했을 것입니다. 물론 저보다 훌륭한 판단지표를 발견해서 수익을 올린 투자자들도 분명히 존재할 것입니다. 그러나 알려지지 않았습니다. 극소수만이 알고 있을 것입니다.

■ 아비트리지는 어떤 상품의 가격이 지역에 따라 다를 때 이를 매매하여 차익을 얻으려는 방법을 가리키는 것으로, 즉 차익거래를 의미한다.

이렇듯 미래를 판단하는 것은 정말 어렵습니다.

미래를 예측할 능력이 부족하다는 것을 인정해야 한다

혹시 펀드에 가입해본 적이 있나요? 펀드가 아니어도 리서치 연구자료를 보면 투자 성과와 관련해서 항상 이러한 문구가 있는 걸 발견할 수 있습니다. "과거의 성과가 미래의 성과를 의미하는 것은 아닙니다." 이러한 문구의 이면에는 해당 상품의 성과가 과거에 정말 좋았다는 뜻이 담겨 있습니다. 즉, 과거에 성과가 좋았어도 이를 근거로 미래를 예측할 수는 없다는 것인데, 이것은 정말일까요?

그렇습니다. 우리는 미래를 예측하는 능력이 부족하다는 것을 시인해야 합니다.

다른 복잡한 문제들처럼 미래는 예측하기에 너무 많은 변수가 도사리고 있습니다. 계량 모델, 과거 모델, 심지어는 심리적인 모델들을 적용해서 미래를 예측하려 해봤지만 대부분 실패로 끝나고 말았습니다. 굳이 주식시장을 포함한 금융시장을 예로 들 필요도 없습니다. 체스라는 서양 장기를 보죠. 체스에는 10번에서 120번까지 매우 강력한 수가 있습니다. 제임스 호건James Hogan이라는 작가는 ≪마음의 일Mind Matters≫이라는 저서에서 "체스에서 사용하는 수의 합은 우주에 있는 원자의 수를 훨씬 상회한다"라고 말하기도 했습니다.

우리가 알고 있는 최고의 예측 기계는 우리의 두뇌일 것입니다. 많은 사람이 인간의 뇌를 실질적으로 가장 강력한 컴퓨터 또는 너무 미스터리해서 설명하기 어려운 것이라고 평가합니다. 그러나 뇌는 미스터리한 것도 아니고 컴퓨터도 아닙니다. 단지 예측을 정말 잘하는 훌륭한 기계입니다. 이것이 바로 우리가 체스나 야구와 같은 경기에서 좋은 성과를 거두는 비결이기도 합니다. 인간의 뇌는 아주 기본적인 산식조차도 빠르게 계산할 수 없지만, 컴퓨터와 달리 궤적이나 속도를 계산하지 않아도 볼인지 스트라이크인지를 쉽게 판단할 수 있습니다. 구기 운동을 할 때, 하늘로 향한 볼이 어디에 착지할지 순간적으로 계산하는 것을 상상할 수 있나요? 물론 할 수 없을 것입니다. 그러나 한 가지 확실한 것은 여러분이 그 볼을 잡을 수 있다는 사실입니다.

뇌는 그 역할에 매우 충실합니다. 뇌는 추측하도록 교육받았는데 그 추측이 항상 옳은 것은 아니죠. 그래서 잘못된 판단으로 우리를 이끌기도 합니다. 이러한 상황은 특히 미래를 예측하려고 할 때 자주 발생합니다.

인간의 뇌에는 장기적인 예측 능력이 없습니다. 아니, 끔찍하리만큼 부정확합니다. 이와 관련해 나심 탈레브Nassim Taleb는 저서 ≪블랙스완The Black Swan≫에서 우리는 예측하기 어려운 것에 너무 많은 예측 가능성을 보여주려 하는 죄를 범하고 있다 말했죠.

주식시장에 존재하는 진짜 문제는 경제와 주식모델이 우리의 편견에 의해 작동한다는 점입니다. 많은 사람이 과거에 정확하게 미래를 예측했던 모델들이 앞으로 다가올 미래를 예측하는 데도 도움이 된다고 믿습니다. 그러나 이는 "동전 던지기에서 이전에 열 번을 정확히 예측했으니 이번에는 앞면이 나올 것이라는 말을 믿으라"고 하는 것과 별반 다르지 않습니다.

그렇다면 장기 투자가 정답일까?

이에 대한 대답은 '그렇다'입니다. 그 근거를 자세히 살펴보기에 앞서, 다음의 '장기 투자를 하지 않는 33가지 핑계'를 숙독해보기 바랍니다. 당신은 이러한 핑계에서 빠져나올 준비가 되었습니까? 이러한 핑계를 대지 않을 자신이 있나요? 그래서 장기 투자에 나설 수 있는 자신감이 있다면 다음 챕터로 넘어가도 좋습니다.

장기 투자를 하지 않는 33가지 핑계

- 지루하다.
- 시장은 랜덤하기 때문에 적응하기 어렵다.

- 단기 벤치마크와 비교하게 된다.

- 연간 성과에 따라 투자 상품을 결정한다.

- 분기별로 리스크와 수익률을 체크한다.

- 내 주변에는 비교 대상이 되는 항상 성과가 좋은 상품이나 다른 사람들이 있다.

- 금융 관련 뉴스에 영향을 많이 받는다.

- 마켓 타이밍을 알 수 있다고 생각한다.

- 아무리 훌륭한 장기적인 투자의사결정이라도 실망스러운 결과가 나올 수 있다.

- 단기적인 손실은 고통스럽다.

- 복리 효과를 망각한다.

- 지금 당장 무슨 일이 발생할 것 같은 생각에 사로잡혀 있다.

- 미래가치를 평가하는 데 익숙하지 않다.

- 최근 추세를 추정하는 데 관심이 많다.

- 매일매일 포트폴리오를 체크한다.

- 단기 성과가 좋지 않으면 무언가 잘못된 것이라 생각한다.

- 감정적으로 의사결정을 한다.

- 경제 흐름을 예측할 수 있다고 생각한다.

- 주식시장이 경제 흐름에 어떻게 반응할지 알고 있다고 생각한다.

- 아무것도 하지 않는 것은 정말 어렵다.

- 그동안 성과가 좋았던 투자 대상을 매수하는 것이 올바르다고 생각한다.

- 너무 많은 정보를 가지고 있다.

- 아무도 장기 투자를 하지 않는 것처럼 보인다.

- 우리에겐 실제보다 더 큰 능력이 있다고 생각한다.

- 1년이 장기라고 생각한다.

- 장기적으로 높은 수익률을 창출할 가능성이 있는 상품들도 단기적으로는 실망을 줄 수

있다.

- 매년 지속적으로 좋은 성과를 내는 상품이나 전략이 실제 존재한다고 생각한다.

- 최근에 유행을 끄는 상품에 휘둘리곤 한다.

- 내가 다른 사람들보다 더 훌륭하다고 생각한다.

- 약세장에서 투자하기를 원하지 않는다.

- 단기적인 뉴스가 장기 성과에 영향을 미친다고 생각한다.

- 단기 투자는 흥미로울 수 있다.

- 장기 투자는 너무 쉽다고 생각한다.

장기 투자를 위한 최고의 전략, 적립식 투자와 ETF

목돈을 만드는 가장 좋은 방법, 적립식 투자와 ETF에 답이 있다

이제 여러분은 장기 투자를 결정했습니다. 당연한 이야기이지만, 목돈이 없기 때문에 자연스럽게 매월 급여에서 일정 금액을 투자하게 될 것입니다. 각자 사정에 따라 다르겠지만 적립식으로 투자할 경우 가급적이면 월별로 하는 것이 좋습니다. 정기적으로 투자하는 기간의 간극이 클수록 리스크를 분산하는 효과가 줄어들기 때문입니다. (이와 관련해서는 뒤에서 더 설명할 것입니다.) 따라서 매일 투자하는 것이야말로 최고의 분산투자가 되겠지만, 현실적으로 어렵다는 점을 고려하면 월별 투자가 바람직해 보입니다.

혹자는 이런 의문을 가질지 모릅니다. '매월 조금씩 투자해서 대체 언제 목돈을 만들 수 있을까?' 이러한 궁금증을 해소해 드리겠습니다.

다음은 미국의 유명한 파워블로거인 닉 매기울리Nick Maggiulli가 제시한 방법입니다. 여러분은 1920년과 1979년 사이 어느 시점으로 되돌아가서 향후 40년을 바라보고 반드시 미국주식시장에 투자해야 하는 게임을 시작했습니다. 아래와 같은 2가지 투자 전략 가운데 한 가지를 선택할 수 있습니다.

❶ **적립식 투자**Dollar-cost averaging, DCA를 선택할 수 있다. 40년간 매월마다 100달러씩 투자하는 것이다.

❷ **낙폭 과대시 매수**Buy the Dip 전략을 선택할 수 있다. 매월 100달러씩 투자하기로 계획을 갖고 있지만, 낙폭이 과대할 때만 주식 매수에 나선다. 이때 낙폭과대dip란 사상 최고가 대비 하락률을 경험한 특정 시점을 의미한다. 이렇게 하면 실패할 확률이 줄어든다. 왜냐하면 낙폭이 과대한 시점에서 매수할 경우 가능한 낮은 가격에서 매수하게 되어 매수 평균 단가를 낮출 수 있기 때문이다.

본 게임의 유일한 다른 규칙은 매수·매도를 반복할 수 없다는 점입니다. 한 번 주식을 매수하면 마지막 시점까지 보유하고 있어야 합니다. 자, 그렇다면 여러분은 적립식 투자와 낙폭 과대시 매수 전략 가운데 어떤 전략을 선택하겠습니까?

이론적으로 낙폭 과대시 매수 전략은 절대 손실을 입지 않을 것처럼 보입니다. 항상 최고가 대비 가능한 상대적으로 가장 낮은 가격 수준에서 매수할 수 있습니다. 그렇지만 실질적으로 이러한 전략을 사용할 경우, 전체의 70%에 해당하는 투자 구간에서 적립식 투자DCA 대비 낮은 수익률을 낸다는 사실이 발견됩니다.

왜 이러한 결과가 나오는 것일까요? 이 게임은 주식시장이 큰 폭으로 하락할 것이라는 점 그리고 저점을 정확히 알고 있을 때만 매수한다는 가정을 전제로 합니다. 그런데 사실은 이를 정확히 알 길이 없기 때문입니다. 그리고 낙폭 과대 시점은 빈번하게 발생하는 것이 아니어서 고도의 정확성이 필요합니다. 저점보다 2개월만 늦게 매수해도 적립식 투자 대비 높은 수익률을 낼 확률은 30%에서 3%로 줄어듭니다.

이러한 현상이 사실이라는 근거를 좀 더 자세히 알아보기로 하겠습니다.

우선, 이러한 전략에 익숙해지기 위해 1995년 1월부터 2018년 12월까지의 미국주식시장 흐름을 살펴보기로 합니다. S&P 500 지수배당 및 인플레이션 조정가 같은 기간 동안 사상 최고가를 기록한 시점은 회색으로, 상기에 언급했던 모든 낙폭 과대 시점dip은 갈색으로 표

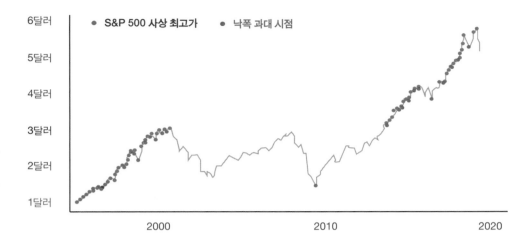

시했습니다. 해당 지점은 낙폭 과대시 매수 전략을 반드시 이행해야 하는 지점입니다.

그림에서 보듯이, 낙폭 과대 시점●은 항상 2개의 사상 최고가● 사이에 위치해 있습니다. 가장 뚜렷한 낙폭 과대 시점은 2009년 3월2010년 이전 유일한 시점에 발생했습니다. 이는 2000년 8월에 기록한 사상 최고가 이후 가장 낮은 주가 수준이었습니다. 혹시 사상 최고가들 사이에 뚜렷하지 않은 수많은 낙폭 과대 시점이 존재한다는 것을 눈치채셨나요? 이와 같은 저점들은 강세장1990년 중·후반, 2010년대 중반에서 집중적으로 발생합니다.

이론적으로 낙폭 과대시 매수 전략은 상기 그래프에서 표시된 갈색 시점에서 실시하게 됩니다. 매수하지 않는 구간에서는 지수가 상승했기 때문에 투자금액은 증가할 것입니다.

매수 전략을 이행할 때마다갈색 현금비중은 제로0가 되고 투자금액은 증가하게 됩니다. 이러한 전략이 가장 효과적이었던 시점은 2009년 3월입니다. 적립식 투자와 낙폭 과대 전략에 따른 포트폴리오의 가치를 비교해보면, 2009년 3월부터 낙폭 과대시 매수 전략이 상대적으로 수익률을 상회하기 시작했음을 알 수 있을 것입니다.

이와 같은 한 차례의 매수가 왜 중요한지는, 적립식 투자 전략 이행에 따른 포트폴리오

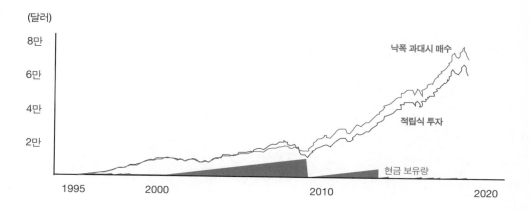

●────── 낙폭 과대시 매수 시 수익 VS. 적립식 투자 시 수익

(달러)

낙폭 과대시 매수

적립식 투자

현금 보유량

1995   2000   2010   2020

가 투자 종료 시점에 어떤 변화를 보였는지를 살펴보면 알 수 있습니다. 50페이지의 차트에서 회색 막대그래프는 100달러가 2018년 12월에 얼마가 되었는지를 보여주는 것입니다. 예를 들어, 1995년 1월에 100달러를 매수했다면, 2018년 12월에 500달러로 증가했음을 알 수 있습니다. 갈색 점은 낙폭 과대시 매수 전략을 의미합니다.

다시 같은 차트를 보면 2009년 3월에 100달러씩 투자한 경우 2018년 말에는 350달러로 증가한다는 것을 알 수 있습니다. 적립식 투자 전략의 강력한 힘을 보여주는 증거입니다. 낙폭 과대시 매수를 단 한 차례 실시한 경우 투자금액 증가는 2018년 12월까지 포트폴리오 가치의 52%를 차지하게 됩니다.

여기에 더하여, 다음과 같은 2가지 특징이 있다는 점도 고려해야 합니다.

❶ 초기 투자금액이 많을수록 복리 효과가 적용되어 투자가치는 더욱 증가한다.
❷ 2003년 2월이나 2009년 3월과 같이 낙폭이 과대한 시점이 다수 존재하고, 이러한 기회를 이용할 수 있으므로 평균 매수단가가 낮아져 더 높은 가치 증가로 이어질 수 있다.

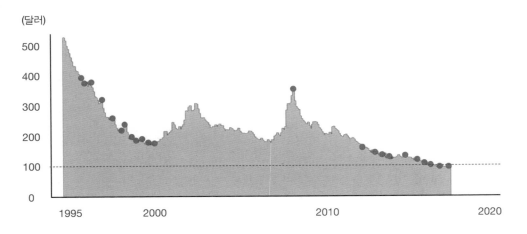

● ——— 적립식으로 투자한 100달러는 2018년 12월에 얼마가 되었을까?

(달러)

이러한 사항을 결합해보면 무엇을 알 수 있을까요? 대규모 낙폭 과대 현상이 발생하는 시점에서 투자 시기가 빠를수록, 적립식 투자 전략 대비 저점에 대한 대응이 빨라지기 때문에 평균단가가 낮아서 더 높은 수익률을 창출할 가능성이 있습니다. 이러한 결과는 자칫 낙폭 과대시 매수 전략을 옹호하는 것처럼 보일지도 모릅니다.

그러나 좀 더 장기간 기록을 살펴보면, 낙폭 과대시 매수 전략이 대부분의 구간에서 좋은 성과를 내지 못했음을 알게 될 것입니다. 51페이지의 그래프는 지난 40년 동안 낙폭 과대시 매수 전략이 적립식 투자 전략에 비해 아웃퍼폼^{수익률 상회}했던 규모를 표시한 것입니다. 이때 아웃퍼폼은 최종 낙폭 과대시 매수 전략 포트폴리오의 가치를 최종 적립식 투자 전략 포트폴리오 가치로 나눈 값으로 정의했습니다. 즉, 낙폭 과대시 매수 전략의 가치가 적립식 투자 전략보다 높다면 0%선을 상회하고, 이의 반대의 경우는 0%를 하회한 것으로 표시됩니다. 그래프를 보면 전체 구간의 70%에서 낙폭 과대시 매수 전략이 적립식보다 하회했음을 알 수 있습니다. 낙폭 과대시 매수 전략은 1920년대에는 매우 좋은 출발을 해서 적립식보다 20% 아웃퍼폼했습니다. 그러나 1930년대 베어마켓이 종료되면서 아웃퍼

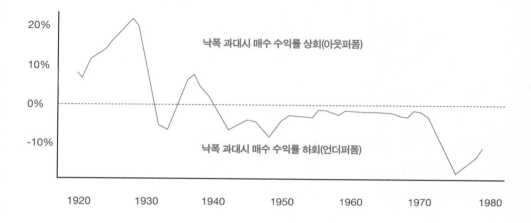

● —— 낙폭 과대시 매수 VS. 적립식 투자의 40년간 성과 비교

낙폭 과대시 매수 수익률 상회(아웃퍼폼)

낙폭 과대시 매수 수익률 하회(언더퍼폼)

폼은 멈추고 점차 악화되기 시작했습니다. 적립식 대비 최악의 언더퍼폼수익률 하회 시점은 1974년 베어마켓이 종료된 후였습니다.

낙폭 과대시 매수 전략이 1975~2014년에 특별히 혹독했던 이유는 1974년의 저점을 놓쳤기 때문입니다. 1975~1985년까지는 사상 최고가 기록이 발생하지 않았습니다. 이는 1985년까지는 낙폭 과대시 매수 전략을 실시하지 못했음을 의미합니다. 이와 같이 불운한 타이밍으로 인해 적립식 투자가 더 좋은 결과를 낼 수 있었습니다.

저점을 기다리기보다는 매월 일정하게 매수하는 편이 낫다

현금을 쌓아둔 채 다음번 저점을 기다리려 한다면, 매월 주식을 매수하는 것보다 상황이 더욱 악화될 것입니다. 다음번 낙폭 과대 시점을 기다리는 동안 주식시장은 계속해서 상승할 테고, 결국 기회를 놓치게 될 것이기 때문입니다.

제가 자산운용사에서 실제 적립식 펀드를 운용하기 시작했을 당시, 적립식 투자란 많은 투자자들에게 생소한 개념이었습니다. 여기에 '과연 얼마나 수익을 내겠어'라는 회의감 등이 작용해서 운용자산이 20억 원에 미치지 못했습니다. 그러나 놀랍게도 3년 뒤에는 운용자산이 3천억 원에 이르게 되었습니다. 여러 가지 원인이 작용했겠지만, 투자자들이 적립식 투자의 수익률에 만족했던 덕분이라 생각합니다.

당시에 제 주변 친구들도 적립식 투자 전략을 구사하면 더 좋은 결과를 얻을 것임에도 불구하고, 낙폭 과대시 매수를 위해 현금을 저축하거나 거치식 상품에 투자하는 모습을 목격한 바 있습니다. 그런데 필자의 친구들은 그들이 선호하는 낙폭 과대 현상이 항상 발생하는 건 아니란 사실을 모르는 듯했습니다. 저점에 매수할 기회를 기다리는 동안, 복리 효과를 누리지 못할 수도 있습니다. 신God조차도 적립식 투자 전략을 이기지 못하는데 낙폭 과대시 전략을 고수하려는 생각은 재고해야 하지 않을까요?

적립식 투자의 답, ETF는 최선의 장기 투자 전략이다

앞서 적립식 투자는 목돈 마련을 위한 최선의 장기 투자 전략이라고 말했습니다. 기본적으로 장기 투자와 관련해서는, 안정성과 인덱스지수 수익률을 충분히 커버할 가능성이 있는 투자 대상을 선정하는 것이 핵심이라고 생각합니다.

여러분들도 익히 아시겠지만, 그동안 장기 투자의 대안으로 액티브하게 운용하는 뮤추얼펀드가 대세를 이룬 바 있습니다. 그러나 뮤추얼펀드는 투자자들에게 만족할 만한 대안이 되지 못하고 있습니다.

S&P 다우존스 사에서 액티브 운용 펀드들이 벤치마크 대비 어떤 성과를 냈는지 조사한 바 있습니다. 2018년을 기준으로 대형주 펀드 가운데 64.5%는 1년 종합지수 수익률을 밑돌았고, 10년간은 85.1% 그리고 15년간은 91.5%나 벤치마크를 압도하지 못한 것으로

나타났습니다. 특히 중요한 것은 2018년까지 9년 연속으로 벤치마크 대비 언더퍼폼지수 평
균 수익률보다 하회했다는 것입니다.

한편, 자산운용사인 뱅가드Vanguard는 지난 30년간의 러셀Russell 3000 주식수익률을
계산해본 결과 편입 종목의 47%는 수익률이 발생하지 않는 투자 대상이었고, 거의 30%
는 원본 가치가 반토막이 났다는 점을 발견했습니다. 또한 편입 종목의 7%만이 누적수익
률 1,000%를 상회했다는 걸 알아냈습니다. 이 같은 사실이 투자자들에게 의미하는 바는
명확합니다. 즉, 여러분이 선정한 종목들이 그 7%에 해당되지 않는다면 벤치마크를 이기
기란 불가능하다는 점입니다.

이 같은 결론을 증명하기 위해 뱅가드에서는 벤치마크를 이기는 최적의 종목 선정이 가
능한 확률을 계량화했습니다. 그리고 최적 목표수익률에 도달하는 데 필요한 집중투자
포지션의 한계는 어느 정도인가를 측정했습니다. 그 결과 1개의 종목으로 구성된 포트폴
리오가 벤치마크를 이길 확률은 11.1%인데 반해, 500종목으로 구성하면 확률이 48.4%
로 획기적으로 증가했습니다.

또 한 가지 주목할 만한 지표는 바로 추적오차tracking error입니다. 포트폴리오를 구성
하는 종목 수가 많을수록 추적오차는 감소하게 됩니다. 일례로, 종목 1개로 구성된 포트

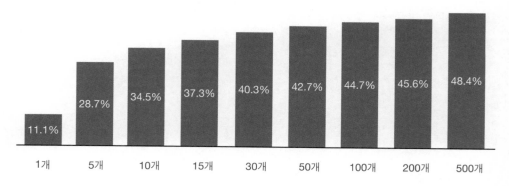

● ──── 종목 수에 따라 벤치마크 대비 높은 수익률을 낼 확률

1개	5개	10개	15개	30개	50개	100개	200개	500개
11.1%	28.7%	34.5%	37.3%	40.3%	42.7%	44.7%	45.6%	48.4%

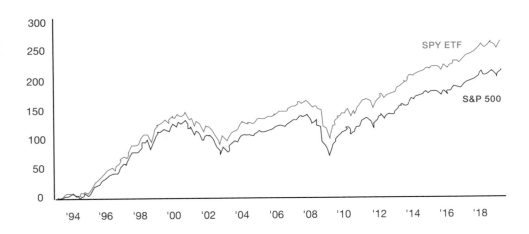

폴리오 추적오차는 무려 44.4%에 달했으나 500종목으로 구성된 포트폴리오의 추적오
차는 1.8%에 불과했습니다.

이를 통해 우리는 무작위로 선정한 종목 수가 많을수록 벤치마크 대비 좋은 결과아웃퍼
폼를 낼 확률 및 초과수익률이 높아지고 추적오차는 줄어드는 것을 알 수 있습니다. 다시
말해, 장기 투자 시에는 인덱스에 투자하는 것이 승률이 높다는 것을 확인했습니다.

그렇다면 인덱스처럼 움직이는 ETF의 추적오차는 어느 정도일까요?

위의 그래프를 보면 S&P 500을 추종하는 ETFSPY가 벤치마크기초지수 대비 아웃퍼폼
한 것을 알 수 있습니다. 결론적으로 장기 투자를 위해서는 ETF가 최선의 투자대안임을
강조하고 싶습니다.

자신만의 투자 원칙을
확립해야 하는 이유

투자 원칙을 고수하는 것이 성공 투자의 지름길이다

인재를 선발할 위치가 되면 많은 고민을 하게 됩니다. 특히 자산운용본부장이란 직책은 자산운용을 총괄하는 자리로써 고객을 위한 수익률 제고와 이를 뒷받침할 수 있는 인재를 선발하고 배치하는 것이 가장 중요한 업무입니다. 이러한 위치에 있다면 모두가 공감하겠지만, 인재 선발이 가장 어렵습니다. 부서에 적합한 자격을 갖춘 인재를 찾기가 힘들기 때문입니다. 신입사원인 경우에는 직무에 맞는 교육을 통해 인재를 양성하면 되지만, 자산운용업의 특성상 경력직원을 뽑는 경우가 더 많습니다. 제가 제일 중요하다고 생각하는 질문은 "당신은 이전 직장에서 훌륭한 성과를 보였는데, 이를 뒷받침하는 투자 원칙은 무엇이었나요? 그리고 투자 원칙은 어떻게 설정하게 되었나요?"였습니다. 이러한 질문을 중요시하는 데는 이유가 있습니다. 누구나 투자 원칙을 갖고 있지만, 이를 제대로 준수하는 운용역들은 많지 않기 때문입니다. 저도 마찬가지입니다.

이와 관련해서 투자 원칙의 중요성을 강조하는 한 가지 사례를 들어보겠습니다.

미국의 어느 한 투자자가 첫 해에 1만5천달러를 투자했는데 당해년도에 투자 자금이 2억 달러가 되었습니다. 이듬해에 3백만 달러를 투자했는데 무려 1억8천만 달러가 되었습니다. 여러분들은 그가 당대 최고의 투자자라고 생각할지도 모르겠습니다만, 그의 정체는 놀랍게도 영화 프로듀서이면서 블럼하우스 프로덕션Blumhouse Production의 CEO인 제이슨 블럼Jason Blum입니다. 어쩌면 처음 들어본 이름일지도 모르겠습니다. 그러나 그가 만든 영화는 할리우드에서 최고의 투자수익을 거둔 것으로 유명합니다.

그가 최초로 투자한 영화는 2편<파라노말 액티비티>, <파라노말 액티비티2>이었습니다. 이 2편의 영화를 통해 제이슨 블럼은 영화 산업에서 지속적으로 수익을 얻을 방법을 알게 됐다고 합니다. 그가 발견한 방법은 엄격한 원칙을 준수하면서 저예산편당 제작비가 500만 달러 이하인 작품의 공포영화를 제작하는 것이었습니다.

그가 설정한 영화 제작의 원칙은 다음과 같습니다.

❶ 대사를 과도하게 사용하지 않는다. 만약에 엑스트라가 대사를 하게 되면 법적으로 이들에게 400달러를 추가적으로 지불해야 한다. 대사를 절제하면 비용이 절약되고, 또한 영화가 더욱 공포스럽게 느껴질 수 있다.

❷ 비용절감을 위해 촬영은 가급적이면 한 장소예를 들어 집, 학교, 숲속 등에서 진행한다

❸ 배우들의 출연료를 가능한 낮게 책정하고, 만약 영화가 성공하면 그에 상응하는 성과 보수를 지급러닝 개런티 방식한다. 따라서 영화가 성공하면 출연배우들은 일반적으로 유명한 배우들이 받는 정상적인 수준보다 더 많은 출연료를 받을 수 있다. 반대로 실패하면 영화사는 기본급만 지급하면 된다.

❹ 절대로 예산을 초과하지 않는다. 이는 블럼하우스가 금과옥조처럼 지키는 원칙이다.

이러한 원칙을 완벽하게 준수했던 영화는 <더 보이 넥스트 도어The Boy Next Door>라는 영화였습니다. 유명한 영화 관련 웹사이트인 로튼 토마토Rotten Tomatoes 리뷰어들부터 10점, 관객들로부터는 30점이라는 나쁜 평가를 받았지만 400만 달러를 투입해서 5천2백만 달러의 수입을 얻었습니다. 투자 원칙을 고수한 결과, 투자 대비 10배에 이르는 수익을 얻은 것입니다.

이 같은 노하우는 투자자들에게도 적용될 수 있습니다. 실제로 투자의 세계에서도 자신만의 원칙을 고수할 때 더 놀라운 수익률을 얻을 수 있다는 수많은 증거가 존재합니다.

많은 투자자가 엄격한 규칙을 싫어하는 경향이 있습니다. 단순한 원칙을 설정하고 이를 준수해서 좋은 결과를 얻기를 바랍니다. 물론 이것이 나쁘다는 뜻은 아닙니다. 전문가라 해도 단순한 원칙을 설정해서 최적의 의사결정을 내리는 편이 더 나을 수도 있습니다. 문제는 이를 지키지 않는 데 있습니다. 워런 버핏 Warren Buffett은 2000년도 기술주 상승 당시 많은 사람들의 비난에도 불구하고 기술주를 사들이지 않았습니다. 훗날 당시의 기술주 상승은 버블이었음이 드러났습니다. 그가 오늘날 오마하의 현인으로 추앙받고 있는 이유는 바로 자신만의 투자 원칙을 고수했기 때문입니다.

PART 2

지금부터 시작해도
부자가 될 수 있을까

위험 자산에 진입하는 시기는 빠를수록 좋다

가능한 빨리 주식 투자를 시작해야 하는 이유와 포트폴리오 구성 전략에 관하여

나이가 들수록 재산을 형성하기 어렵다는 말을 들어보았을 것입니다. 이유는 간단합니다. 재산 형성을 위해서는 수익률이 높은 자산에 투자하는 것이 유리합니다. 그런데 수익률에는 반드시 변동성위험이 따릅니다. (그래서 주식이 채권보다 더욱 위험성이 높다고 생각하는 것입니다. 주식이 헤비메탈이라면 채권은 클래식에 비유할 수 있습니다.) 사람마다 다르겠지만 나이가 들수록 위험을 회피하는 성향이 높습니다. 늦은 나이에 투자에 실패한다면 남은 여생이 불안해지는 것이 사실이니까요. 이런 이유로 나이에 따른 위험자산 투자비중에 관한 간단한 공식120 - 나이=주식 투자비중도 있습니다.

따라서 가능한 일찍, 위험자산에 투자할 필요가 있습니다.

이와 같은 논리를 실제로 분석한 자료가 있습니다. 세인트 루이스 연방은행에서는 2018년 <연령대별 재산 형성 규모Demographics of Wealth>라는 보고서를 발표했습니다. 한 가정의 가장의 나이에 따른 재산 형성 규모를 분석한 것입니다. 다음 장의 그래프를 보시죠.

가족의 재산은 (가장의 나이 기준) 20대 초반 0에서 시작해서 72세에 28만 8천 달러로 고점을 형성합니다. 실제 부의 축적 규모는 집집마다 다르겠지만, 일반적으로 가족의 재산은 초기에 급격한 상승 기울기를 보이다가 남은 수명 주기 동안 형성 속도가 둔화되고, 궁

극적으로는 감소합니다. 이처 럼 부의 수명 사이클은 시간 에 따라, 경제적·재정적 발전 상황에 영향을 받습니다.

투자에 따른 결과는 항상 성공과 실패로 구분됩니다. 그런데 결과보다 중요한 점은 그것이 어떤 방식으로 이뤄 졌는가에 있습니다. 당연한

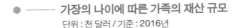
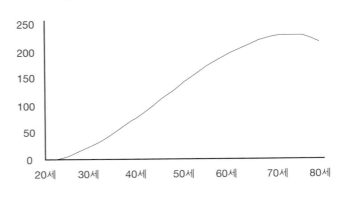

가장의 나이에 따른 가족의 재산 규모
단위 : 천 달러 / 기준 : 2016년

이야기지만 실패를 빨리 딛고 일어설수록 성공의 기회가 많아지므로 저는 어떤 실패를 하는가가 매우 중요하다고 생각합니다. 이에 관하여 씽크뉴파운드ThinkNewFound에서 발표 한 보고서를 살펴보면 젊은 세대들이 어떤 유형의 실패를 하는 것이 향후 재무설계 계획 에 유용한 지를 알 수 있습니다.

대부분의 투자자들에게 장기적으로 '실패'했다는 의미는 자신들의 재무목표를 달성하 지 못했다는 의미로 해석됩니다. 일반적으로 포트폴리오 운용관점에서 실패는 2가지로 나뉩니다.

❶ 느린 실패 : 포트폴리오 수익률이 자신의 투자목표에 필요한 수준에 이르지 못한 경 우 발생하는 것으로, 시간이 지나면서 서서히 실패하는 것을 의미한다. 일반적으로 리스크를 너무 적게 부담하려 하기 때문에 발생한다.

❷ 빠른 실패 : 투자에서 빠른 실패는 대규모 손실이 잘못된 시점에서 발생하는 것을 의 미한다. 집이 흰개미에 의해 천천히 파괴되는 대신에 불이 나거나 태풍에 의해 일시 에 붕괴되는 것과 유사하다. 너무 많은 리스크를 부담하려 하기 때문에 발생한다.

느린 실패와 빠른 실패

먼저 느린 실패Failing Slow에 대해서 살펴보겠습니다. 포트폴리오 수익률이 목표 달성에 필요한 성장을 하기에 불충분할 때, 느린 실패가 발생합니다. 이런 유형의 실패는 단 한 번의 사건으로 발생하는 것이 아니라 시간이 흐르면서 서서히 형성됩니다.

왜 이런 실패가 일어나는 것일까요? 위험을 너무 적게 감수했기 때문입니다. 투자 대상으로 과도하게 현금을 보유하는 것이 주된 요인일 수 있습니다. 예를 들어 60%의 주식과 40%의 채권으로 포트폴리오를 구성했다고 가정해봅시다. 역사적으로 이와 같은 자산배분을 하게 되면 10만 달러의 투자 자금은 30년 뒤 1,494,003달러로 증가했을 것입니다. 그런데 이러한 포트폴리오에 현금 비중 5%를 추가하면 최종 결과는 1,406,935달러로 가치가 감소됩니다. 약 80,000달러가 줄어드는 것입니다.

이를 극복하기 위한 솔루션은 더 많은 위험을 감수하는 것입니다. 그러나 이는 자산 축적 초기 단계에서는 효과가 있을지 모르지만 은퇴를 앞두고 있거나 은퇴한 사람들에게는 적절하지 않습니다.

이어서 빠른 실패에 대해 설명하겠습니다. 빠른 실패의 핵심은 잘못된 시점에서 대규모 손실을 깨닫는다는 것입니다. 마치 집이 태풍에 의해 일시에 파괴되는 형국과 같다고 생각하면 됩니다. 이러한 현상을 소위 '시퀀스 리스크sequence risk'라고 합니다. 수익률 실현 순서에 따라 운용성과가 달라지는 위험을 의미합니다. 예를 들어 다음과 같은 3가지 포트폴리오가 있다고 가정해봅시다.

❶ 포트폴리오 A

투자 후 첫 1년간 수익률은 -30%, 이후 2년째부터 30년까지는 연간 6% 수익률이 발생.

❷ 포트폴리오 B

투자 후 1년째부터 14년까지는 연간 6% 수익률이 발생하고, 15년째는 -30% 수익률, 16년부터 30년까지는 연간 6%의 수익률이 발생.

③ 포트폴리오 C

투자 후 1년째부터 29년까지는 연간 6%의 수익률, 30년째에는 -30% 발생.

3가지 포트폴리오의 30년간 연평균 수익률은 4.54%로 동일합니다.

그러나 3가지 포트폴리오 각각에 투자할 경우, 퇴직자들의 자금 인출 시점에 따라 결과는 매우 다를 것입니다. 다음 그래프를 보면 포트폴리오 C가 가장 바람직하고 생각될 것입니다(30년째 마지막 수익률이 처음 시작점보다 12%나 더 많은 수익률을 기록하면서 끝납니다). 포트폴리오 B는 출발 시점 대비 61% 수준에서 마무리되지만, 커다란 부담이 없는 것은 아닙니다. 그러나 포트폴리오 A는 돈이 빨리 고갈되어 재앙 수준으로 마무리됩니다.

시퀀스 리스크가 발생하는 원인은 대규모 손실을 피할 수 있는 강력한 위험조정 수익률을 지닌 자산군이나 전략이 미비하기 때문입니다. 어떤 투자 대상이 좋은 수익률을 보인다 해도 결과적으로는 안정성이 높은 투자 대상보다 못한 경우가 많습니다. 그러나 많은 투자자가 눈 앞의 수익률에 시선을 뺏겨 전체적인 투자 성과라는 큰 그림을 파악하지 못합니다.

●──── **시퀀스 리스크 : 빠져 나와야 할 때를 모르면 이렇게 된다**
　　　　출처 : thinknewfound.com

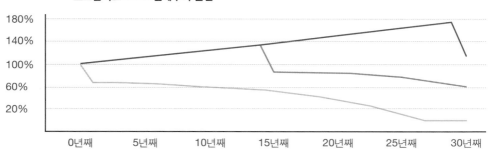

장기 투자자들은 느린 실패와 빠른 실패 사이에서 헤어 나오지 않으면 안 됩니다. 다시 말해 수익률을 올리기 위해 어느 정도의 리스크를 감수하는 한편, 지나치게 공격적이며 위험한 투자의 길로 빠지는 것 또한 경계해야 합니다.

다시 한번 정리해보겠습니다. 느린 실패는 투자자들이 너무 작은 위험을 감수하는 데서 비롯됩니다. 너무 보수적으로 자산배분을 하거나 과도한 현금을 보유하려다 보면, 미래의 실질 부채를 부담하기에 충분한 비율로 투자 자금을 성장시키지 못합니다. 이는 시간이 지나면서 서서히 기회비용이나 구매력을 잠식하고, 결국 포트폴리오에 영향을 미칩니다.

이와는 정반대로 빠른 실패는 너무 많은 리스크를 감내한 데 따른 결과입니다. 지나치게 공격적으로 자산배분을 함으로써 투자자들이 감내하기 어려운 상황에 도달하면 포트폴리오에 심대한 손실을 입을 수 있습니다.

투자 포트폴리오 구성은 생애 주기의 특정 시점별로 가장 민감한 리스크를 파악한 후에, 이에 맞춰 조정되어야 합니다. 예를 들면, 젊은 투자자들은 상당한 인적 자본즉, 미래 수익 잠재력을 가지고 있지만 투자 자본은 거의 없습니다. 갑작스럽고 큰 손실이 발생한다 하더라도 여생이 상대적으로 길고 저축할 시간도 있기 때문에, 장기적으로 볼 때 리스크는 크게 중요하지 않을 수 있습니다. 오히려 이 단계에서 너무 보수적으로 투자하면 시간의 복리 효과를 누릴 수 없습니다. 따라서 젊고 성장지향적인 투자자들은 느린 실패의 위험을 피하기 위해 빠른 실패에 대한 리스크를 기꺼이 감수해야 합니다.

시간이 흐르면서 투자자들은 저축과 투자를 통해 인적 자본을 투자 자본으로 전환시킵니다. 은퇴 시점이 되면 그동안의 저축과 투자를 바탕으로 생활하며 고용의 기회를 포기 되므로, 느린 실패에 대한 민감도가 크게 떨어집니다. 느린 실패로 인한 위험은 크지 않음. 반대로 복리 효과를 얻게 될 시간이 줄어들고, 추가적인 저축을 통해 투자를 보충할 계획이 없으므로, 빠른 실패에 대한 민감도는 높아집니다. 빠른 실패로 인한 위험이 큼. 민감도는 은퇴 직전과 직후에 극적으로 높아지게 됩니다. 따라서 고령의 투자자들은 빠른 실패에 따른 리스크를 줄이기 위해 위험성이 높은 주식에서 안전한 채권으로 전환하려는 경향이 있습니다.

그러나 나이를 불문하고, 완전히 위험을 줄이는 것에 대해서는 고민해봐야 합니다. '장수'라는 요인 또한 생각해야 하기 때문이죠. 이 점을 고려하지 않고 지나치게 보수적으로 투자하면 자칫 재앙을 맞게 될 수도 있습니다.

젊은 세대는 경기 침체를 두려워해서는 안 된다

장기 투자를 목표로 하는 투자자들에게 항상 도전 과제로 떠오르는 것은 경기 침체와 이로 인한 주식 및 금융시장의 혼돈 현상입니다. 그러나 젊은 세대들은 이에 관해 걱정할 필요가 없습니다.

밀레니얼23~38세 세대와 Z세대7~22세는 대부분 은퇴하기까지 수십 년이 남아 있어, 경기 침체가 내일 또는 내년에 도래한다 하더라도 투자한 상품이 회복될 시간적 여유가 충분합니다. 경기 침체와 금융시장 침체는 정상적이고 건강한 시장 사이클의 한 부분입니다.

좀 더 극단적으로 표현하면, 젊은 세대 투자자들은 오히려 경기 침체를 환영해야 합니다. 이유가 무엇일까요? 우선, 대부분의 경우 큰 목돈을 투자하지 못했을 것이므로 타격 또한 크지 않을 것입니다. 그리고 다시 회복될 충분한 시간이 있습니다.

여기에 더해, 더 중요한 이유가 있습니다. 지금부터 설명드리겠습니다.

베스트셀러인 ≪부자되는 법을 가르쳐 드립니다I Will Teach You to Be Rich≫의 저자이자 금융코치인 라밋 세티Ramit Sethi는 "실질적인 장기 투자자들은 자신들이 마켓 타이밍을 알 수 없다는 것을 안다. 성공이란, 시장에서는 시간과 관련이 있는 것으로, 매월 지속적이면서 자동적으로 저축하는 것을 의미한다. 즉, 여러분은 투자를 계속하고 있는 것이다"■라고 말했습니다.

경기 침체 국면은 누구도 피해 갈 수 없는 현실입니다.

■ 이런 까닭으로 앞서도 적립식 투자를 권한 것이다. 만약 지속적으로 2주에 한 번씩 연금저축에 투자한다면, 이는 시장이 하락하는 구간에 낮은 가격으로 투자 대상을 매수하고 있는 것이나 마찬가지다.

앞으로 남은 투자 기간 동안 몇 차례 직면할지는 몰라도, 그렇게 두려워할 필요는 없습니다. 오히려 이를 매수 기회로 이용하는 것이 효율적이라는 견해가 많습니다.

산술적으로 계산해보면 이를 뚜렷하게 알 수 있습니다. 경기 침체 국면을 전후로 주식시장이 20% 이상의 하락률을 기록한 경우가 많습니다. 예를 들어 -33%의 손실을 회복하기 위해서는 어느 정도의 기간이 필요할까요? 산술적으로 -33% 하락 후 원금이 회복되기 위해서는 저점 대비 50%의 상승률이 필요합니다. 그런데 상승률도 중요하지만 회복 기간도 중요하겠지요?

이에 대한 정답은 연간 수익률을 추정해서 역산해보면 알 수 있습니다. 수식으로 표시하면 다음과 같습니다.

연간 기대수익률= (1+ 원금 회복에 필요한 상승률)(1/원금 회복에 필요한 기간)-1

그러나 우리는 이미 -33%의 회복에 필요한 상승률이 50%란 것을 알고 있기 때문에, 산식을 다음과 같이 수정할 수 있습니다.

연간 기대수익률 = (1.5)(1/원금 회복에 필요한 기간)-1

따라서 시장 회복에 필요한 기간을 가정해 대입해보면 연간수익률은 다음과 같은 산출됩니다.

1 year, 연간 기대수익률 = 50%   2 years, 연간 기대수익률 = 22%

3 years, 연간 기대수익률 = 14%   4 years, 연간 기대수익률 = 11%

5 years, 연간 기대수익률 = 8%

원금이 완전히 회복되는 데 5년이 소요된다 하더라도 시장수익률은 과거 평균 수준과 거의 일치합니다. 따라서 저점 부근에서 투자한다면 원금이 회복되기까지 연간 14% 수익률을 얻게 될 것입니다. 비록 주식시장이 회복하기까지 5년이 소요된다 하더라도 향후 50년간 연평균 8%의 수익률을 얻게 되는 것입니다. 8% 수익률은 정말 대단한 것입니다.

따라서 경기 침체와 이로 인한 시장 급락을 전혀 두려워할 필요가 없습니다.

왜 미국주식시장에
투자해야 하는가

꾸준히 상승하는 시장, 왜 상승하는가부터 이해해야 한다

어떤 투자 대상을 고른다면 그 이유는 무엇일까요? 원론적인 논리지만, 상승 가능성이 높다고 봤기 때문일 것입니다. 아래 그림은 미국주식시장의 90년간 흐름을 표시한 것입니다. 장기적으로 저점과 고점이 모두 높아지는 상승 추세임을 확인할 수 있습니다.

주식시장은 전 세계에서 가장 위대한 부wealth의 복합체입니다. 모든 주식 투자자들의 투자 목적은 1달러를 투자해서 1달러 이상의 가치를 돌려받는 데 있습니다. 그러나 투자 입문 과정과 각종 서적을 보면, 주식시장이 상승하는 이유에 관한 설명으로 시작하는 경우는 드뭅니다. 왜 상승하는가는 매우 근본적인 질문이지만 종종 간과되곤 합니다. 주식시장이 상승하는 이유에 관해 더 잘 이해하면, 미스터마켓Mr Market: 시장의 변덕스러움을 빗대어 이르는 말이 폭등하고 다시 20% 정도 하락할

● —— 1930년부터 2019년까지 미국주식시장의 흐름

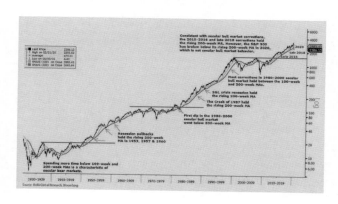

때도 투자를 유지하기가 쉬워질 것입니다. 참조 : Factor Investor.com

　미국주식시장을 기업들로 구성된 하나의 포트폴리오로, '미국'을 하나의 지주회사라고 가정해봅시다. 여러분이 이러한 지주회사의 CEO라면 2가지 임무가 주어질 것입니다. 첫째, 기초 기업들에 의해 창출되는 이익을 보장해야 합니다. 둘째, 이렇게 발생된 이익을 주주들의 이익을 위해 재투자해야 합니다. 그러기 위해서는 지주회사 '미국'의 미래 이익을 성장시키기 위한 투자 대상을 발굴해야 하는데 이는 창업, 성장, 기업인수 및 매각과 같은 방식이 될 것입니다. 이러한 활동들에 주어지는 기회가 매력적이지 않다면 여러분은 기업을 성장시키기보다는 배당받거나 자사주를 매입하는 편을 선택할 것입니다.

기업이익의 증가는 배당재투자와 가치절상으로 이어진다

　1871년 이래로 주식회사 '미국'의 이익은 연간 3.99% 증가했습니다. 기업이익 증가는 투자자들에 대한 3가지 수익원 중 첫 번째로 생각할 수 있습니다. 이때 기업이익의 성장은 주식회사 '미국'의 전체 포트폴리오를 위한 것임을 명심해야 합니다. 포트폴리오 편입 기업들 간의 편차가 있지만 평균 3.99% 성장한 것입니다.

　배당금이 두 번째 수익원을 차지합니다. 만약 주식회사 '미국'의 주주들이 배당으로 재투자한다고 가정한다면 재투자로 인한 수익률은 연간 4.55%로, 기업이익증가율 3.99%에 더해져 주주들에게 돌아가는 총수익률은 8.54%에 달할 것입니다. 배당금의 기여도는 기초 이익 증가보다 크다는 점에 유의하세요.

　세 번째 수익원은 좀 더 일시적인 형태이지만, 각기 다른 시점에 주식회사 '미국'의 포트폴리오에 의해 지급되는 배당 및 기업이익의 흐름에 기초한 밸류에이션가치평가과 직접적으로 관련이 있습니다.

　가장 간단한 밸류에이션 척도는 기업이 창출한 이익의 1달러당 지급되는 가격으로 이를 일반적으로 PER^{Price-to-Earnings Ratio}이라고 합니다. 1871년에 주식시장의 PER은 11.1배였습니다. 2019년 말엔 약 24배였습니다. 이는 연간 배수가 0.47%만큼 증가했다는 의미입니다.

그렇다면 왜 시장은 시간이 지남에 따라 평가절상되는 것일까요? 기업이익이 매우 장기간에 걸쳐 증가했기 때문에, 지급된 배당금은 암묵적으로 자본을 재투자하는 강력한 추가 재원이 됩니다. 마지막으로, 시장은 시점에 따라 각기 다른 시장의 관점에서 기업이익과 배당의 흐름을 평가합니다. 이러한 밸류에이션의 변화는 멀티플^{배수: PER과 PBR 등 시장의 기대가 표현된 숫자}의 확대나 수축을 초래해서 총투자수익의 균형을 이루게 됩니다.

기업이익 증가를 결정하는 3가지 요소

그렇다면 기업이익은 왜 증가하는 것일까요? 이에 대한 답변을 위해 S&P 500 지수를 전체 경제에 대한 대변자라고 가정하겠습니다. 실제로 기업 부문이 GDP의 75%를 차지하기 때문에 이는 적절한 가정으로 생각됩니다.

우선 인플레이션, 생산성, 인구통계 등 3가지 경제 요소를 살펴볼 필요가 있습니다.

장기적으로 보아 인플레이션은 가격 인상을 통해 소비자들에게 전달됩니다. 고전적인 표현으로는, 상품 수는 너무 적은데 반해 이를 구매하려는 돈이 너무 많은 현상을 의미합니다. 적절한 수준의 지속적인 인플레이션은 좋을 수 있습니다. 이는 소비를 장려하고, 채무 상환에 대한 미래 부담을 줄여주는 역할을 합니다. 반대로 수요가 줄어들면 디플레이션이 발생할 수 있습니다. 디플레이션은 나쁜 경우입니다. 왜냐하면 과도한 저축^{일본의 경우를 참조}을 부추기고 지출을 억제하며, 향후 채무상환 부담이 커지기 때문입니다.

생산성은 일반적으로 효율성 향상이나 가치 창출에서 비롯됩니다. 기술 발전으로 인해 근로자가 시간당 두 개의 위젯으로 생산량을 늘린다면, 생산성이 두 배로 증가한 것입니다. 가치 창출은 완전히 새로운 것, 즉 인터넷의 발명과 같은 것을 의미합니다. 생산성이 향상되면 다른 방법과 비슷하거나 더 적은 노력으로도 더 많은 제품을 만들어낼 수 있습니다. 대부분의 경우 생산성 향상은 점진적으로 이루어집니다. 1인당 실질 GDP로 정의되는 생산성은 수십 년 동안 2%대에서 꾸준히 성장해왔습니다.

인구 추세는 빙하가 녹는 것만큼 지루하지만, 노동력이 생산에서 가장 비싼 요소인 경우가 많기 때문에 중요합니다. 노동통계국에 따르면 노동력은 경제 생산 가치의 60% 이상을 차지한다고 합니다. 노동력이란 노동자를 의미합니다. 노동자들은 인구의 일부분으로, 인구가 늘어난다는 것은 미래에 더 많은 자격을 갖춘 근로자가 생겨난다는 것과 같은 말입니다. 이러한 노동자들은 그들이 부양하는 가족과 생활을 지원하기 위해 사용되는 임금을 받습니다. 인구통계학적 역풍과 순풍은 이처럼 전체 인구 또는 일부 집단의 변화를 이해함으로써 확인할 수 있습니다.

자, 그럼 이 3가지 요소를 이용하여 GDP의 구성요소를 항목별로 나눌 수 있습니다. 연방준비제도이사회FRB 자료에 쉽게 접근할 수 있도록 분석 기간을 1947~2018년으로 단축했습니다. 이 기간 동안 명목 국내총생산GDP은 연평균 6.36%씩 성장했습니다. 이를 인플레이션 3.25%, 생산성 1.95%, 인구성장 1.16% 등 3가지로 분류하고, 생산성과 인구성장을 합치면 실질 GDP는 3.11%로 증가합니다. 그리고 이는 다음 표에서 보듯이 기업이익증가율인 3.42%와 유사합니다.

1947~2018	S&P 500	
	명목	실질
기업이익증가율	6.68%	3.42%
배당재투자	3.55%	3.44%
멀티플 익스팬션	0.70%	0.70%
총수익	10.94%	7.56%

지금까지의 설명에서 알 수 있듯, 안정적이고 예측 가능한 척도는 인구 증가라고 할 수 있습니다. 현재 미국의 출산율은 소폭 감소하고 있지만, 이민정책을 감안하면 다른 국가에 비해 절대로 불리한 여건은 아닙니다. 따라서 실질적인 기업이익 증가는 지속될 것이며 이러한 요인이 미국시장의 장기 주가 상승을 가능하게 하는 요인이라 생각합니다.

위대한 투자자도
진화하지 못하면 사라진다

열린 사고로 언제든 변화할 준비가 된 투자자만이 살아남는다

저를 포함해서, 우리가 이미 알고 있는 투자 전략은 더 이상 효과적이지 않을 수 있습니다. 흔히 아는 상식 중에도 시간이 흐름에 따라 더 이상 상식이 아니게 된 것이 많습니다. 일례로, 공룡은 느리고 잔인하며 파충류에 속하지만 피부색이 화려하지 않은 것으로 묘사되어 왔습니다. 그런데 공룡에 대한 새로운 보고서에 따르면 많은 공룡이 사실은 매우 빠르고 피부는 공작과 같은 색깔을 띠었다고 합니다. 한편, 1930~1950년대에 생물학 교육을 받은 사람은 누구나 인간 세포는 48개의 염색체로 구성되어 있다고 배웠을 것입니다. 그러나 1956년 연구에서 염색체는 46개로 이루어졌음이 증명됐습니다.

주식에 관심이 있는 분이라면 '황의 법칙'과 '무어의 법칙'을 들어보았을 것입니다. 무어의 법칙은 1960년대에 반도체 시대가 열리면서 세계적인 반도체회사인 인텔의 공동창업자인 고든 무어Gordon Moore가 주창한 이론으로, 트랜지스터 개수가 18개월마다 2배씩 증가하며 PC가 이를 주도한다는 것이었습니다. 그러나 2002년 국제반도체회로학술회의에서 당시 삼성전자 반도체총괄 겸 메모리사업부문 사장이었던 황창규 사장은 반도체의 집적도가 2배로 증가하는 시간이 1년으로 단축되었으며, 무어의 법칙을 뛰어넘고 있다고 주장했습니다. 실제로 삼성전자는 1999년에 256M 낸드플래시 메모리를 개발하고, 2000

년 512M, 2001년 1Gb, 2002년 2Gb, 2003년 4Gb, 2004년 8Gb, 2005년 16Gb, 2006년 32Gb, 2007년 64Gb 제품을 개발하여 그 이론을 실증하였습니다.

하버드 대학의 공중보건대학원에서 강의하고 있는 복잡계 물리학자이면서 응용수학자인 새뮤얼 아브스만Samuel Arbesman은 상기의 사례와 같이 지식의 변화에 어떤 규칙성이 있다는 점을 발견했습니다. 그는 지식은 방사선동위원소와 닮았다고 주장합니다. 그에 따르면 지식은 반감기half-life와 같아서 절대불변의 지식은 없을 뿐 아니라 새로운 지식은 더 빨리 만들어지고 더 빨리 퍼져나가며, 절대불변으로 믿어온 대상들이 변화를 일으킵니다. 그리고 절반이 무효화되거나 오류로 증명되는 일정한 기간이 있다고 합니다.

분야	반감기(년)
물리학	13.07
경제학	9.38
수학	9.17
심리학	7.15
역사학	7.13
종교학	8.76

이와 같은 생각은 투자 세계에도 적용됩니다. 한때는 철통같이 믿었던 투자 아이디어, 전략, 원칙, 철학 등이 많은 인기를 얻으면 이로 인한 아비트리지 기회는 사라집니다. 그리고 한 번 지식이 널리 확산되면, 시장과 투자자들이 이를 받아들여서 성과 변화를 유도할 수 있습니다.

배당수익률과 채권수익률 간의 관계는 투자 세계에서는 거의 사실처럼 인식되었습니다. 1950년대까지는 채권수익률이 주식보다 높아지면 이는 주식시장을 떠나라는 명백한 신호로 여겨졌습니다. 리트홀츠 자산운용의 마이클 배트닉Michael Batnick은 이러한 아이디어가 1907~1929년까지는 효율적이었지만, 이제는 그렇지 않음을 증명했습니다. 실제로 1957년에 배당수익률이 채권수익률을 하회했을 때, 주식은 이후 10년 동안 200%의 수익률을 기록했습니다.

또 한 가지 사례가 있습니다. 상품선물은 투자의 바이블처럼 인식되어 왔습니다. 즉, 주식시장과 상관관계는 낮으면서 주식과 비슷한 수익률을 냈다는 것입니다. 이러한 아이디어는 2000년대 중반까지만 하더라도 투자의 주류로 받아들여졌습니다. 그렇지만 1990년대 이전의 투자자들이나 펀드매니저들이 상품선물에 실질적으로 투자하기가 불가능했

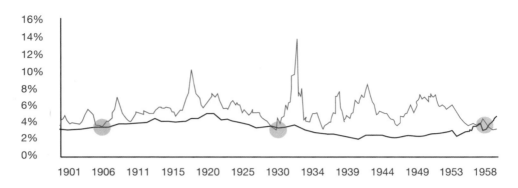

● ─── 배당수익률과 채권수익률의 상관관계는 1930년대 이후 사라졌다

다는 사실을 아는 사람은 거의 없습니다. 상품선물시장으로 많은 투자자가 몰리면서 이월 효과가 사라지게 되어 선물을 보유한 데 따른 프리미엄이 감소한 것입니다. 이후로 상품commodity 수익률이 현저히 악화되었습니다.

이 같은 지식의 변화에 대응하기 위해 다음과 같은 점을 고려해야 합니다.

❶ 잘못될 결과에 대비해야 한다. 특정 주제에 관한 현재 스탠스가 미래에 잘못될 가능성이 있다는 점을 인정하고 이를 체계적으로 처리할 능력을 갖춰야 한다.

❷ 호기심을 유지해야 한다. 다양한 책을 통해 얻은 지식, 아이디어, 연구결과 등을 습득해놓으면 기존과 다른 현상이 발생했을 때 다른 사람에 비해 빠른 속도로 이해할 수 있다.

❸ 겸손한 자세가 필요하다. 아무리 현명한 사람도 시장 급락crash에 의해 무너질 수 있다. 자기 자신에 대한 충분한 이해와 겸손을 갖추지 않은 채 투자에 참여하면 초라한 결과를 맞이할지 모른다.

위대한 투자자들의 7가지 성공 원천

2007년에 유명한 펀드매니저였던 마크 셀러스Mark Seller는 하버드 MBA 과정의 학생들에게 "여러분은 워런 버핏처럼 되고 싶은가요?"라는 제목으로 강의를 한 바 있습니다. 그는 "저는 여러분에게 어떻게 하면 위대한 투자자가 될 수 있는가를 가르치기 위해 여기에 온 것이 아닙니다. 오히려 저는 여러분에게 왜 극소수의 사람들만이 이러한 지위를 얻기를 원하는지에 대해서 말하려고 온 것입니다"라며 강의를 시작했습니다. 이어 '위대한 투자자가 되기 위해 반드시 필요하다고 생각하는 7가지 특징'을 제시하기에 앞서 주먹을 쥐고 다음과 같이 강조했습니다.

"저는 위대한 투자자들에게는 성공의 원천이 되는 최소한 7가지 공통적인 자질이 있다고 생각하는데, 이는 성년이 되면 배울 수 없는 것들입니다. 사실 이 가운데 일부는 절대로 배울 수 없는 것이라고 생각되기도 합니다. 타고나지 않으면 얻기 힘든 것들이기 때문입니다."

그가 말하는 7가지 특징은 아래와 같습니다.

❶ 다른 사람들이 패닉에 빠졌을 때 주식을 매수하고, 다른 사람들이 낙관적일 때 주식을 매도할 수 있는 능력이 있다.

❷ 게임에 참여하면 이기는 것만 생각한다.

❸ 과거의 실수로부터 기꺼이 배우고자 하는 의지가 있다.

❹ 상식에 바탕을 둔 내재적 리스크 감각이 있다.

❺ 자신의 신념에 대한 자신감과 거센 비판에 직면하더라도 이를 지킬 수 있는 능력이 있다.

❻ 상세하면서도 큰 그림을 볼 수 있는 능력이 있다.

❼ 투자 사고에 관한 프로세스를 바꾸지 않고도 변동성을 극복할 수 있는 능력이 있다.

그런데 이러한 강의를 한지 16개월 후에 셀러스는 그가 운용하는 펀드를 폐쇄했습니다. 나중에 밝혀진 내용이지만, 그가 사퇴한 진짜 이유는 매일매일 변동성을 느끼면서 상당한 스트레스를 받았기 때문입니다. 그는 15년 동안 항상 3% 종목에만 집중투자했습니다. 처음에는 성공을 거두면서 집중투자야말로 멋진 접근 방법이라 생각했지만, 역으로 그 방법이 자신의 투자 경력을 끝장낼 수도 있음을 깨달았습니다. 일반적으로 보유 포지션이 적을수록 충분히 통제할 수 있다고 믿는데, 실제는 그와 정반대이기 때문입니다.

그가 투자를 시작했던 초기에는 주로 스토리가 있는 주식을 선호했습니다. 펀더멘탈에 별다른 관심을 갖지 않았던 것입니다. 1차원적이고 매우 밋밋했던 것이죠. 그래서 그는 다시 포트폴리오에 대한 고민을 시작했고, 탄광주·생명과학주·스토리주·가치주 그리고 퀄리티Quality주들로 변화를 시도했습니다. 이러한 변화 이후에 그는 다시 한 번 승리하기 시작했고 자신감도 되찾았습니다. 과거에 자신을 억눌렀던 스트레스도 완화되었습니다. 이렇듯 위대한 투자자라도 진화해야만 합니다. 그렇지 않으면 역사의 뒤안길로 사라질 수 있습니다.

앞으로 10년, 투자자로서 여러분은 어떤 모습이기를 바라나요? 지난 20년의 수익률을 자랑하는 데 그치기를 원하는 사람은 없을 것입니다. 그러기 위해서는 각종 통념에 도전하고 자신만의 그림을 그려야 합니다.

길게 보는 힘 : 큰 그림을 그려야 성공한다

미국에는 바나나 거래를 통해 엄청난 부를 쌓아 '바나나 맨Banana Man'이라고 불리는 유명한 사업가가 있습니다. 20세기 초, 세계에서 가장 유명한 과일회사였던 유나이티드 프루트 컴퍼니United Fruit Company의 회장인 샘 제머리Sam Zemurray입니다. 1893년, 그는 노란색 과일에 매료되어 앨리배마주의 모빌Mobile 시를 방문했습니다. 당시 그의 나이는 18

세에 불과했습니다.

그는 바나나를 재배해서 걸프만을 통해 미국 소비자들에게 판매하는 방법을 찾고 싶었으나 그러지 못했습니다. 그런데 모빌 시에서 뜻밖의 해답을 얻었습니다. 바로 바나나를 숙성시키는 것이었죠. 여러분들도 바나나를 살 때 숙성된 것보다는 녹색에 가까운 바나나를 선택할 것입니다. 시장성 있는 바나나가 되기 위해서는 그린-터닝-라이프green-turnings-ripes라는 3단계를 거치게 됩니다.

그린green은 말 그대로 바나나가 익기 전의 모습입니다. 시간이 필요합니다. 터닝turning은 먹을 수 있는 상태의 직전 단계로 갈색 점이 나타나기 전의 모습입니다. 약간 노란색으로 보이는 단계입니다. 그리고 라이프ripe는 먹기에는 안성맞춤이지만 갈색 점이 나타나기 시작하는 단계로 며칠이 지나면 상품 가치가 떨어진다는 특성이 있습니다. 샘이 생각한 것이 바로 숙성 단계였습니다.

보관 기간이 짧다는 점을 고려할 때, 숙성 단계에서는 적절한 시점에 시장에 출하되기 어렵습니다. 그래서 엄청나게 할인해서 팔아야 합니다. 샘은 바나나를 적절한 때 빠르게 시장에 출하할 수 있다면 성공할 수 있다는 확신을 갖게 되었습니다. 굳이 바나나를 재배할 필요 없이, 단지 남들보다 빠르게 시장에 출시만 하면 되는 것이었죠. 그는 150달러어치의 숙성된 바나나를 매입해서 기차를 타고 북쪽 지역에서 이를 판매했습니다. 그렇게 1895년에 그는 단 6일 만에 190달러의 매출을 기록했고 40달러 이익을 얻었습니다. 1899년에는 2만 개의 바나나를 팔았습니다. 1903년에는 574,000개, 그리고 10년 만에 연간 1백만 개 이상의 바나나를 팔게 되었습니다.

마침내 샘은 미국에서 최고의 부자 반열에 올랐고 유나이티드 프루트컴퍼니지금은 치키터 브랜즈 인터내셔널의 수장이 되었습니다. 그의 성공은 무역에서 간과되는 부분을 자본화한 결과였습니다. 즉, 무의미한 것을 유의미하게 만든 것입니다.

이렇게 놀라운 업적을 이룬 사람은 샘 제머리만이 아닙니다. 아이스킹Ice King이란 별명을 얻은 프레더릭 튜더Frederic Tudor도 샘과 비슷한 방법으로 성공한 사업가입니다. 그는 얼음조각을 캐리비언 해안가로 수송하는 데 어느 누구도 생각하지 못했던 기발한 방법을 사용했습니다. 얼음이 녹는 것을 방지하게 위해서 버려진 값싼 톱밥을 사용해 배로 이동시킨 것입니다. 그가 성공한 비결은 시장에서 가치가 없다고 생각되었던 3가지얼음, 톱밥, 배를 이용한 수송를 이용한 것이었습니다.

이들 2명의 사업가는 시장에서 가치가 전혀 없는 것들을 가져와 이를 위대한 것으로 만들었다는 공통점이 있습니다. 그들은 자신의 생각을 오랜 시간 굳건히 유지했기 때문에 이런 성공을 거뒀습니다. 16세의 어린 소년 샘이 바나나를 처음 보았던 시점부터 74세에 은퇴할 때까지 매우 오랜 시간이 걸렸습니다.

금융 커뮤니티에서는 장기적인 시각을 가져야 한다고들 말합니다. '장기간'라는 것은 도대체 어느 정도의 시간을 의미하는 것일까요? 이에 관해서 유명한 블로거인 제이슨 츠바이크Jason Zweig는 "장기간이란 100년이라고 생각한다. 그래서 100년을 내다보고 투자해야 한다. 왜냐하면 나는 가족이 있고, 자식들을 돌봐야 하기 때문이다"라고 말한 바 있습니다.

정말 이루고 싶은 삶, 원하는 성공을 위해서는 그러한 사업, 가족, 제품, 브랜드, 공동체를 달성하기까지 여러분이 생각하는 것보다 훨씬 더 긴 시간이 소요된다는 점을 잊어서는 안 됩니다. 그래서 계획한 소요 시간을 더 늘려 잡고, 이번 주 또는 이번 분기에 초점을 맞출 것이 아니라 향후 10년 또는 100년을 목표로 해야 합니다. 여러분의 성공은 다음번 프로젝트나 노력에 의해 달성되는 것이 아니라, 지속적인 노력과 행동들이 시간이 지남에 따라 모아져서 이루어지는 것입니다.

주식시장, 그리고 투자에서 기억해야 할 15가지 원칙

성공의 길로 향할 준비 : 투자자로서의 마인드 세팅하기

지금까지 투자에 진입해야 하는 시기, 대상, 성공적인 투자를 위해 명심해야 할 사항 등을 말씀드렸습니다. 이제 이를 정리하는 차원에서 주식시장과 관련된 원칙을 설명하려 합니다. 물론 이미 익숙한 내용도 있을 수 있지만, 정리하는 차원에서 한번 더 관심을 가지고 읽어보길 바랍니다.

겸손해야 한다, 그렇지 않으면 시장이 당신을 겸손하게 만들 것이다

인생의 많은 부분에서 보다 많은 자신감을 갖는 것은 좋은 일입니다. 그러나 시장은 자신감이란 것이 적용되지 않는 영역입니다. 자신감이 큰 투자자들일수록 거래를 더 많이 하게 되고 과도한 리스크를 감내하다 결국에는 나쁜 성과를 맞게 되곤 합니다.

리스크가 수반되지 않는 보상은 존재하지 않는다

엄청나게 높은 수익률, 변동성이 거의 없는 수익률, 완벽한 마켓 타이밍. 이러한 3가지 사

항은 투자자들을 잘못된 길로 이끌 수 있는 가장 대표적인 문구들로 반드시 경계해야 합니다.

아래 그림의 2번째 열에 주목해보세요 그럼 다음과 같은 3가지 사실을 발견할 수 있을 것입니다. 첫째, 1990년에서 2008년까지 손실을 경험한 적이 한 번도 없습니다. 둘째, 채권보다도 낮은 변동성으로 연간 10.6% 수익률을 기록했습니다. 셋째, 최대손실률MDD은 1% 미만입니다.

이것이 사실이라면 너무 좋지 않을까요? 이는 베르니 매도프Bernie Madoff : 폰지사기 혐의로 2009년 6월에 150년 징역형을 받은 사기꾼와 관련된 페어필드 센트리 펀드Fairfield Sentry Fund 의 거짓 수익률입니다. 그럴듯해 보이지만 이런 완벽한 포트폴리오란 현실 세계에는 존재할 수 없습니다. 보상에는 반드시 리스크가 따릅니다. 이 단순한 진리를 잊어서는 안 될 것입니다.

Returns and Performance Statistics (Dec 1990 - Oct 2008)			
Year	Fairfield Sentry Fund	S&P 500	Barclays Agg
1990 (Dec Only)	2.8%	2.8%	1.6%
1991	17.6%	30.5%	16.0%
1992	13.7%	7.6%	7.4%
1993	10.7%	10.1%	9.7%
1994	10.6%	1.3%	-2.9%
1995	12.0%	37.6%	18.5%
1996	12.1%	23.0%	3.6%
1997	13.1%	33.4%	9.7%
1998	12.5%	28.6%	8.7%
1999	13.3%	21.0%	-0.8%
2000	10.7%	-9.1%	11.6%
2001	9.8%	-11.9%	8.4%
2002	8.4%	-22.1%	10.3%
2003	7.3%	28.7%	4.1%
2004	6.5%	10.9%	4.3%
2005	7.3%	4.9%	2.4%
2006	9.4%	15.8%	4.3%
2007	7.4%	5.5%	7.0%
2008 (Jan - Oct)	4.5%	-32.8%	-1.7%
Cumulative Return	504%	333%	219%
Annualized Return	10.6%	8.5%	6.7%
Annualized Volatility	2.5%	14.3%	3.7%
Annualized Return/Vol	4.30	0.60	1.78
Sharpe Ratio	2.72	0.32	0.75
Treynor Ratio	1.22	0.05	0.77
Max Drawdown (Monthly)	-0.6%	-44.7%	-5.1%
Ann Return/Max Drawdown	16.49	0.19	1.30
% Positive (Months)	92%	65%	70%

출처 : compoundadvisor

보유 기간이 길수록 성공 확률도 높아진다

지금까지의 주식시장에서 어느 특정일을 집어 수익률이 플러스일 확률을 계산해보십시오. 53%로, 겨우 동전 던지기보다 높은 수준입니다. 그런데 보유 기간을 1년으로 연장하면 성공 확률이 74%로 급증합니다. 20년 동안 보유하면, 미국주식 투자자들은 한 번도 마이너스 수익률을 경험하지 않습니다. 역사상 가장 유명한 트레이더들의 책을 많이 읽었는데, 이를 통해 얻은 가장 중요한 교훈은 '수익률은 마켓 타이밍과 아무런 관련이 없다'는 것이었습니다. 높은 수익률을 올린 이유는 항상 그 자리에 앉아 있었기 때문이죠.

매번 같은 경우는 존재하지 않는다

2014년 9월, 미국 고용시장은 49개월 연속 성장했습니다. 이는 1990년의 종전 기록과 동일한 수준이었고, 그 외에도 2007년까지 46개월 연속, 1979년 이후 45개월 연속 성장한 바 있습니다. 이러한 연속 기록을 세운 이후 주식시장은 고점을 형성했고, 경기가 침체 국면에 진입하면서 많은 사람은 "우리는 이전에도 이러한 영화를 본 적이 있다"라며 불길한 기억을 떠올렸습니다. 그러나 얼마 안 가 리먼 브라더스 파산과 글로벌 금융위기라는 초유의 사태가 발생했습니다.

일찍이 경험해보지 못한 형태의 상황이 최근에도 발생했습니다. 2020년 2월까지 미국 고용시장은 112개월 연속 증가라는 기록을 갖게 되었습니다. 이는 종전의 기록을 무려 5년 이상 능가한 것입니다. 그러나 2020년 3월에 기록이 무너졌습니다. 코로나 바이러스가 확산되면서 이러한 상황이 벌어진 것입니다. 적어도 주식시장에서 같은 영화가 두 번 상영되는 일은 없습니다.

목표주가는 의미가 없다, 예측은 어리석은 짓이다

시계추를 2019년 12월로 되돌려봅시다. 미국주식시장 및 경기 확장 국면이 역사상 최장 국면으로 이어지는 가운데 많은 월가 전문가는 2020년 연말 주가를 다음과 같이 예측했습니다. 편차는 무려 20%에 이릅니다. 84페이지 그림 참조.

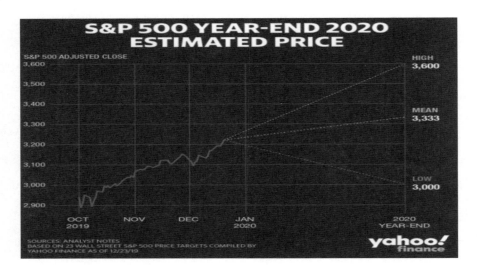

현실은 어땠을까요? S&P 500 지수는 2020년 3월에 베어마켓에 진입했습니다. 고점 대비 무려 -20%의 하락이었습니다.

예견보다는 계획을 세워라, 의견보다는 증거에 근거해라

2016년 11월에, 세계 최대의 헤지펀드는 다음과 같은 예견을 했습니다. "트럼프 대통령이 당선되면 주식시장은 폭락할 것이다." 이러한 무시무시한 예견을 뒷받침하는 증거는 무엇이었을까요? 증거랄 것은 전혀 없었습니다. 오히려 2016년 대통령 선거 이후로 S&P 500 지수는 60%, 나스닥 지수는 86% 상승했습니다. 더군다나 상승 랠리는 대통령 선거 바로 이튿날부터 시작되었습니다. 절대로 예언이 자신의 투자 계획보다 앞서게 하지 말아야 합니다.

사이클과 추세는 분명히 존재한다, 그렇다고 해서 예측이 쉽다는 것을 의미하지는 않는다

S&P 500 지수는 2009년 3월 저점 이후로 거의 500% 상승했습니다. 흔한 말로 계속 우상향한 것입니다. 쉽게 돈을 벌 수 있지 않았을까요? 그렇지 않았습니다. S&P 500 지수는 25차례나 5% 이상 조정을 경험했습니다. 각각의 조정 국면에는 저마다 이유가 있었습니다. 무역전쟁, 관세, 수익률 곡선 역전 현상, 금리 상승, 선거 결과에 대한 우려감, 브렉시트Brexit, 유럽 국채위기 등등. 당시에는 이러한 원인들 하나하나가 마치 세상을 끝낼 것처럼 느껴졌습니다. 2020년 3월에 엄습한 코로나바이러스로 인한 베어마켓도 마찬가지입니다. 1930년대 대공황 이후로 최악의 경기 침체로 규정하고 있습니다. 본고가 출간되는 시점의 S&P 500 지수가 궁금합니다.

집중투자는 부를 가장 빨리 형성하는 방법인 동시에 가장 빠르게 파괴하는 방법이다

제프 베조스, 빌 게이츠, 워런 버핏, 마크 저커버그. 모두 미국 최고의 부자들인데, 이들은 한 가지 공통점을 갖고 있습니다. 그들이 창업한 회사 주식만을 보유하고 있다는 점입니다. 이런 사람들의 자산배분을 자신의 포트폴리오 모델로 추종하면 실수로 이어질 수 있습니다. 한 종목을 선택해서 그것으로 최고의 승자가 될 확률은 절대적으로 낮습니다. 대부분의 기업들약 72%은 장기적으로 국채 수익률 대비 낮은 수익률을 내며, 절반 이상은 평생 마이너스 수익률을 기록한다는 점을 기억하기 바랍니다.

유일하게 확실한 것은 불확실성이다

시간이 충분한 점을 감안하면, 시장은 과거에 발생했던 상황이 미래에도 발생하리라고 기대하는 사람을 바보로 만듭니다. 금융시장은 정규분포 곡선을 따르지 않습니다. 대신에 팻 테일fat tail의 특성을 보입니다. 이는 정규분포보다는 극단적인 사건이 발생할 가능성이 더 높다는 의미입니다.

2020년 2월 24일에 다우 지수가 단 하루만에 -1,031포인트라는 사상 최대 낙폭을 기록한 것은 이의 전형적인 사례라 할 수 있습니다. 이러한 사례를 '15 시그마 이벤트15 sigma event'라고 부르는데, 이는 역사적으로 한 번도 발생하기 어려운 확률을 의미합니다. 그렇지만 실제로 발생했습니다. 그리고 앞으로 또다시 발생할 것입니다.

시간은 돈보다 훨씬 더 가치가 있다

신중한 시간 배분이 성공적인 장기 인생 계획의 기초인 반면에, 신중한 자산배분은 성공적인 장기 투자 계획의 기초가 됩니다. 투자자들은 종종 후자에 대해 생각하고, 전자는 거의 생각하지 않는 경향이 있습니다. 아무리 많은 돈이 있어도 과거를 살 수는 없습니다. 전자에 더욱 집중해야 합니다.

평균적으로 낮은 비용이 높은 비용을, 패시브 투자가 액티브 투자를, 단순함이 복잡성을 이긴다

특정 펀드의 미래 수익률을 예측하는 것은 거의 불가능합니다. 그러나 여러분이 단일 팩터를 기반으로 예측한다면, 운용 관련 비용을 판단 기준으로 설정해야 합니다. 모든 영역에서 펀드 수수료가 낮을수록 높은 수수료율을 가진 펀드를 상회하는 경향이 있습니다. 물론 벤치마크의 수익률을 상회하는 액티브 펀드는 항상 존재할 것입니다. 그러나 투자자들이 사전에 이러한 펀드를 선택할 확률은 높지 않습니다. 보유 기간이 길수록 수익률이 높다는 공식은 여기에도 해당됩니다.

저축은 투자보다 더 중요하다, 저축을 못하면 투자도 못하게 된다

투자수익률은 가장 많은 관심을 받는 영역이지만, 대부분의 사람들에게는 그것보단 저축의 규모가 더욱 중요합니다. 아래 표를 보십시오. 30년 동안 자신의 소득의 8%를 1%의 수익률로 저축하면, 1%의 저축률로 8%의 수익률에 투자하는 것보다 손쉽게 아웃퍼폼할 수 있습니다. 다시 말해 더 높은 투자수익률을 얻는 것은 노력의 함수가 아니지만, 저축은 자신이 통제할 수 있는 함수이므로 더 좋은 결과를 얻을 수 있는 것입니다.

연간 수익률	저축률(연간 저축 금액)							
	1% ($536)	2% ($1,071)	3% ($1,607)	4% ($2,142)	5% ($2,678)	6% ($3,213)	7% ($3,749)	8% ($4,284)
1%	$18,627	$37,255	$55,882	$74,509	$93,137	$111,764	$130,391	**$149,018**
2%	$21,724	$43,448	$65,173	$86,897	$108,621	$130,345	$152,069	$173,794
3%	$25,477	$50,953	$76,430	$101,907	$127.383	$152,860	$178,336	$203,813
4%	$20,033	$60,067	$90,100	$120,134	$150,167	$180,201	$210,234	$240,268
5%	$35,578	$71,156	$106,734	$142,312	$177,890	$213,468	$249,046	$284,624
6%	$42,336	$84,671	$127,007	$169,343	$211,678	$254,014	$296,350	$338,685
7%	$50,584	$101,168	$151,751	$202,335	$252,919	$303,503	$354,086	$404,670
8%	**$60,663**	$121,326	$181,989	$242,653	$303,316	$363,979	$424,642	$485,305

"모른다"는 말을 두려워해서는 안 된다

투자 행위는 여러분의 경쟁력 범위 내에서 해야 합니다. 다음의 질문에 답해보십시오.

- 2020년 말에 S&P 500 지수는?

- 10년 국채수익률은 어느 정도일까?

- 다음 대통령 선거에서 누가 승리할 것인가?

- 오늘 금에 투자해도 괜찮을까?
- 무역전쟁은 언제 완전하게 타결될 것인가?
- 내년에도 미 연준은 금리 인하를 할까?
- 다음번 경기 침체는 언제 도래할 것인가?

투자자로서 성공하기 위해서는 상기와 같은 질문에 대답해야 한다고 생각할지도 모릅니다. 그러나 대답하지 못해도 성공한 투자자가 될 수 있습니다. 오히려 무언가를 알고 있다는 생각에 그에 대한 의견대로 행동하는 것이 모름을 인정하고 하는 행동보다 더 나쁜 결과를 초래할 수 있습니다.

분산투자와 자산배분이 우리를 지켜준다

2020년도 최고의 투자자산과 최악의 투자자산은 무엇일까요? 만약 미래를 예측할 수 있다면, 최고의 자산만을 보유하고 최악의 자산을 배제하면 될 것입니다. 그러나 우리에게는 이러한 전지전능한 능력이 없죠. 때문에 분산투자를 해야 합니다.

감정을 통제하는 법을 배우지 못하면, 감정에 지배당할 것이다

투자자가 위험자산 투자에 나서는 순간, 그의 주된 감정은 공포심과 탐욕일 것입니다. 우리는 본능적으로 두려움과 욕망에 반응하게끔 되어 있습니다. 진화론적인 관점에서 인류에게 도움이 되었지만, 투자에 있어서는 장점보다는 단점으로 작용합니다. 시장이 하락하면 모든 것을 잃을 것 같은 두려움을 갖게 되고, 고통을 줄이기 위해 매도에 나서게 되기 때문입니다. 반대로 시장이 상승하면 미래의 이익을 놓칠지도 모른다는 두려움으로 결국 매수에 나서게 되며, 결국 후회하게 됩니다.

공포심과 탐욕에 의해 행동하고 싶은 욕구가 생기면 잠시 시장을 멀리해야 합니다. 숨을 깊게 들이쉬고, 산책을 하거나, 책을 읽거나 좋아하는 영화를 감상하는 것도 방법이 될 수 있습니다. 그리고 나서 다시 돌아와도 시장은 항상 존재할 것입니다.

그 후에는 편안한 마음으로 의사결정을 내릴 수 있을 것입니다.

ETF에 처음 투자할 때
관심을 가져볼 만한 상품들

4대 로보 어드바이징 업체의 검증된 포트폴리오

지금까지 읽으셨다면, 어느 정도 투자를 위한 기초는 갖추었다고 생각합니다. 그래서 제가 장기 투자에 적합하다고 주장하는 ETF 상품 가운데 접근 가능한 몇 가지를 소개하려 합니다. 그에 앞서 한 가지 짚어볼 점이 있습니다. 최근 미국 ETF 산업의 특징적인 현상은 대형 투자기관들이 자체적으로 ETF를 발행하고 있으며 자사가 판매 중인 자산배분형 상품에 자사가 개발한 ETF를 중심으로 편입하고 있다는 것입니다. 그런 까닭에 ETF 선정에 있어 다소 주관적인 관점이 개입됐을 수 있다고 생각됩니다.

따라서 ETF를 자산배분형 상품으로 편입하는 데 비교적 독립적이라고 판단되는 로보 어드바이저Robo-Advisor기관들의 포트폴리오를 중심으로 정리했습니다. 지금부터 인용할 ETF들은 미국의 4대 독립 로보 어드바이저AUM 기준 기관에서 편입한 것입니다.

제가 주요 기관들이 편입한 ETF를 중심으로 설명하려는 이유는 간단합니다. 모방은 창조의 어머니라는 격언 때문입니다.

사실 지금도 개인적으로 상당한 식견을 갖고 해외 ETF에 투자하는 분이 많은 것으로 알고 있습니다. 그렇지만 상당수의 투자자들은 정확한 내용을 파악하지 못하고, 실제로 어떤 기준으로 선정해야 하는지 몰라 헤매곤 합니다.

다시 한번 강조하지만 모방은 창조의 어머니입니다. 저도 투자 세계에 입문하면서 선배들로부터 투자에 관한 많은 가르침을 받았습니다. 지금과는 달리 당시에는 투자에 관해 체계적인 정보를 제공해주는 곳이 없었습니다. 그래서 주로 선배님들이 작성한 보고서를 읽으면서 조금씩 지식을 습득했습니다. 일종의 도제 시스템이 작동했던 것이지요.

지금도 그렇지만 당시에는 종목이나 시장에 대한 뛰어난 식견을 가진 기관은 외국계 증권사였습니다. 그들이 훌륭한 것은 종목을 족집게처럼 선정해서가 아니라 논리가 상당히 합리적이었기 때문입니다. 그래서 당시에는 그들이 작성한 보고서를 읽고, 데이터와 내용을 모방하는 것이 하나의 흐름이었습니다. (물론 스스로 터득한 분 도 많이 계십니다. 이는 순전히 저의 경험담입니다.)

가장 기억에 남는 것은 바로 보험업종에 관한 산업 보고서였습니다. 1995년도까지 6천 원대를 유지했던 DB손해보험당시 사명은 한국자동차보험이 1년 만에 5만 원대로 상승한 적이 있습니다. 거의 10배가 오른 것입니다. 당시에는 주가가 왜 그렇게 움직이는지 이해하지 못했습니다. 그런데 당시 저의 상사가 외국계 보험 산업 보고서를 건네며 이를 읽고 평가해보라고 지시했습니다.

보고서를 수차례 정독했지만 내용을 이해하기 어려웠습니다. 보고서의 주된 논조는 그동안 국내 자동차 산업이 발전함에 따라 보험 산업도 성장하고 있으며, 외국 보험사들과 비교할 때 저평가되어 있다는 것이었습니다. 그러나 저뿐만 아니라 당시 많은 투자자는 소위 트로이카증권, 건설, 종합상사 등에만 관심이 있어서 보험 산업에 관해서는 잘 몰랐습니다. 결국 보고서를 작성한 외국계 증권사 애널리스트를 직접 만나 설명을 듣고 나서야 비로소 이해되기 시작했습니다. 주가가 이미 상당 수준 상승한 상황에서, 외국계 증권사 논리를 모방하여 보험업종에 대한 관심을 가져야 한다는 자체 보고서를 내면서 겨우 면피했던 순간이 떠오릅니다.

그렇습니다. 정말 이해하기 어렵지만 이해하고 싶을 때는 자신보다 우월한 능력을 갖고 있는 주체에게 의존해야 합니다. ETF 선정 역시 마찬가지입니다.

미국 내 4대 RA로보 어드바이저 업체Wealthfront, Betterment, WiseBanyan, Acorns가 어떠한 종목을 포트폴리오에 편입했을 때는 나름의 논리가 있습니다. 이들의 공통점은 ETF 선정 기준에 기초지수 구성 방법, 유동성, 호가 스프레드, 운용보수 등을 적용하고 있다는 점입니다. 물론 성과도 좋습니다.

4대 RA 기관들의 포트폴리오 현황을 정리해보면 서로 겹치는 종목들도 있고, 생소한 종목들도 있습니다. 그래서 이를 티커일종의 종목코드, 상품명, 자산유형, 투자 대상지역, 운용자산규모, 일평균 거래대금, 운용보수, 평균 호가 스프레드 등으로 분류해서 정리했습니다. 다음 장의 표에서 공통점을 찾아보면 다음과 같습니다.

❶ ETF 운용자산은 10억 달러를 상회한다.

❷ 일평균 거래대금은 1,000만 달러를 초과한다.

❸ 운용보수는 2종목을 제외하면 대부분 0.10% 이하이다.

❹ 평균 호가 스프레드(매수/매도 호가 차이)는 2종목을 제외하면 한 자릿수 이내다.

전반적으로 거래를 하는 데 전혀 불편함이 없으리란 걸 알 수 있습니다.

혹자는 이런 궁금증을 가질 수 있습니다. '상기의 자산 유형을 보면 대부분 주식과 채권으로만 이루어져 있는데, 대체투자와 상품 투자 등에 관한 것은 없을까?' 그러나 파트 2의 서두에서 말한 바와 같이 젊은 세대들은 장기 투자를 해야 하고, 장기 투자는 인덱스 투자가 되어야 하며, 그 투자 대상으로는 주식을 우선순위로 해야 합니다. 그러므로 이러한 맥락에서 당분간은 상품에 대한 궁금증은 놓아버리길 바랍니다.

티커	ETF 명	자산 유형	투자 대상 지역	운용자산 규모	일평균 거래대금	운용 보수	평균 호가 스프레드
VNQ	Vanguard Real Estate ETF	부동산	미국	$24.90B	$760.86M	0.12%	0.01%
DXJ	WisdomTree Japan Hedged Equity Fund	주식형	일본	$1.65B	$72.42M	0.48%	0.02%
IEMG	iShares Core MSCI Emerging Markets ETF	주식형	신흥시장	$44.21B	$1.30B	0.13%	0.02%
SCHB	Schwab U.S. Broad Market ETF	주식형	미국	$12.36B	$187.23M	0.03%	0.03%
SCHD	Schwab U.S. Dividend Equity ETF	주식형	미국	$9.51B	$55.18M	0.06%	0.02%
SCHF	Schwab International Equity ETF	주식형	미국을 제외한 선진국	$16.82B	$286.94M	0.06%	0.03%
VB	Vanguard Small-Cap ETF	주식형	미국	$19.96B	$212.63M	0.05%	0.12%
VBR	Vanguard Small-Cap Value ETF	주식형	미국	$9.57B	$109.54M	0.07%	0.12%
VDE	Vanguard Energy ETF	주식형	미국	$2.25B	$82.74M	0.10%	0.04%
VEA	Vanguard FTSE Developed Markets ETF	주식형	미국을 제외한 선진국	$59.99B	$1.09B	0.05%	0.03%
VGT	Vanguard Information Technology ETF	주식형	유럽 선진국	$22.15B	$323.22M	0.10%	0.05%
VIG	Vanguard Dividend Appreciation ETF	주식형	미국	$36.16B	$303.15M	0.06%	0.05%
VOE	Vanguard Mid-Cap Value ETF	주식형	미국	$6.88B	$75.16M	0.07%	0.07%
VOO	Vanguard S&P 500 ETF	주식형	미국	$116.19B	$2.11B	0.03%	0.03%
VTI	Vanguard Total Stock Market ETF	주식형	미국	$113.24B	$1.21B	0.03%	0.02%
VTV	Vanguard Value ETF	주식형	미국	$42.44B	$344.30M	0.04%	0.06%
VWO	Vanguard FTSE Emerging Markets ETF	주식형	신흥시장	$49.29B	$1.04B	0.10%	0.02%
XLE	Energy Select Sector SPDR Fund	주식형	미국	$7.04B	$1.31B	0.13%	0.02%
BND	Vanguard Total Bond Market ETF	채권형	미국	$49.81B	$659.59M	0.04%	0.01%
BNDX	Vanguard Total International Bond ETF	채권형	미국을 제외한 글로벌	$25.94B	$198.93M	0.08%	0.02%
EMB	iShares JP Morgan USD Emerging Markets Bond ETF	채권형	신흥시장	$11.67B	$549.78M	0.39%	0.01%
LQD	iShares iBoxx USD Investment Grade Corporate Bond ETF	채권형	미국	$39.45B	$2.57B	0.15%	0.01%
MUB	iShares National Muni Bond ETF	채권형	미국	$15.07B	$252.78M	0.07%	0.01%
SHY	iShares 1-3 Year Treasury Bond ETF	채권형	미국	$23.46B	$557.72M	0.15%	0.01%
TFI	SPDR Nuveen Bloomberg Barclays Municipal Bond ETF	채권형	미국	$3.36B	$56.61M	0.23%	0.06%
TIP	iShares TIPS Bond ETF	채권형	미국	$19.76B	$415.66M	0.19%	0.01%
VGIT	Vanguard Intermediate-Term Treasury Index ETF	채권형	미국	$5.68B	$74.76M	0.05%	0.02%

PART 3

첫 번째 인사이트 :
돈의 세계에는
분명한 패턴이 있다

지난 20년간의 금융시장은
어떻게 변화해왔나

역사가 가르쳐주는 시장과 투자 세계의 교훈

21세기 들어 첫 20년간의 주식시장은 역사책에 대기록으로 남을 것입니다. 최고의 시기이자 최악의 시기이기도 했습니다. 21세기 초반, 기술주 버블 붕괴에 이은 글로벌 금융위기까지, 잃어버린 10년은 역사적으로 가장 긴 강세장으로 이어졌습니다. 미국주식시장은 2009년 3월 9일을 저점으로 2020년 2월 19일까지 무려 400.5%의 상승률을 기록했습니다. 1990년대의 강세장 수익률이었던 417%에 이어 2번째 기록입니다. 상승 기간은 총 131.4개월로 역사상 가장 오랜 기간 지속되었습니다. 이 같은 지난 20년간의 경험을 통해 얻을 수 있는 교훈을 살펴보겠습니다.

닷컴 버블 후유증으로 시작된 첫 10년

21세기는 현금 흐름이 더는 중요하지 않은 새로운 시대에 진입했다는 믿음으로 출발했습니다. 매출액이 미미하고 대규모 손실이 있는 인터넷 기업들이 100억 달러 수준의 높은 가치를 보였습니다. 이처럼 높은 가치에 비판적 태도를 보인 전문가들은 과거의 사고에 머물러 있어 신 경제new-economy를 충분히 이해하지 못한다는 비웃음을 샀습니다. 미국주식시장은 2000년 3월 24일에 고점을 찍은 후 거의 50%나 하락했습니다. 사람들은 이것이 가장 고통스러운 기간일 것이라 생각했지만, 실제로는 첫 번째 폭락에 불과했습니다.

많은 투자자가 당황하기 시작했습니다. 그들이 분산투자라고 생각했던 다수의 뮤추얼펀드로 구성된 포트폴리오들이 무려 70%에 이르는 손실을 입었기 때문입니다. 이유는 명확했습니다. 다수의 야누스 뮤추얼펀드들이 동일한 유형의 닷컴 기업들을 편입했기 때문이었죠. 분산투자는 오히려 종합 인덱스펀드 쪽이 더 잘 이루어졌습니다. 우량등급 채권, 리츠REITs, 귀금속 및 탄광 관련주들은 주식시장과 마이너스 상관관계를 갖고 있어서 베어마켓에서 좋은 성과를 보였습니다.

주식시장의 하락세는 2002년 10월에 멈추었습니다. 비록 미국과 해외미국 외 주식들이 약 49% 정도의 손실을 보았지만, 우량등급 채권이 28% 상승해서 손실분을 어느 정도 완화시켰습니다.

부동산과 금융 버블

닷컴 버블의 고통은 곧 잊혀졌습니다. 주식시장이 새로운 고점을 형성하는 등 추세상승을 보였기 때문입니다. 이번 강세장은 매출액이 전혀 없는 10억 달러 가치의 IPO 기업들이 아닌, 부동산에 의해 이뤄졌습니다. 사람들은 모기지에 의존하여 주택을 매수했고 부동산 가격은 상승했습니다. 2002년 10월에서 2007년 3월까지 미국주식시장은 133% 상승했고, 해외 주식시장은 240% 올랐습니다. 반면에 채권은 22% 상승에 그쳤습니다.

그러나 결말은 참혹했습니다. 곧이어 부동산 버블이 터지자 첫 번째 급락 국면에서보다 더 많은 고통을 감내해야 했습니다. 미국주식시장은 55% 하락했고, 해외 주식시장은 60% 하락하는 등 하락 규모는 닷컴 버블과 별다른 차이가 없었습니다만, 더 고통스러운 점은 마지막 버블 해소가 첫 번째 때보다 2배나 빠른 속도로 진행되었다는 점입니다.

자산운용사인 모닝스타Morningstar의 보고서에 따르면 2008년 채권펀드는 평균 -8% 손실을 기록했습니다. (당시 많은 채권펀드들이 주식보다 더 큰 손실을 냈습니다.) 닷컴 버블 당시에 견고한 모습을 보였던 리츠와 귀금속, 탄광 관련주들 또한 이번 폭락 국면은 피해 갈 수 없었습니다.

전체적으로 보면 21세기 초반 미국주식시장은 2% 하락했고, 그에 비해 해외 주식시장은 28%나 상승했습니다. 그래서 잃어버린 10년이라고 하는 것입니다. 한편, 우량등급 채권은 금리 하락으로 인해 81%의 수익률을 올렸습니다. 재미있는 사실은 당시 최고의 이코노미스트들 대부분이 금리가 상승할 것이라고 주장했다는 것입니다. 금리 하락을 예측한 비율은 30%에 불과했습니다. 동전 던지기 확률에도 미치지 못한 것이죠.

코로나바이러스로 인해 역사상 최장 강세장이 마감되다

2009년 3월 9일은 역사적으로 최장 기간 강세장의 출발점이었습니다. 미국주식시장은 이 날을 저점으로 빠르게 회복되기 시작하여 이후 2019년 12월 말까지 최고의 수익률을 냈으며, 해외 주식시장+199.8%도 괜찮은 모습을 보였습니다. 상대적으로 채권 수익률은 이들보다 낮은 51.9%를 기록했습니다.

무한정 상승할 것 같았던 미국주식시장은 코로나바이러스의 출현으로 역사상 최단기간16일 내 베어마켓-20% 이상 하락하는 국면에 진입하는 불명예를 기록했습니다. 현재는 코로나바이러스가 빌미를 제공한 것으로 보이지만, 과도한 밸류에이션■ 수준 역시 무시할 수 없습니다.

■ 기업의 매출, 이익, 현금흐름, 배당 등 다양한 지표를 가지고 기업의 가치를 판단해 적정 주가를 산정해내는 것으로 우리 말로는 '가치평가'로 풀이된다. 밸류에이션에 사용되는 지표로는 PER, EV/EBITDA 등이 있다. 밸류에이션이 과도하다는 것은 실제 기업가치보다 시장이 판단한 가치가 더 높다는 것으로 이해할 수 있다.

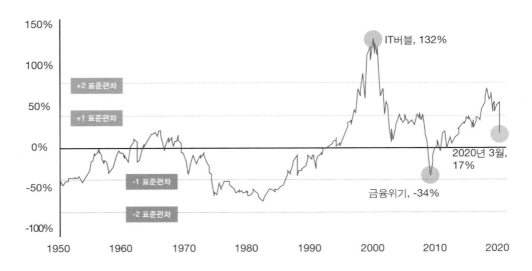

● —— 1950년 이후 S&P 500의 PER과 역사적인 평균

위의 그래프는 S&P 500 지수의 PER이 과거 평균 대비 어느 수준에 위치해 있는지를 표시한 것입니다. 2020년 2월에 고점을 형성하기 전 이미 PER은 과거 평균 대비 +2 표준편차 수준까지 상승한 바 있습니다. 일반적으로 +1 표준편차에 근접하면 과열 수준으로 인식합니다. 1999년 닷컴 버블 당시에는 +2 표준편차를 훨씬 상회했고, 2008년 글로벌 금융위기 당시에는 +1 표준편차를 상회한 바 있습니다. 금번의 경우 2008년과 1999년 사이에 위치한 것으로 고평가 상황이 진행됐습니다. 결국에는 밸류에이션 문제라고 생각합니다. 평균회귀는 주식시장 불변의 원칙임을 잊지 말아야 하겠습니다.

주식시장에서 미래를
예측하기 위해 알아야 할 것들

주식시장의 입장료, 그리고 그 이후 투자에 필요한 노력들

혹시 주변 사람으로부터 "나는 주식시장에 입장료를 많이 냈어"라는 말을 들어본 적이 있나요? 입장료는 자신이 출입하고 있는 곳이 유료인 경우, 반드시 지불해야 하는 대가입니다. 투자의 세계도 마찬가지입니다.

높은 수익률High return과 낮은 위험성Low risk은 모든 투자자가 원하는 것이지만 이를 동시에 달성하는 사람은 거의 없습니다. 이와 관련해 혹자는 이런 의문을 품을 수 있습니다. '손실 규모를 미리 설정해놓고 그 안에서만 투자한다면 두 마리 토끼높은 수익률과 낮은 위험성를 다 잡을 수 있지 않을까?' '하락장을 피하려다가 상승장에 올라타지 못하는 건 아닐까?' 이러한 궁금증을 검증하기 위해 미국의 파워 블로거인 닉 매기울리는 다음과 같은 사고 실험을 제안했습니다.

"매년 말이면 다음 해 미국주식시장에 대한 정보를 알려주는 마술사를 알고 있다고 가정해보자. 마술사는 여러분에게 매수 종목이나 지수 상승률에 대해서는 알려줄 수 없지만, 향후 12개월 내 최저점은 알고 있다. 그렇다면 어느 시점까지 주식을 피하고 채권에 투자해야 할까?"

정답의 힌트는 연중 MDD최대손실률 : 최고가 대비 최저가 손실률에 있습니다. 1950년 이후로 S&P

500 지수의 연중 최대손실률은 -13.5%였고, 중앙값은 -10.6%였습니다. 이는 1월 1일에 S&P 500을 매수한 경우, 한 해 동안 특정 시점까지의 최대 하락률이 13.5%임을 의미합니다.

당신은 이렇게 생각할 수 있습니다.

'MDD가 너무 높은데? MDD가 -5% 이상인 해는 피해야겠어.'

이러한 전략을 손실회피 전략Avoid Drawdown이라고 합니다. 그러나 이를 실제로 적용하면 2018년까지 매수 후 보유buy&hold 전략보다 90%나 적은 투자금을 갖게 될 것입니다. 왜냐하면 지난 69년 동안 MDD가 -5% 미만인 경우는 6번9%확률에 불과했기 때문입니다.

따라서 피하고 싶은 손실률을 10% 이상으로 확대하기로 결정합니다. 이렇게 하면 아웃퍼폼 규모가 확실히 커지게 됩니다. 지난 69년 동안 S&P 500 지수의 MDD가 -10% 미만이었던 구간이 전체에서 32차례46%확률에 이르러서 그만큼 시장에 참여할 수 있는 기회가 많아졌기 때문입니다. (그러나 MDD를 -10% 이상으로 확대하면 시장에 참여하는 기간이 길어지므로, 상대적으로 아웃퍼폼 기회가 줄어듭니다.)

그 이유는 다음 그래프에서 찾아볼 수 있습니다. 연중 손실률과 연간 수익률을 살펴보면 부정적인 상관관계가 존재함을 알 수 있습니다. 그러나 더욱 중요한 것은 S&P 500 지수가 1950년 이후로 연중 MDD - 10% 미만을 기록했던 모든 구간에서 플러스 수익률을 보였다는 점입니다.

이것이 바로 주식시장의 입장료라고 할 수 있습니다. 주식시장은 등락을 경험하지 않으면 상승

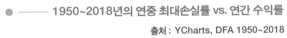

● —— 1950~2018년의 연중 최대손실률 vs. 연간 수익률

출처 : YCharts, DFA 1950~2018

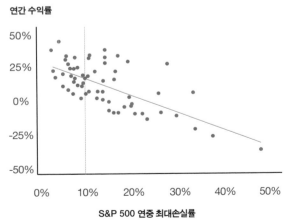

대열에 동참할 기회를 주지 않습니다. 즉, 상승에 따른 이익을 얻기 위해서는 일부 손실을 경험해야만 합니다.

불행히도 우리에게는 하락을 예측하는 마술사가 없습니다. 하락장을 경험하는 것은 불가피합니다. 그렇다면 무엇을 준비해야 할까요? 정답은 바로 분산투자입니다. 분산투자의 중요성은 아무리 강조해도 지나치지 않습니다. 여기에 더하여, 손실 구간에 직면할 경우 전력을 다해서 변동성을 감내할 준비가 되어 있어야 합니다.

우리는 왜 과거수익률을 추종하는 것일까?

투자의 세계에 발들이는 순간부터 우리는 계속해서 선택의 문제와 맞닥뜨립니다. 어떤 상품을 어떤 기준으로 찾아서 적용할지 고민하다 결국엔 증권사 또는 은행 상담사들이 추천하는 상품을 선택하는 경우도 많습니다. 그런데 이들의 설명에는 한 가지 공통점이 있습니다. 가장 중요한 추천 사유로 과거 수익률을 제시한다는 것입니다. 예를 들면 지난 몇 년간 수익률이 인덱스보다 우월했기 때문에 앞으로도 잠재력이 많으리란 논리입니다. 이는 기관투자자들이 외부 운용기관에 자금을 위탁 운용하는 경우에도 마찬가지입니다. 다른 요소들도 많지만 과거 수익률이 좋지 않으면 낮은 평가등급을 받습니다. 이처럼 지금까지는 여전히 과거 성과가 매우 중요한 평가지표로 작용합니다.

그렇다면 우리는 왜 과거수익률을 추종하는 것일까요?

인덱스펀드의 창시자인 존 보글John Bogle은 "펀드 자금의 상당수는 훌륭한 성과를 보인 이후에 유입된다. 그리고 성과가 나빠지면 자금은 다시 유출된다"라고 언급한 바 있습니다.

우리 모두는 금융 상품 설명서에 뚜렷하게 명시되어 있는 '과거의 성과가 미래의 결과를 보장하지는 않습니다'라는 문구를 알고 있습니다. 이러한 경고문구가 도처에 있음에도 불구하고 별다른 관심을 갖지 않죠. 대신에, 우리는 결과 편향성outcome bias에 휘둘리곤 합니다. 즉, 훌륭한 성과는 능력의 증거로써 반드시 지속될 것이며, 나쁜 결과는 계속 실망감을 안겨줄 징후라고 여기는 식입니다. 이는 성과를 추종하는 잘못된 행위로 이어져서 실적이 부진한 펀드를 환매하고 최근 성과가 좋은 펀드로 갈아타는 결과를 낳습니다. 이렇게 하면 단기적으로는 위안이 될지 모르나, 장기적으로는 종종 손실로 이어지곤 합니다.

예측이 어려운 금융시장에서 과거 성과를 상품의 질을 판단할 1차 척도로 삼는 것은 큰 문제가 있습니다. 과거 성과가 얼마나 많은 오해를 야기하는지, 다음의 이야기를 통해 알아보시죠. 약사에서 펀드매니저로 직업을 전향한 투자 전문가의 실제 사례입니다.

우간다 태생인 자예시 마네크Jayesh Manek는 영국으로 이주한 후, 브라이튼 대학에서 약사 학위를 받았습니다. 그는 런던에서 약국을 개업한 후 엄청난 성공을 거두었습니다. 그리고 그는 자신이 창업한 달라스 케미스트Dallas Chemists라는 약국 체인을 1999년에 얼라이언스 유니켐Alliance Unichem에 매각했습니다. 그가 정말 열정을 가진 것은 약국 경영이 아닌, 투자 부문이었습니다. 선데이타임즈The Sunday Times가 실시한 펀드매니저 경연대회에서 1등을 했고, 10만 파운드의 상금을 받으며 능력을 인정받았습니다.

마네크는 소형 성장주들을 선호했고, 기술주 버블로 인해 많은 혜택을 누렸습니다. 그는 수차례의 대회참가에서 얻은 경험을 바탕으로 경쟁자들의 허점을 교묘하게 이용함으로써 성공확률을 현저히 높일 수 있었습니다. 전례가 없는 성공과 이를 둘러싼 대중들의 관심에 고무된 마네크는 자신이 직접 운용하는 펀드를 출시해야겠다고 생각했습니다. 약사에서 펀드매니저로 변신한 그의 성공적인 스토리는 투자업계의 주목을 받았습니다. 그런데 알고 보니 상당히 많은 문제점이 있었습니다.

펀드 운용 초기에는 성과가 괜찮았습니다. 그는 과거 자신을 우승으로 이끌었던 전략, 즉 투기적이며 높은 성장률을 지닌 주식에 투자하는 방식을 선택했습니다. 펀드 내 기술 업종의 비중을 최대 75~80%까지 확대하기도 했죠. 1997년에 출시해서 기술주 버블이 정점에 이르렀던 시점까지, 그가 운용한 펀드는 영국 종합지수 대비 152% 아웃퍼폼했습니다.

강력한 초기 운용성과는 그의 명성을 높이는 데 기여했고, 운용자금은 3억 파운드까지 성장했습니다. 그러나 기술 업종의 버블이 무너지면서 마네크의 운용 성과도 동반 하락했습니다. 2000년 3월 지수가 고점을 형성한 지 3년 만에 펀드 성과는 75%나 떨어졌습니다. 저조한 성과는 거기서 끝나지 않고 2017년에 펀드를 폐쇄하기 전까지 계속되었습니다. 20년간 마네크의 펀드는 56%나 하락했지만, 영국 주식시장은 236% 상승하는 등 재앙적 수준의 투자임이 증명되었습니다. 이와 같은 부진한 펀드 성과로 마네크는 '영국 최악의 펀드매니저'라는 불명예를 얻었습니다.

마네크의 사례는 과거의 투자 성과가 운용 능력과 미래 수익률의 기준점으로 인식되는 데 따르는 위험성을 극명하게 보여줍니다. 그는 펀드 운용 경쟁에서 연이은 승리를 거두었을 뿐 아니라, 2년 반 동안 유명한 펀드에서 실질 투자 자금으로 놀라운 운용성과를 내기도 했습니다. 그러나 이 같은 성공적인 종목 선정 경험이 결국에는 수년간의 실망스런 결과를 만든 단초가 되었습니다.

과거의 성과가 얼마나 많은 오해를 불러일으킬 수 있는지 감안해야 합니다. 특히 액티브 상품을 선정하면서 과거의 성과에 의존하는 성향에 관해 생각해볼 필요가 있습니다. 물론 성과 추종 행위를 완전히 바꿀 수는 없습니다. 이를 인식하는 것이 출발점이기는 하지만, 그것만으로는 충분하지 않습니다. 대다수가 지속적으로 과거 성과에 휘둘리는 행동 경향을 보이기 때문입니다. 그러므로 우리의 행동을 변화시키기 위해 명확하고 보다 집중적인 노력을 해야 합니다. 구체적인 방법에 관해 비헤이버럴 인베스트먼트 닷컴Behavioural Investment.com은 다음과 같은 조언합니다.

성과표를 보는 것을 중단해라

뮤추얼펀드의 성과표는 투자 업계 전반에서 쉽게 확인할 수 있습니다. 자산관리자, 투자 컨설턴트, 평가기관 등 모두가 펀드 순위를 설정하기 위해 과거 성과표를 일정한 형식으로 사용하고 있기 때문입니다. 각각의 성과표는 측정 기준과 시간에 따라 다르지만, 기본적으로 과거 성과를 기준으로 펀드를 평가한 것입니다. 이런 행위는 재앙에 가까운 결과를 낳을 수 있습니다. 혹자는 성과야말로 객관적인 지표인데 그런 기준도 없이 수많은 펀드를 어떻게 판단할 수 있겠느냐고 반문할지 모릅니다. 이에 대한 현실적인 대안은 잠재 투자 후보군을 줄이는 것입니다.

의사결정 원칙을 만들어라

성과 추종 행위를 회피하기 위한 단순한 방법은 이러한 행위를 엄격히 금지하는 정형화된 의사결정 원칙을 만드는 것입니다. 예를 들어, '3년간 벤치마크 대비 10% 이상 아웃퍼폼한 펀드는 매수하지 않을 것이다'와 같은 원칙을 세워볼 수 있습니다. 이렇게 하면 엄청난 수익률을 올린 후에도 지속적으로 강력한 수익률을 내고 있는 범상치 않은 펀드를 매수하는 걸 피할 수 있습니다.

패시브 상품으로 관심을 돌려보자

때로는 단순함이 최선의 전략이 되기도 합니다. 행동 원칙을 지키는 등 지속적인 노력이 요구되는 일들은 결국 실패할 확률이 높습니다. 이러한 점을 감안할 때 액티브 뮤추얼 펀드에서 성과 추종 행위를 피하기 위한 최선의 방법은 무엇일까요? 철저히 패시브 상품만 매수한다는 원칙을 세우는 것입니다.

확실히 운용 능력이라고 인정할 만한 기준을 명시해라

액티브 상품에 투자할 때, 우리는 이를 운용하는 펀드매니저가 능력이 있다고 생각합니다. 그렇지만 실질적으로 이러한 능력을 판단하는 기준은 갖고 있지 않습니다. 어떤 운용역이 능력이 있는가를 알아보기 위해서는 다양한 세부사항이 필요합니다. 그들의 장점과 관련하여 과거 성과가 아닌, 보다 정확한 근거를 제시한다면 적어도 결과가 명시된 과정과 직접적으로 관련이 있는지 여부를 평가할 수 있을 것입니다.

'숙련된 외과의사'와 같은 '숙련된 투자자'는 존재하지 않는다는 걸 명심해야 합니다. 또한 숙련skill이라는 단어와 관련해선 정확히 그것이 어느 정도를 의미하는지 항상 의심하고, 검증해봐야 합니다. 뇌수술을 해야 하는데 숙련된 비뇨기과 의사를 부른다면 과연 그 수술이 성공할 수 있을까요? 이와 같은 맥락입니다.

행동에 어느 정도의 무작위성이 있는지를 이해해야 한다

마이클 모부신Michael Mauboussin은 그의 저서 ≪운과 실력의 성공 방정식The Success Equation≫에서 특정 행위가 운에 기인한 것인지 아니면 숙련또는 능력에 의한 것인지 여부를 알아보기 위한 직관적인 검증을 제안했습니다. 즉, '의도적으로 실패할 확률이 있을까?' 라는 질문을 던져보는 것입니다.

복권을 예로 들어보겠습니다. 복권에서는 의도적으로 실패하기가 불가능합니다. 복권 당첨 확률은 선택한 숫자들의 조합에 의해 영향을 받는 것이 아니라 완전히 무작위적으로 결정되기 때문이죠. 이와 달리 체스는 능력숙련도에 의해 좌우됩니다. 즉, 운이나 무작위성은 거의 작용하지 않습니다. 또한 중요한 수를 희생함으로써 의도적으로 게임에서 패배하기가 쉽습니다. 어떤 특정 행동에 무작위성이 많을수록, 능력이 존재한다는 것을 증명할 수 있는 기준점은 더 높아집니다. 항상 '의도적으로 실패할 수 있는지 여부'를 점검해봐야 합니다.

평가 기간을 확대해라

결과 편향성에 대한 민감도는 연관된 시계time horizon에 의해 큰 영향을 받습니다. 투자 운용의 성과는 운과 능력이 결합된 결과이지만, 평가 기간을 연장해보면 그중에서도 운이 어느 정도 작용했는지를 알 수 있습니다. 만약 10년간 성과가 좋았다면 운이 결과에 미친 영향이 비교적 낮다고 판단해도 될 것입니다.

미국주식시장 예측력이 가장 뛰어난 지표를 참고해보자

주식시장을 예측하기가 무척 어렵다는 것은 모두 알고 있을 것입니다. 저 역시 투자 전략을 담당하던 시절에 주식시장 예측을 위해 무던히 노력했고, 지금도 시도하고 있습니다. 이러한 노력 가운데 한 가지는 '모방은 창조의 어머니'라는 방법을 사용해보는 것입니다. 앞서 <ETF에 처음 투자할 때 관심을 가져볼 만한 상품들>90페이지에서 설명한 바와 같이 세계적으로 유명한 투자 전략가 또는 이코노미스트들이 사용하는 지표를 분석해서 자신이 직접 작성해보는 방식인데, 많은 시간과 노력이 필요합니다. 이렇게 노력하다 보면 자신도 모르게 직관력이 향상되는 것을 느끼게 됩니다.

사실 전 세계적으로 정확한 예측지표를 개발한 분석가는 어느 누구도 없습니다. 다만 여러 가지 지표 가운데 비교적 신뢰성이 높다고 판단되는 지표를 선정해서 이를 기반으로 판단하는 것입니다. 이와 관련해서 필자가 예측력이 뛰어나다고 생각하는 지표 8가지를 소개하겠습니다.

미국 가계금융 자산에서 주식이 차지하는 비중

미 중앙은행FED : 연방준비제도 데이터를 기준으로 네드 데이비스 리서치Ned Davis Research

에서 작성한 자료에 따르면, 2019년 12월 31일 기준으로 가계금융 자산에서 주식이 차지하는 비중은 53.8%로 과거 평균 45.3%에 비해 현저히 높은 것으로 나타났습니다. 2007년 말 기준 57.5.8%로 역사상 최고치를 기록한 바 있죠. 이 지표의 예측력을 의미하는 R스퀘어는 0.61입니다.

Q비율

미국 노벨상 수상자인 제임스 토빈James Tobin 교수가 개발한 것으로 주식의 시장가치를 기업자산의 대체비용으로 나눈 비율을 말합니다. 2019년 말 수치는 1.76으로 평균 비율인 0.76에 비해 훨씬 높은 수준입니다. 사상 최고수준은 기술주 버블 당시 2.17이었습니다. Advisorperspective.com 참조. 이 지표의 예측력을 의미하는 R스퀘어는 0.46입니다.

주가/매출 비율

S&P 500 기업 주가를 기업의 주당 매출액으로 나눈 비율입니다. 2019년 12월 말 기준으로 2.35를 기록했는데, 이는 기술주 버블 당시 수준을 상회한 사상 최고치입니다. 이 비율의 예측력을 의미하는 R스퀘어는 0.44입니다.

버핏 지수

이 지표는 미국주식시장 시가총액을 GDP로 나눈 비율입니다. 워런 버핏이 2001년에 개발했습니다. 그에 따르면 이 지표는 어떤 환경에서든 밸류에이션을 가장 잘 표현해준다고 합니다. 이 지표의 예측력을 의미하는 R스퀘어는 0.39입니다. 2019년 4분기 데이터를 기준으로 현재 수치는 156%로, 기술주 버블 당시의 수준에는 이르지 못했지만 2008년 글로벌 금융위기 이전 수준보다는 높은 위치에 있습니다.

CAPE(cyclically adjusted price/earnings ratio)

로버트 쉴러Robert Shiller 교수가 개발한 지표로 쉴러 P/E라고도 부릅니다. 분모를 제외하면 전통적인 P/E 지표와 유사한데, 분모는 10년 평균 인플레이션 수정 기업이익을 사용합니다. 이 지표의 예측력을 의미하는 R스퀘어는 0.35입니다. 2020년 4월 기준 CAPE는 25.89로, 역사상 최고 수준인 44.191999년 12월에는 미치지 못하지만 2008년 금융위기 수준보다는 높은 위치에 있습니다. www.multpl.com/shiller-pe를 입력하면 최신 데이터를 볼 수 있습니다.

배당수익

이 지표는 S&P 500 지수의 배당수익률을 의미합니다. 12개월 주당 배당금을 주가로 나눈 비율로, 지표의 예측력을 의미하는 R스퀘어는 0.26입니다. 지수 고점보다는 저점 파악에 유용해 보입니다.

전통적인 PER

이 지표의 예측력을 의미하는 R스퀘어는 0.24입니다. PER 지표가 사상 최고 수준을 기록했던 시점은 2009년 5월이며, 당시 수치는 123.73이었습니다. 2020년 4월 수치는 20.09인데, 과거 평균 14.82에 비해 높은 수준입니다. www.multpl.com/shiller-pe를 입력하면 최신 데이터를 볼 수 있습니다. 화면 하단의 See also 메뉴에서 S&P 500 PE Ratio 선택.

주가 순자산비율(PBR)

이 지표의 예측력을 의미하는 R스퀘어는 0.21입니다. 2019년 12월 수준은 3.6으로, 역사상 최고 수준은 5.06_{2000년 3월}이었고 최저 수준은 1.78_{2009년 3월}이었습니다. www.multpl.com/shiller-pe를 입력하면 최신 데이터를 볼 수 있습니다. 화면 하단의 See also 메뉴에서 S&P 500 Price to Book Value 선택.

금리와 주가와의 관계

주식시장을 전망하기 위해 사용하는 지표 가운데 금리만큼 큰 영향을 미치는 것은 없는 것 같습니다. 저를 포함한 대부분의 투자자가 평소에는 금리 변수에 대해 크게 민감한 반응을 보이지 않다가 FED를 비롯한 중앙은행들이 금리 정책을 변경하면 금리가 주식시장에 어떤 영향을 미칠지 고민하곤 합니다.

기본적으로 FED가 주도하는 통화 정책은 경제 시스템 내의 물가에 영향을 미칠 수 있습니다. FED는 인플레이션이 하락하거나 또는 적정 수준 이하로 내려간다는 증거가 있을 때 보다 확장적 통화 정책을 실시하며, 목표 인플레이션율은 2%입니다. 따라서 금융시장이 기대 인플레이션이 하락하고 있음을 시사하면 금리 인하를 포함한 통화 완화 정책을 실시합니다. 이는 인플레이션율을 끌어올려 목표 수준에 도달할 수 있도록, 즉 경기를 부양하려는 목적으로 실시하는 것입니다. 마찬가지로 기대 인플레이션율이 상승해서 금융시장에 투기가 발생하고 이것이 경제에 영향을 미친다고 판단될 경우, 이를 저지하기 위해 금리 인상을 포함한 통화 긴축 정책을 시행하게 됩니다.

FED의 금리 정책은 은행 간 단기 대출금리에 영향을 미치는 연방기금금리_{FFR: FED Funds Rate}를 통해 이뤄집니다. 즉, FFR을 인상하면 은행에 적용되는 FFR 비용이 상승하고, 은행은 이를 자동차 대출이나 모기지 대출과 같은 상품에 인상된 금리로 적용합니다.

금리 정책을 변경한 이후 FFR이 장기 금리에 어떤 영향을 미쳤는지에 대해서는 의견이 분분합니다. 그러나 앞서 설명한 대로 단기 금리에는 분명한 영향을 미치게 됩니다. 이러한 관계를 분석하기 위해 1962년부터 2018년 2월까지 FFR, 3년 만기 국채금리, 10년 만기 국채금리와의 회귀분석변수들 간의 관계를 조사하는 통계학적 분석을 실시한 결과 다음과 같은 결론을 얻을 수 있었습니다.

❶ 단기국채 금리와 FFR은 강력한 동조화 현상을 나타냈다. 상관관계가 0.565였다.
❷ 10년 만기 국채금리와 FFR은 동조화를 보였지만 강력하지는 않았다. 상관관계가 0.067이었다.
❸ 단기국채금리는 선행하고 FFR은 후행하는 모습을 보였다. 금리 정책 이후의 단기 금리와 FFR의 변화율 간의 회귀분석을 하고, 이후 FFR의 변화에 대한 단기 금리의 회귀분석을 실시해본 결과, 단기 금리가 FFR에 비해 선행하는 모습을 보였다.

그렇다면 금리 정책의 변화에 따라 주식시장은 어떤 모습을 보이게 될까요? 이에 대한 명확한 결론을 내리기 위해서는 주식시장의 밸류에이션을 결정하는 요인들을 찾아봐야 합니다. 주가는 미래가치를 현재의 할인율로 평가하는 것인데, 미래가치에 영향을 미치는 요소는 거시경제 변수와 밀접한 관련이 있어서 일관된 설명을 하기 어렵습니다.

역사적으로 FED가 금리를 인하할 경우 주식시장은 긍정적인 성과를 보였습니다. 2000년대 이전인 1989년 6월, 1995년 7월, 1998년 9월에 금리 인하가 시작된 이후 S&P 500 지수는 1개월, 3개월, 6개월, 9개월, 12개월 이후 모두 플러스 수익률을 보였습니다. 그러나 2000년대 들어서는 과거의 모습이 재현되지 않았습니다. 2000~2003년과 2007~2008년 금리 인하 국면에서 주식시장은 하락하다가 금리 인하가 완료되고 재차 인상 국면에서 오히려 상승하는 모습을 보였습니다.

이와는 달리 정기 FOMC연방공개시장위원회 회의가 아닌 시점에서 금리 인하를 실시하는

● ─── **FED의 금리 인하가 시작된 이후 S&P 500 수익률**

금리 인하 시기	1개월 전	1개월 후	3개월 후	6개월 후	9개월 후	12개월 후
1989. 06.	-0.79%	8.84%	9.80%	11.14%	6.91%	12.59%
1995. 07.	3.18%	-0.03%	3.46%	13.16%	16.39%	13.86%
1998. 09.	6.24%	8.03%	20.87%	26.49%	34.98%	26.13%
2001. 01.	3.46%	-9.23%	-8.53%	-11.33%	-22.42%	-17.26%
2007. 09.	3.58%	1.48%	-3.83%	-13.36%	-16.16%	-23.61%
평균	3.13%	1.82%	4.35%	5.22%	3.94%	2.34%
중앙값	3.46%	1.48%	3.46%	11.14%	6.91%	12.59%
최대값	6.24%	8.84%	20.87%	26.49%	34.98%	26.13%
최소값	-0.79%	-9.23%	-8.53%	-13.36%	-22.42%	-23.61%

경우도 있습니다. 이와 같은 국면에서 S&P 500 지수는 대부분 약세를 보였습니다. 이는 사후적으로 추측한 것이지만, 갑자기 금리 인하를 단행emergency rate cuts할 만큼 당시의 경제 상황이 좋지 않았음을 반영하는 것으로 보입니다. 아마 2000년과 2007년의 경우 주식시장이 부정적인 모습을 보인 것이 이에 해당되는 것으로 판단됩니다. 출처: Bespoke Investment

한편, 과거 1960년대 이후 FED가 금리를 인상했던 국면에서의 S&P 500 수익률을 점검해보면 성과가 긍정적인 것으로 나타났습니다. 이는 금리 인상이 인플레이션에 따른 부정적인 요소보다는 경제 성장이라는 긍정적 요소로 작용한 결과라 하겠습니다. 1962년 이후 금리 인상 국면에서의 S&P 500 지수 평균 수익률은 5.7%이며 상승 확률은 83%에 이른 것으로 나타났습니다.

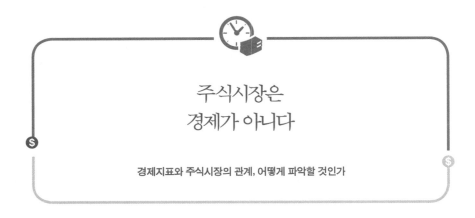

주식시장은
경제가 아니다

경제지표와 주식시장의 관계, 어떻게 파악할 것인가

흔히 주식시장을 경제의 거울이라고 표현합니다. 주식시장이 경제 상황을 알려준다고 생각하기 때문입니다. 우리는 전체 경제 활동을 측정하는 지표로 GDP를 사용합니다. 1930년 이후 연간 기준으로 S&P 500 지수와 미국 실질 GDP 간의 상관관계는 0.26이었습니다. 1948년 이후 전년 대비 기준으로 보면 이들의 상관관계는 0.31입니다. 2가지 지표의 상관관계가 높다고 판단하기 위해서는 아래 그래프의 점들이 좌측 하단, 중간 지점, 그리고

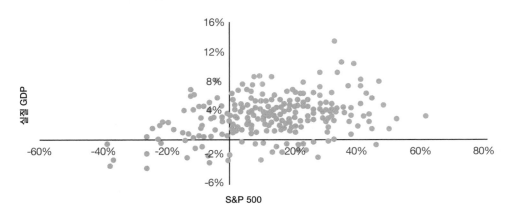

● ── FED의 금리 인하와 S&P 500의 성과 향상 출처 : Bespoke Investment

우측 상단에 모여 있어야 합니다. 그런데 4분면 모두에 점들이 위치해 있습니다. 즉, 경기 침체 국면에서도 주식시장이 하락하지 않은 것입니다. 실제로 2009년의 실질 GDP성장 률은 -0.2%였지만, 주식시장은 25.6% 상승했습니다. 1950년 이후 10차례의 경기 침체 구간에서 5번은 완전한 침체 국면이었음에도 불구하고 주식시장은 플러스 수익률을 보였습니다. 이와는 반대로 경기가 최고의 흐름을 보였던 구간에서 주식시장 수익률은 마이너스를 보이기도 했습니다.

이는 선행성을 갖는다는 의미로 해석할 수 있습니다. 그러나 주식시장의 가치배당금과 시 가총액을 합친 것를 이해하는 것도 중요합니다. 다시 말해서 기업들의 미래 배당금을 현재가치 로 어떻게 할인해야 하는지와 기업이 부도날 경우 유동성을 어떻게 반영해야 하는지 등을 고려해야 합니다. 배당은 기업이 발생시키는 수익의 매우 작은 부문에 불과합니다. 배당은 세금, 대출, 채권 그리고 임금 등과 관련된 수입은 반영하지 않습니다. 경제 전체에서 임금 이 차지하는 비중은 약 60%입니다. 이러한 특징들은 우리의 머릿속을 복잡하게 만듭니 다. 주식시장에는 투자심리 변화가 반영되어 있기 때문입니다. 그래서 때로 기업이익을 과 소평가하거나 과대평가하게 되기도 합니다.

의사결정을 할 때 경제 흐름은 하나의 요소로써 반영해야 합니다. 주식은 궁극적으로 장기적인 기업이익을 반영하는 것이지 경제 상황의 추이를 따르는 것이 아닙니다. 즉, 주식 시장은 경제가 아닌 것입니다. 투자자로서 이를 이해하는 것이 무엇보다 중요합니다.

베어마켓과 단순 조정 국면을 어떻게 구별할 수 있을까?

그렇다면 주식시장은 왜 경제 흐름을 제대로 반영하길 꺼려하는 것일까요? 아니, 왜 경 제는 정확히 주가 흐름을 따라가지 않는 것일까요? 주식시장이 경기 침체가 시작되기 전 에 하락하는 것은 사실입니다. 지난 50년간 7번의 경기 침체 국면이 있었고 S&P 500 지수는 단 한 번1990년대 경기 침체 국면이 시작될 때 주가는 이미 고점을 형성했음을 제외하고는 모두 경기 침체 이전에 하락했습니다. 평균적으로 경기 침체가 시작되기 7개월 전에 주가는 고점을 형성했습니다. 이를 적용하면 시장 대응 능력이 떨어지는 투자자들도 침체 국면을 피하기에 충분합니다.

그렇지만 이러한 접근 방법에는 몇 가지 기본적인 문제점이 있습니다. 만약 주식시장의 고점이 다가올 경기 침체 국면을 시사한다면, 그러한 고점을 어떻게 파악할 것인가 하는 문제입니다. 대부분의 경우 주식시장은 아무런 시그널 없이 하락하기 때문이죠.

1974년 이후로 22번의 주요 조정 국면S&P 500 지수가 최소한 10% 이상, 20% 미만으로 하락하는 경우이 발생했습니다. 이것이 베어마켓으로 이어진 경우는 단 4차례1980년, 1987년, 2000년, 2007년에 불과했습니다.

1967년 이후 조정 국면은 평균 17개월마다 발생하고 있으며, 실질적으로는 많은 고통을 안겨줬습니다. 1930년대 대공황의 경우 총 5번의 조정 국면을 거치면서 -89% 하락률을 기록했고, 결국 베어마켓으로 진입한 적이 있습니다. 연간 10% 이상 하락하는 것이 일반적이지만 조정 국면이 진행될 때마다 본격적인 베어마켓으로 진입하는 것이 아닌가 하

● ─── **1974년 이후 하락의 80% 이상은 조정 국면이었다** 출처 : Charles Schwab

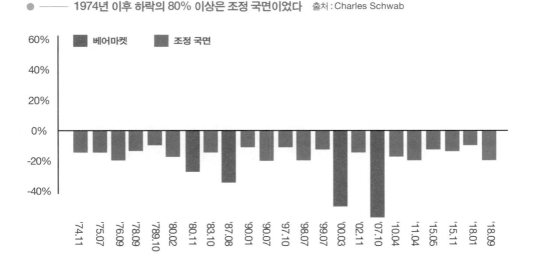

는 의구심을 갖게 됩니다.

저명한 경제학자인 폴 새뮤얼슨Paul Samuelson은 최소한 5번의 경기 침체에서 주식시장이 9번이나 침체를 예고하는 신호를 보낸 바 있다56%의 예측 성공확률라고 분석했습니다. 경기 침체는 항상 베어마켓을 동반하므로, 침체를 추측하는 것은 조정 국면이 정말 베어마켓으로 이어질지 아닐지 판단하는 데 매우 중요합니다.

지난 50년간 경기 침체를 예고하는 3가지 경제지표가 있었습니다. 실업급여 청구건수, 역전된 수익률 곡선, 신규주택 판매 감소세가 그것입니다. 평균적으로 이들 경제지표는 S&P 500 지수 고점 이전에 변화를 보이며 주가 하락을 시사했습니다. 이러한 경제지표가 경기 침체 확률을 높여주는 신호라면, 이후 나타나게 될 주식시장의 하락은 단순한 조정 국면이 아니라 베어마켓이라고 인식해야 할 것입니다.

아래 그림은 지난 50년간의 모든 경기 침체 상황을 표시한 것입니다. 테이블 상단에는 각각의 경기 침체 국면에 앞서 S&P 500 지수의 고점 형성 시기, 그리고 3가지 경제지표가 어떤 경고신호를 보냈는지 표시되어 있습니다. 표 하단은 각각의 침체 국면에서 이들 지표가 선행성을 예고했던 기간월을 계산해서 표시한 것입니다.

Recession Start	SPX Peak	UE Claims Bottom	Yield Curve Inverts	New Home Sales Peak	LEI Peak
Dec-69	Dec-68	May-69	Apr-68	Jul-63	May-69
Nov-73	Jan-73	Mar-73	Mar-73	Oct-72	Mar-73
Jan-80	Oct-79	Nov-78	Aug-78	Oct-78	Nov-78
Jul-81	Dec-80	Apr-81	Sep-80	Aug-80	Nov-80
Jul-90	Jul-90	Feb-89	Dec-88	Mar-86	Jan-89
Mar-01	Mar-00	Apr-00	Jun-98	Nov-98	May-00
Dec-07	Oct-07	Feb-06	Dec-05	Jul-05	Apr-06

Months Before Recession

Recession Start	SPX Peak	UE Claims Bottom	Yield Curve Inverts	New Home Sales Peak	LEI Peak	SPX Decline
Dec-69	12	7	20	77	7	36%
Nov-73	10	8	8	13	8	48%
Jan-80	3	14	17	15	14	10%
Jul-81	7	3	10	15	14	27%
Jul-90	0	17	19	11	7	20%
Mar-01	12	11	33	52	17	49%
Dec-07	2	22	24	28	10	57%
Average	7	12	19	32	12	35%
Median	7	11	19	28	10	36%

Notes:
Yield curve is 10-2 except 1968 and 1973 (10-1)
UE claims is 4 week average
Does not include 33% decline in SPX starting 8/87 (no recession)
Red = econmic indicator lagged SPX

이를 통해 알 수 있는 사실은 다음과 같습니다.

❶ 평균적으로 SPXS&P 500 지수는 경기 침체 국면에 진입하기 7개월 전에 고점을 형성했다.

❷ 실업급여 수당 청구건수Unemployment claims는 경기 침체 진입 11개월 전에 중앙값이 상승하기 시작했다. 그렇지만 SPX 고점보다 후행한 경우가 4차례 있었다.

❸ 수익률 곡선은 경기 침체 진입 19개월 전에 역전되었다. 한 번도 SPX 고점에 후행한 적이 없다.

❹ 신규주택 판매는 경기 침체 2년 전에 고점을 형성하여 하락하기 시작했다. 한 번도 SPX 고점에 후행한 적이 없다.

❺ 경제조사기관인 콘퍼런스 보드의 경기선행 지수Leading Economic Indicator: LEI에는 상기 지표들 이외에 주가지수, ISM신규주문 지수, 제조업 활동시간과 소비자신뢰지수 등이 포함되어 있다. 이들 지표는 경기 침체진입 10개월중앙값 전에 고점을 형성했다.

베어마켓이 경기 침체 국면과 상관없이 발생한 경우도 있습니다. 1962년, 1966년, 1987년이 이에 해당됩니다. 그래서 '주식시장은 경제가 아니다'라고 표현한 것입니다.

미래를 예측하는 것은 불가능합니다. 예상 밖의 현상은 항상 나타날 수 있습니다.

마이너스 금리의 의미와
시장에 미치는 영향

현실화되고 있는 마이너스 금리, 메커니즘을 이해해야 한다

주식시장의 흐름을 분석하기 위한 다양한 지표들 가운데서도 가장 중요한 것은 금리입니다. 일반적으로 금리는 항상 오르거나 내린다고만 생각하지, 절대적인 금리 수준이 마이너스가 될 것이라고 상상한 사람은 드물었습니다. 그런데 어느 순간부터 마이너스 금리가 시장에서 회자되더니 마침내 2016년 2월 16일자로 일본 중앙은행이 마이너스 0.1% 금리를 도입하기로 결정하면서 시장참여자들의 주목을 받기 시작했습니다. 이후 마이너스 금리에 부정적 입장을 취했던 미국 연방준비은행이 2020년 2월에 이코노믹 시놉시스 Economics Synopses에 마이너스 금리에 대한 해설자료를 발표했고, 3월에는 코로나바이러스로 인한 경제 충격을 완화시키기 위해 정책금리를 제로 수준까지 인하하면서 다시 한번 주목받고 있습니다.

마이너스 금리는 전 세계 채권투자자들에게도 영향을 미치고 있습니다. 일반적으로 중앙은행은 목표로 한 경제 성장과 인플레이션 수준을 달성하기 위해 금리와 통화 공급을 관리하는 통화 정책을 사용합니다. 그런데 2016년 이후 유럽과 일본의 중앙은행들이 마이너스 금리를 부과하면서 통화 정책의 틀이 더욱 복잡해지고 있습니다.

금리가 플러스를 유지하는 국가에서도 고정금리 포트폴리오를 가진 투자자들은 마이

너스 금리 효과에 면역력을 갖추지 못했습니다. 9개 주요 선진국의 중앙은행들은 기준금리를 0 이하로 설정했고, 그 결과 이들 국가의 수익률 곡선의 일부가 마이너스 수준으로 떨어졌습니다.

마이너스 금리 정책의 효과와 이로 인한 역효과를 증명하는 많은 보고서가 존재합니다. 아직 결론을 말하기에는 너무 이른 것 같습니다. 그러나 분명한 것은 마이너스 금리의 메커니즘과 금융시장에 어떤 시사점이 있는지를 이해해야 한다는 점입니다. 왜 중앙은행들은 마이너스 금리를 부과하며, 그들은 금융시장과 자산 가격에 어떤 피드백을 받았을까요? 그리고 투자에 미치는 위험과 시사점은 무엇일지 알아봅시다.

예금자들은 마이너스 금리에 대한 대가를 지불해야 할까?

그렇습니다. 비록 개인들이 그들의 돈을 보관하기 위해 은행에 돈을 지불하지는 않지만, 중앙은행이 부과하는 마이너스 금리는 사실상 시중 은행들이 중앙은행과 함께 초과 적립금을 보유하는 데 대한 비용을 지불해야 함을 의미합니다. 예를 들어 중앙은행에 예치하는 1,000만 달러당 예금금리가 -1%라면 시중 은행은 1년 말 잔액이 990만 달러 내외가 될 것입니다.

시중 은행들이 중앙은행에 대규모 잔고를 유지하는 대신에 그 돈을 쓸 기업과 소비자에게 돈을 빌려줄 것이라는 것이 마이너스 금리 이론입니다. 대출과 지출의 증가는 경제 활동을 활성화시켜 성장과 인플레이션으로 이어질 가능성이 높습니다. 그래서 마이너스 금리 정책을 단순히 전통적인 통화 정책의 연장선상에 있다고 생각하는 사람이 많습니다만 스위스, 덴마크, 스웨덴의 경우 정책금리를 0 이하로 낮춘 근거는 신용 창출보다 자국 통화 관련 환율과 더 관련이 있었습니다. 수출 단가를 더 싸게 하고 수입 단가를 더 비싸게 만들어 무역을 활성화하기 위해 통화 가치 하락 압력을 가하는 것이 목적이었습니다.

마이너스 금리는 시장을 통해 어떻게 반영되는가?

마이너스 중앙은행 금리는 다른 유형의 대출에 대한 단기 금리를 낮추며 이는 다시 기업과 소비자 금리에 영향을 미칩니다. 마이너스 금리는 또한 수익률을 추구하는 은행들과 다른 투자자들의 단기국채 매입을 독려해서 채권 가격을 올리고 결국에는 수익률을 낮춥니다. 회사채 금리는 결국 국채 수익률과 연결될 수밖에 없습니다. 궁극적으로 마이너스 금리는 채권 시장 수익률에 영향을 미쳐서 채권 벤치마크에도 영향을 줍니다.

실제로 많은 채권의 만기 수익률은 이제 마이너스 영역으로 이동했습니다. 2020년 2월 말, 14조 3천억 달러 규모의 세계 투자 등급 채권이 마이너스 수익률로 거래되었습니다. 동시에 가장 널리 사용되는 글로벌 채권 벤치마크 중 하나인 바클레이즈 글로벌Barclays Global Aggregate에 편입된 채권의 15%도 마이너스 수익률로 거래됐습니다. 이 중 74%는 일본, 독일, 프랑스가 발행한 것입니다.

그렇다고 해서 이것이 채권 포트폴리오에서 플러스 수익을 창출할 수 없다는 것을 의미하지는 않습니다. 실제로 1995년 일본 채권시장에 100달러를 투자했다면 이제 187달러 정도가 될 것이고, 이는 주식시장에서의 수익률 105달러를 훨씬 앞지른 바 있습니다. 어떻게 이것이 가능했던 것일까요? 비록 수익률은 낮았지만, 일본의 채권 수익률 곡선의 상향 형태는 오늘날 대부분의 수익률 곡선과 마찬가지로 일정 기간 채권을 매입하고 보유하다가 만기가 가까워짐에 따라 가격/시세 차익을 실현했습니다. 이런 과정을 통해 시세 차익의 기회가 만들어졌던 것입니다.

마이너스 금리는 어떻게 이루어지는가?

마이너스 금리가 유가증권의 가치에 어떻게 반영되는지 이해하려면 CP를 참고하면 됩니다. CP의 메커니즘은 매우 간단합니다. CP는 쿠폰이 없는 할인어음으로 일반적으로 만기는 1~3개월입니다.

투자자들은 보통 액면100 이하의 가격으로 CP를 사들이고, 그 유가증권의 가치는 만기에 가까울수록 액면금액으로 회귀합니다. 하지만 마이너스 금리가 적용되면 투자자들은 액면가를 상회하는 가격에 매수하고, CP 가격은 만기가 가까워지면 다시 액면가로 하락합니다. 즉, 마이너스 금리가 만기 시 액면가를 상회하는 프리미엄을 없애는 것입니다.

예를 들어, 기업이 3개월 만기 CP를 -0.10%의 금리로 2,000만 유로 발행한다고 가정해 봅시다. 매수 가격은 100.025유로 또는 총 현금 구매가격은 20,005,001유로가 될 것입니다. 만약 투자자가 만기 내내 이를 보유하고 있다면, 투자자는 만기 때 2,000만 유로를 돌려받을 것입니다. 따라서 투자자는 5,001.25유로만큼의 손실을 입을 것입니다. 이것이 마이너스 금리입니다.

이러한 구조는 채권에서도 마찬가지입니다. 만약 채권을 마이너스 수익률로 매각한다면, 만기 때 구매자는 투자된 총금액을 돌려받지 못합니다. 마이너스 금리는 기본적으로 마이너스 쿠폰을 회수할 수 없으므로 채권 가격에 미리 반영되어 있습니다.

마이너스 금리에도 자산을 매입하는 이유는?

마이너스 금리를 지닌 자산을 매입한다면 여러분이 얻게 될 총이자는 마이너스가 될 것입니다. 만약 마이너스 금리 채권을 매수해서 만기까지 보유한다면 손실을 본다는 이야기입니다. 그럼에도 불구하고 왜 이러한 채권을 매수하는 것일까요?

첫 번째 이유는 디플레이션을 예상했기 때문일 것입니다. 이러한 경우 플러스 실질 수익률을 얻게 되거나 최소한 적은 수준의 명목 수익률을 얻을 것입니다.

두 번째는 미래에 대한 불확실성에 대비하거나 위험자산에 대한 헷지를 목적으로 매입하는 것입니다. 주식에 투자할 경우 경기 침체 국면 또는 신용 위기 국면에서 20~90%의 손실을 경험할 수 있습니다. 미국의 사례를 보면 30년대 대공황 시절에는 고점 대비 -89% 하락한 바 있고, 2008년 글로벌 금융위기 국면에서는 고점 대비 -51%까지 하락했습니다. 나스닥 지수는 2000년 3월에서 2002년 10월까지 고평가와 경기 침체 등으로 인해 80% 하락했습니다.

이러한 관점에서 초저금리를 지닌 채권을 보유함으로써 단 1%만의 손실을 기록하는 것은, 더 큰 손실을 입을 가능성에 비하면 나쁘지 않은 선택입니다. 2008년 금융위기 이후로 중앙은행은 15조 달러 가치의 금융 자산을 매입해서 유동성을 공급했습니다. 이러한 유동성은 자산 가격에 반영되었습니다. 마이너스 금리는 부분적으로 너무 적은 자산에 너무 많은 현금을 투자한다는 증거가 됩니다. 추가적인 금리 하락에 대비한 투기적 관점에서 매수할 수도 있습니다. 만약에 금리가 추가적으로 하락한다면, 이러한 채권 보유자들은 시장 수익률만큼 이익을 얻게 됩니다. 채권 만기가 길수록 금리에 더욱 민감해집니다.

세 번째는 환율 관점에서 생각해볼 수 있습니다. 일부에서는 금리보다 채권 발행 통화 가치의 상승에 더 많은 기대를 걸 수도 있습니다. 각기 다른 통화로 헷지한다면 채권으로 인한 수익률은 플러스가 될 수 있습니다. 예를 들어, 유럽국채 또는 일본국채를 매입한 미국 트레이더의 경우, 미 달러화로 헷지하면 플러스 명목수익을 얻게 됩니다. 금리 패리티■ 관점에서 금리 수준이 낮은 통화는 미래에 더 높은 환율로 거래될 수 있습니다. 일본엔화, 유로화, 스위스 프랑 같이 제로 금리 또는 마이너스 금리를 지닌 모든 통화들은 미 달러화에 대해 우상향의 선물곡선을 갖게 됩니다.

■ 전환사채를 주식으로 전환할 때의 전환 가격에 대한 주가의 비율로, 전환사채를 사서 주식으로 전환할 경우 얻을 수 있는 매매차익을 판단하는 데 사용된다.

금리 패리티 공식은 다음과 같습니다. F = 미래 환율, S = 현재 환율을 의미합니다.

F=S*(1+미국금리)/(1+해외금리)

미국과 일본의 예를 들어보겠습니다. 만약에 미래 1년 금리가 미국은 1.6%이고 일본은 -0.24%일 경우, 현재 환율이 108.62임을 알고 있는 상황에서 이를 공식에 대입해보면 미래 환율은 110.62가 됩니다.

F = 108.62 (1+0.016)/(1-0.0024)

F = 110.62

이는 미국 투자자들이 채권 수익률 -0.24%인 일본채권을 매입할 때 달러화에 대해 헷지하면 1.60%의 수익률을 얻게 됨을 의미합니다.

110.62/108.62*(1 -0.0024)=1.60%

즉, 미국과 일본이 경우 이러한 재정 거래를 했을 때 1년 수익률이 더 높은 것이죠. 이러한 이유로 일본국채를 매수하는 것입니다.

일본 투자자들은 마이너스 금리에 어떻게 대응했을까?

지금까지 마이너스 금리의 의미와 밸류에이션에 미치는 영향 그리고 마이너스 금리에도 불구하고 자산을 매입하는 이유에 관해 살펴보았습니다. 그러나 이는 이론적 설명이어서 실제적으로 마이너스 금리 상황에서의 대응 방법이 궁금해졌습니다. 이와 관련해서 일찍이 마이너스 금리 정책을 실시한 일본의 사례를 통해 해법을 모색해보려 합니다. 일본은 다음과 같은 측면에서 첫 번째 국가로 인식되고 있습니다.

❶ 제로 금리 정책을 채택했다.

❷ GDP 대비 정부부채가 100%를 상회한다.

❸ 고령화로 근로 인력이 줄고 있다.

이와 같은 특징들은 저성장을 동반했습니다. 전 세계 주요 국가들은 현재 금리 정책, 부채, 인구 구조, 저성장 등의 측면에서 일본과 닮아가고 있는 것으로 보입니다. 일본이 이러한 측면에서 다른 국가들의 미래를 대변한다면 우리는 일본을 통해 미래를 조금이나마 가늠할 수 있지 않을까요?

먼저 예측할 수 있는 것은 마이너스 채권 수익률을 지닌 국가의 투자자들은 앞으로 주식시장 비중을 더 늘리게 되리란 점입니다.

일본의 노년층은 이자 소득을 만족시킬 수 있는 투자에 초점을 맞춰왔습니다. 그러나 일본 채권 시장은 이러한 수익률을 제공해주지 못했습니다. 일본 중앙은행은 제로 금리 정책의 선구자입니다. 20년 전에 이미 세계에서 첫 번째로 금리를 제로 수준까지 인하했습니다. 10년이 지난 후 금융위기 국면에서 미국과 유럽의 중앙은행은 일본의 정책을 답습했습니다.

그렇다면 일본 투자자들은 어떤 방법으로 수익률을 추구했을까요? 다음 장의 그래프를 보시죠. 일본의 10년물 국채 수익률은 지난 20년간 2% 미만에 머무르다가 최근 4년간은 제로 수준으로 하락했습니다. 이에 따라 채권 수익률은 1990년대 말에 처음으로 주식 배당수익률을 하회했고, 현재는 주식 배당수익률이 채권 수익률을 매우 큰 격차로 앞서 있습니다.

채권 대비 상대적으로 높은 배당수익률이 나타나자 일본 투자자들은 채권보다는 주식에 더 많은 자산을 배분했습니다. 1990년대 말을 기준으로 가계자산에서 채권이 차지하는 비중은 낮아지고 있는 반면, 주식과 관련 펀드 비중은 증가하고 있습니다. 그런데 일본 투자자들은 전통적으로 현금을 중시하는 특징이 있습니다. 덕분에 주식 비중이 높음에도

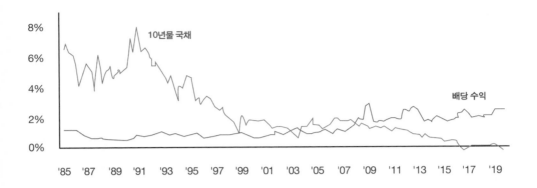

● —— 일본의 10년 만기 국채 수익률 vs. 주식 배당수익   출처 : 블룸버그

불구하고 변동성이 높은 구간에서도 이를 충분히 감내할 수 있었던 것입니다.

더 깊이 있는 연구가 필요하겠지만, 현재까지 진행된 분석 내용을 살펴보면 일본 투자자들은 마이너스 금리 환경을 이겨내기 위해 채권보다는 주식시장을 선호한 것으로 나타났습니다.

FED는 마이너스 금리를 용인할 것인가?

이 책에서 필자는 주된 투자 대상으로 미국을 강조하고 있습니다. 그러므로 미국에서도 마이너스 금리가 발생할 가능성이 있는지 살펴보기로 하겠습니다. 최근까지도 미국은 마이너스 금리에 거부감을 갖고 있는 듯합니다. 전임 FED 의장인 벤 버냉키Ben Bernanke는 20년 전에 일본의 디플레이션 상황을 목격하면서, 마이너스 금리는 미국에서도 발생할 가능성이 있다고 말한 바 있습니다.

그런데 2020년 3월 26일, 1개월 티빌T-Bills : 재무성 증권 수익률이 한때 -15bps블룸버그 기준에 거래된 바 있습니다. 이는 수요와 공급이 일치하는 시장 청산clearing 금리입니다. 투자자들은 국채 입찰에서 0% 수익률로 티빌을 매입해서 이를 공개 시장에서 마이너스 수익률로 매각합니다. 수익률 면에서는 거의 이익이 없어 보이지만, 실은 국채 입찰에서 낮은 가격에 매수해서 공개 시장에서는 더 높은 가격에 매도하는 것입니다. 어쨌든 20년 전 버냉키 의장의 예언이 현실화된 셈입니다. 물론 일시적인 현상이었습니다.

이러한 시장 흐름이 우리에게 말해주는 것은 무엇일까요? FED는 코로나바이러스를 극복하기 위해 갑자기 0.5% 금리 인하를 실시하고, 수조 달러를 금융시장에 투입하기로 결정했죠. 이로 인해 제로 금리까지만 인하하고 상당 기간 이를 유지하기로 결정했습니다. 마이너스 금리가 실현되지 못하도록 한 것입니다. 추가적인 금리 인하 여지가 줄어들어, 금융시장이 추가적으로 불안정해질 경우 금리 정책만으로는 시장 대응에 한계가 있음을 시사한 것입니다.

시장은 장기적인 금리 하락 추세가 점점 더 연장되리라고 믿기 시작한 것 같습니다. 정책금리는 불가피하게 2020년 내내 제로 금리 수준에 머무를 것입니다. 이는 글로벌 경제 또는 수익률 곡선에 바람직하지 않습니다. 이제 FED가 과연 마이너스 금리 정책으로 선회할 것인지에 대한 궁금증이 커지는 상황입니다. 유럽 및 일본 중앙은행은 이미 마이너스 금리 정책을 사용하고 있습니다. (물론 기본적으로는 중앙은행에 지불준비금을 예치하려는 금융기관에만 적용하고 있습니다.) 만약에 FED가 이러한 흐름에 동참한다면, 현재의 경제적 충격은 일시적인 것이라고 투자자들을 안심시킬 수 있을 테고, 장기 금리는 다시 상승할지도 모릅니다. 그러나 FED 지도부는 최근 극단적인 유동성 고갈 현상에도 불구하고 마이너스 금리 정책에 거부감을 갖고 있는 것으로 보입니다.

10년 전에 이미 제로 금리 이하 정책에 대한 문제점이 처음 제기되었을 때, 주요 중앙은행들은 금리가 마이너스 영역으로 갈 수 없으리라 생각했었습니다. 은행 예금에서 자금이 빠져나와 단기채권이나 현금으로 이동하리라 예상했기 때문입니다. 하지만 그러한 현상은 기대했던 만큼 크게 나타나지 않았고, 덕분에 덴마크와 같은 일부 국가의 중앙은행들은 정책금리를 -0.75%까지 인하할 수 있었습니다. 이제는 -0.75%가 효과적인 기준이 되고 있습니다. 물론 ECB는 최근까지도 -0.5% 이하는 생각하지 않고 있다고 말했습니다.

그럼에도 불구하고 FED가 마이너스 정책금리에 거부감을 갖고 있는 이유는 무엇일까요? 대체적으로 다음과 같은 3가지 논리에 근거한 것으로 보입니다.

첫째, 많은 전문가가 지적하듯 중앙은행이 이러한 정책을 추진하도록 법률에 허용되어 있는지가 확실하지 않다는 것입니다. FED가 은행에 직접 이자를 지급할 수 있도록 규정한 2006년 법률은 예금자가 수익을 받을 수 있다고만 명시하고 있을 뿐, 수수료 부과에 대해서는 언급하지 않습니다. 일부 변호사들은 이를 마이너스 금리는 배제한 것이라고 해석합니다. 물론 의회가 법을 변경할 수도 있습니다만 FED는 그러한 가능성에 대해서는 답변을 꺼리고 있습니다. 답변에 나설 경우 정치적인 논쟁으로 변질되어, 결국 의회가 법개정을 통해 연준을 감독하려 할 것이기 때문입니다.

둘째, 미국 금융 시스템의 제도적 특성이 마이너스로 가기 어렵게 합니다. 특히 4조 달러의 자산을 보유하고 있으며 은행 계좌처럼 여겨지는 MMF머니마켓펀드가 문제가 될 수 있습니다. 2008년에 MMF 가치가 1달러 미만으로 떨어져 투자자들의 원금을 더 이상 보전하기 힘든 상황에 직면했을 때 엄청난 혼란이 야기되었었죠. 현재는 규정이 바뀌었지만, FED는 이러한 펀드들이 마이너스 수익률을 보이면 스트레스를 받고 있는 금융시장 환경에서 공황상태를 야기할 수 있다고 우려하고 있는 것 같습니다.

셋째, 가장 중요한 것으로 일본과 유로존에서의 마이너스 정책금리 경험이 실질적으로 투자심리와 경제 활동 개선에 도움이 되었다는 명확한 증거가 없다는 점입니다. 오히려 역전 금리reversal interest rate 현상이 발생해서 통화 완화 정책이 의도했던 방향과 다르게 나타나 대출이 위축되는 부작용이 발견되었습니다.

특정 수준 이하가 되면 마이너스 금리는 경제를 부양하지 못하고 오히려 부담으로 작용합니다. 이러한 현상이 발생한 이유는 마이너스 금리가 은행에 세금을 부과하는 효과를 낳기 때문입니다. 은행들은 실물경제로 돈이 유입되는 데 필요한 추가적인 대출을 하기보다는 신용을 억제하는 방식으로 대응할 수 있습니다. 비록 이러한 효과가 혼재되어 나타난다 하더라도, FED는 확실히 이와 관련된 긍정적인 사례는 없다고 생각하는 듯합니다.

만약 시장이 계속해서 스트레스를 받고 세계 경제가 극심한 침체에 빠져 정부가 재정정책만으로 이를 지탱하지 못한다면, FED도 미국에서 마이너스 금리가 가능할지 심도 있게 고려할지 모릅니다. 그러나 현재는 여전히 어젠다에서 벗어나 있는 것으로 보입니다.

한편, 글로벌 명목금리는 거의 제로 수준까지 하락했습니다. 언젠가는 미국도 '영구적인 제로 금리' 클럽에 가입할지 모릅니다. 시장 입장에서는 이것이 새로운 세계 질서new world order라고 생각하고 있습니다. 여기서 말하는 세계 질서란 다음과 같이 설명할 수 있습니다. 만약에 정책금리가 상당 기간 제로 수준에 머물면서 마이너스 영역으로 진입하지 않을 경우, 이는 수익률 곡선 모양과 채권과 주식의 최적 포트폴리오 조합, 달러화 등에 중요한 영향을 미칠 것입니다. 그러한 영향력은 이미 일본의 사례에서 나타난 바 있습니다.

실질 채권금리는 마이너스를 보이는데, 정책금리가 무한정 계속해서 제로 수준 이상을 유지하는 흐름은 지속될 수 없을 것입니다. 케인스Keunes는 채권 수익률이 하락할 수 있는 최저 수준에 한계점이 있으리라 생각했습니다. 실제로 채권 수익률은 단기 금리가 거의 제로 수준에 근접할 경우 낮은 수준이지만 플러스로 유지될 것입니다. 이는 장기 듀레이션을 가진 채권 수익률은 더 이상 하락하지 않으며, 채권이 균형 포트폴리오에서 더 이상 주식 리스크에 대한 헷지 기능을 수행할 수 없을 것임을 시사합니다.

양적 완화정책QE 또는 다른 유사한 조치들은 더 이상 정책금리 또는 채권금리를 낮추지 못할 것이므로 달러화 가치는 더 이상 낮아지지 않을 것입니다. 리스크를 회피하고자 하는 글로벌 시장 환경에서 달러화 가치는 오히려 계속 상승할 전망입니다. 비록 FED가 통화 완화 정책을 실시해도 말이죠. 이러한 현상은 최근 들어 이미 벌어지기 시작했습니다.

PART 4

두 번째 인사이트 :
시장은
반드시 순환한다

경기 사이클을 미리 알고
대응하는 방법

경기 사이클을 이해하고 침체 국면에 대비하기 위한 공부

모든 투자자가 익히 알고 있는 사항이지만, 경기가 현재 어느 국면에 위치해 있는가를 파악하는 것은 투자 목적을 달성하는 데 매우 중요합니다. 아래 그림에서 알 수 있듯, 경기 사이클과 주가는 기간만 다를 뿐 선행 관계가 뚜렷하기 때문입니다.

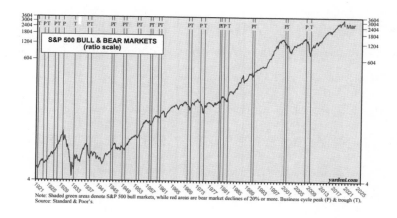

1927~2017년 구간에서 S&P 500 지수는 경기 확장 국면에서 월평균 +0.89%889개월의 상승률을 보였으며, 경기 침체 국면에서는 월평균 -0.71%191개월 하락률을 보였습니다. 분

석 구간의 80%는 경기 확장 국면이었고, 20%는 경기 침체 국면이었습니다. 단순히 말하면 경기 확장 국면에서 주식 투자를 하면 일반적으로 플러스 수익률을, 경기 침체 국면에서는 전반적으로 주식 투자 손실을 경험했다는 것입니다.

따라서 경기 사이클의 확장 국면 진입 시점과 침체 국면 진입 시점을 파악하면 수익률을 배가시킬 수 있습니다. 이를 위해 여러 가지 경제 관련 측정치를 사용하고 있지만, 저는 경기선행 지수를 가장 중요하게 생각합니다. 경기선행 지수는 경기의 방향을 미리 알려주는 지표입니다.

경기선행 지수Conference Board Leading Economic Index는 경기 전반에 걸쳐 전망 및 동향을 파악하는 데 도움이 되는 지표로, 경제순환연구소ECRI에서 각기 다른 성격의 지표 10 가지를 명목화해서 이를 지수화한 것입니다. 분기 및 반기별 경기 상황을 점검하는 데 활용되고 있습니다. 구성 지표로는 ❶ 제조업 주간평균 근로시간, ❷신규 실업수당 청구건수, ❸제조업 신규주문, ❹ ISM신규주문 지수, ❺ 건축착공 허가건수, ❻ S&P 500 지수, ❼ 선행크레딧 지수, ❽ 장단기 금리 스프레드, ❾ 소비자기대 지수, ❿ 비국방자본재 수주 등이 있습니다.

이 지표가 전월 대비 3개월 연속 하락하면 경기 침체에 빠질 신호라고 인식합니다. 실제 경기선행 지수를 발표하기 시작한 1959년 이후로 경기 침체는 8차례 발생한 바 있는데, 시차만 다를 뿐 대부분 경기 침체를 예측한 것으로 나타났습니다.

경기 사이클을 예측하는 데 신뢰도가 높은 또 다른 지표로, 수익률 곡선 역전inverted yield curve에도 관심을 가져볼 필요가 있습니다. 수익률 곡선 역전 현상이란 장기 금리가 단기 금리보다 낮은 경우를 의미합니다. 일반적으로 수익률 곡선 즉, 장단기 금리 차이는 플러스가 돼야 정상입니다. 장기 경제 전망이 단기 전망보다 긍정적이어야 하는데, 장기 금리가 단기 금리보다 낮다면 장기 경제 전망이 어둡다는 뜻이기 때문입니다.

주식시장이 고점을 형성했던 지난 9차례 가운데 6차례는 수익률 곡선이 역전되면서 선행성 지표로써의 의미를 시사해주었습니다. 다음 표를 보면 수익률 곡선이 역전되고 평균

주식시장 고점	주가 하락률(%)	수익률 역전 현상이 처음 발생한 시점	선행 기간(월)	주식시장 고점 이전에 수익률 역전 현상 여부
1956년 8월	-21	1956년 12월	-4	X
1959년 8월	-14	1959년 9월	-1	X
1968년 12월	-37	1967년 12월	12	O
1973년 12월	-50	1973년 3월	8	O
1980년 2월	-17	1978년 9월	17	O
1980년 11월	-28	1980년 9월	2	O
1990년 7월	-20	1989년 2월	17	O
2000년 3월	-51	2000년 4월	-1	O
2007년 10월	-58	2006년 1월	21	O
평균 선행 기간			8	

8개월 후에 주식시장이 고점을 형성하였음을 알 수 있습니다.

한편, 지난 번 경기 사이클2007년에서는 주식시장이 고점을 형성했던 10월보다 무려 21 개월 선행하여 수익률 곡선이 역전되었습니다. 선행성 지표로써의 의미가 퇴색한 듯보였 죠. 그런데 2019년 5월에 처음으로 수익률 곡선이 역전되었고, 이보다 9개월 후인 2020년 2월에 주식시장은 고점을 형성했습니다. 9개월이라는 선행성을 보이며 평균에 근접한 것 입니다. 따라서 수익률 곡선 역전 현상은 여전히 주식시장 및 경기 사이클에 선행성을 갖 고 있다 해도 무리가 없어 보입니다.

경기 사이클 이해도를 높이는 것이 리스크 관리의 핵심

경기 사이클에 대하여 선행성을 갖는 지표에 대해 설명했습니다. 그런데 전문적인 식견을 갖추지 않으면, 실질적으로 선행성을 지닌 지표들을 추적하고 이를 실전 투자에 활용하기는 쉽지 않은 것이 사실입니다. 이러한 번거로움에서 벗어나 경기 사이클을 투자에 활용하는 좀 더 쉬운 방법을 알려드리겠습니다. 사실 번거로움이라는 표현 이면에는 선행성에 내재되어 있는 불확실성이 포함되어 있습니다. 불확실성은 리스크 관리와 동의어로 해석됩니다. 따라서 경기 사이클을 이용해서 불확실성을 어느 정도 제거하면 안정적인 수익률을 얻을 수 있습니다. 경기 사이클 투자의 철학은 매우 간단합니다. 즉, 경기 침체가 진행 중일 때 주식을 매수하고 경기 침체에 진입하기 전에 시장에서 빠져나오는 것입니다.

주식수익률 측면에서 경기 사이클과 경기 침체의 중요성

그렇다면 경기 침체 국면은 어떻게 판단할 수 있을까요? 매우 간단합니다. 우리나라가 통계청에서 경기 판단을 하는 것처럼 미국에서는 전미경제조사회NBER : National Bureau of Economic Research란 기관이 공식적으로 경기 침체 국면을 선언합니다. 주목할 점은 NBER이 경기 침체를 소급해서 판단한다는 것입니다. 따라서 우리는 NBER이 경기 침체를 공식적으로 선언하기 전에 이미 경기 침체를 경험하고 있을 것입니다. 타이밍이 늦은 듯 보이지만, 오히려 이에 따른 장점도 있습니다. 비록 사후적이지만 경기 침체를 판단할 확률이 100%라는 것입니다.

NBER이 공식적으로 경기 사이클에 대한 고점과 저점을 발표하기 시작했던 1976년의 상황으로 되돌아가 보면, S&P 500 지수는 다음과 같은 흥미로운 점을 알려줍니다.

❶ 현재 경기 침체가 진행 중인지의 여부
❷ 궁금했던 시점이 NBER이 공식적으로 경기 침체라고 선언한 후 72개월 동안에 포함되었는지 여부

경기 침체 국면 여부	NBER 경기 침체 선언 후 6년간 수익률(%)	해당되지 않는 구간의 수익률(%)
경기 침체 국면이 아닌 경우	14.16	11.10
경기 침체 국면이 진행되는 경우	17.25	-18.88
평균	14.43	4.81

NBER에서 경기 침체를 선언한 이후 360개월5번의 경기 침체×72개월간의 평균 수익률은 나머지 구간보다 현저히 높다는 점을 발견할 수 있습니다. 경기 사이클을 역행하는 투자를 하면 경기 확장 후반부에서 원금을 보호하고, 손실을 최소화할 수 있는 것입니다. 이것이 바로 경기 사이클 투자의 핵심 논리입니다.

경기 사이클을 이용한 투자

경기 침체가 2020년 3월부터 시작될 것이기 때문에 경기 침체 진입 이전에 주식을 매도하라고 말하기는 쉬울 것입니다. 그리고 누구나 이와 같은 선언을 따라 할 것입니다. 그렇지만 경기 침체는 실시간으로 확인할 수 있는 것이 아닙니다. 개인적으로 경기 침체는 예측할 수 없이 움직이는 이벤트라고 생각합니다. 과거 경기 사이클을 살펴보면, 1970년대 말 이후로 경기 사이클 저점에서 다음 저점까지의 평균 기간은 약 6년으로 나타났습니다.

NBER의 경기 침체 선언	다음 경기 침체 시작시점	평균 소요 연도
1980년 6월 3일	1981년 7월 1일	1.08
1982년 1월 6일	1990년 7월 1일	8.49
1991년 4월 25일	2001년 3월 1일	9.86
2001년 11월 26일	2007년 12월 1일	6.02
2008년 12월 1일	?	11 ?

앞서 설명한 바와 같이 경기선행 지수 또는 수익률 곡선을 이용해서 경기 사이클 국면으로 나름대로 판단해볼 수도 있습니다. 그러나 만약에 '평균 6년'을 적용한 경기 사이클 투자를 한다면 어떤 결과를 얻을 수 있을까요? 이를 확인하기 위해 다음과 같은 원칙을 세워보기로 합니다.

❶ NBER이 경기 침체를 선언한 날에 주식을 매수한다.(NBER은 경기 침체가 시작된 후 6개월 지난 시점에서 선언한다.)

❷ 6년간 주식을 보유한다.

❸ 6년이 지난 후 주식을 매도하고 즉시 채권 인덱스에 투자한다.

❹ NBER이 다음 경기 침체를 선언할 때까지 기다린다.

이러한 원칙을 적용한 투자 성과를 살펴보기에 앞서 고려해야 할 중요한 것이 있습니다. 1976년 이후로 NBER이 선언한 경기 침체 국면은 5차례이지만, 다음번 경기침체 국면금번 경기침체국면은 2020년 2월에 시작되었다고 6월에 발표했지만, 본 분석 기간은 제외했음의 시작일을 발표하지 않기 때문에 분석 기간은 4번이라는 점입니다.

이러한 전략을 사용한 2008년 저점 이전의 성과는 S&P 500 지수에 대한 단순한 매수 후 보유 전략보다 하회했습니다. 그럼에도 불구하고 2009년 저점 이후의 성과는 훨씬 더 상회한 것으로 나타났습니다.

이와 같은 성과가 마법처럼 보일지

● ─── 1976년 이후 1만 달러의 가치

모르지만, 2000~2001년 구간에서 손실률 -41%, 2007~2008년 구간에서 손실률 -50%를 고려해야 합니다. 정해진 시작 시점에서 2가지 전략에 대한 내부수익률IRR, 투자 대상에 대한 매력도를 측정하는 기준을 계산해보면 훨씬 더 합리적임을 확인할 수 있을 것입니다. 2가지 전략에 대한 내부수익률의 차이는 매수 후 보유buy & hold 전략 대비 경기 사이클 전략에 대한 성과 프리미엄이 존재함을 의미합니다.

다음번 경기 침체 국면까지의 경기 사이클 투자 방법

상기의 분석 결과에서 알 수 있는 사실은 다음과 같습니다.

❶ 2008년 10월 이전 32년 동안 특정 구간에서 이러한 전략을 사용하고 나머지 구간에서는 투자를 중단하는 경우 투자 성과는 매우 좋았다.
❷ 1976년 1월에서 2008년 10월 사이 특정월에 이러한 전략을 사용한 경우 매수 후 보유 전략 대비 좋은 성과를 냈다.
❸ 경기 사이클을 이용한 투자 전략은 단순한 매수 후 보유 전략 대비 변동성이 낮았다.

결론적으로 이와 같은 투자 전략을 통해 낮은 변동성이 수반된 안정적 수익률을 창출할 수 있다고 생각합니다. NBER에서 명확하고 분명한 경기 침체를 선언한 이후, 인내심을 갖고 투자 전략을 고수한다면 훨씬 더 낮은 변동성과 함께 긍정적인 수익률을 창출할 수 있는 것입니다. 경기 사이클이나 선행성, 리스크 관리 등에 부담을 갖고 있는 장기 투자자라면 한 번쯤 시도해봐도 좋은 전략이라 생각합니다.

경기 사이클 후반부의 특징 : 전문가의 조언이 아니라 데이터에 주목하자

2020년 3월을 기점으로 미국 경기 사이클은 역사상 최장기간 확장 국면에 접어든 것으로 보입니다. 2009년 6월 이후 무려 129개월 간의 확장 국면일 것으로 추정되기 때문이죠. 그런데 이와 같은 최장기 경기 확장 국면이 진행되면서 2019년 내내 전략가들과 투자자들 사이에서는 '경기 사이클 후반부late cycle'에 대한 논의가 이어졌습니다. 만약 현 국면이 경기 사이클 후반부라면 시장참여자들은 최악의 상황에 대비해야 할 것인가, 아니면 호시절이 진행되는 동안 이익 극대화를 추구해야 할 것인가에 대한 결정을 내려야 하기 때문입니다.

경제 상황은 항상 변하고, 때로는 미묘한 방식으로 변하기도 합니다. 그렇지만 실업에 대한 두려움을 경험했던 근로자들의 트라우마와 보유 주식 가치의 급락을 우려하는 투자자들은 경기 침체 현상이 반갑지 않을 것입니다. 2차 세계대전 이후에는 경기 침체 국면과 베어마켓 간의 관계가 명확했습니다. 지난 12차례의 경기 침체 국면에서 미국주식시장은 연평균 -1.5%의 하락률을 보였는데, 강세장에서의 평균 9.3% 증가율과 대비되는 수치입니다. 따라서 투자자들이 경기 사이클 종언을 예측하는 데 관심을 갖는 것이 그리 놀라운 일은 아닙니다.

그러나 경기 침체 국면을 예측하기란 쉽지 않습니다. 만약 쉬웠다면 경기 확장 국면에서의 주식수익률이 그렇게 높지 않았거나, 경기 침체 국면에서 매우 낮지는 않았을 것입니다. 중앙은행들의 중요 정책목표는 경기 침체를 방어하는 것이기 때문에 정책당국자들의 예방적 조치는 경기 예측자들에게 중요한 도전이 되고 있습니다.■

좋은 소식은 경기 침체 위험이 높은 '사이클 후반부' 국면에 있는지 여부를 평가하는 데 사용할 정

■ 경제학자들은 종종 경기 침체를 정확히 예측하지 못했다는 이유로 비난을 받기도 한다. 그러나 FRB의 경제분석팀이 경기 침체 흐름을 명확히 알 수 있었다면, 정책 당국자들은 경기를 안정화시키기 위해 적절한 시점에서 금리 인하를 단행했을 것이다.

보가 있다는 것입니다. 우선, 경기 확장 국면 기간과 경기 침체 리스크 간의 관계입니다. 2차 세계대전 이후 경기 확장 국면의 평균 기간은 약 5년이었으며, 확장 기간은 1년에서 10년 범위에 걸쳐 고르게 분포되어 있습니다. 만약 경기 침체 위험이 사이클 기간과 무관하다면, 단지 지난 몇 년간 지속된 기간보다 더 오래 지속된다거나 처음 10년보다 훨씬 더 짧으리라 예측할 것입니다. 경기 확장 국면 초기에는 경기 침체 리스크가 낮지만 시간이 흐를수록 리스크가 높아지리라 전망할 수 있습니다.

이러한 결론에도 불구하고, 대부분의 경제학자들은 경기 확장 국면은 단순히 '기간이 오래되었다는 이유만으로 사라지지 않는다die of old age'고 믿고 있습니다. 예를 들어 경제 성장이 지속되면 경기 과열의 원인이 되고, 이는 FED가 긴축 정책을 강화하게끔 인플레이션을 촉발시켜 결국에는 경기 확장 국면이 마무리됩니다.

지난 11년간의 경기 사이클에서는 인플레이션이 뚜렷하게 나타나지 않았습니다. 이와는 달리, 2001년의 경기 침체와 2007~2009년 버블 붕괴는 지난 확장 국면 동안 부풀려진 거품에서 비롯된 것으로 거품이 꺼지면서 광범위한 경제적 피해를 끼쳤습니다. 이와 같은 2가지 사례 모두 가계와 기업이 지나치게 자신만만해지고 과도한 리스크를 감수하면서 금융과 실물경제 간의 불균형이 발생한 결과였습니다.

2019년 경제 상황을 보면 이전 사이클 후반부에서 목격되었던 과도한 신호들이 산발적으로 나타나고 있었습니다. 즉, 연구개발R&D과 소프트웨어에 대한 투자가 GDP 대비 사상 최대치를 기록했습니다. 비금융권 기업들은 지난 수년 동안 과도한 자금을 차입했는데, GDP 대비 차입 비율은 2009년 고점을 상회했습니다. 강력한 기업이익성장률이 이와 같은 지표에 대한 우려감을 완화시켜주고 있지만, 기업이익 대비 부채비율은 증가하면서 이전 경기 확장 마무리 국면에서 목격했던 역동적인 모습이 다시 나타나고 있습니다.

투자자들의 행동 또한 경기 사이클 후반부의 과도한 특징들을 보여줍니다. S&P 500 지수에 대한 쉴러Shiller의 CAPE 비율142페이지 참고은 기술주 버블 이후 최고 수준입니다. 다른 경제 및 주식시장 사이클 후반부에서 목격되었던 저평가주와 고평가주 간의 밸류에이선 갭이 벌어지고 있습니다.

경기 확장 국면 진행 기간, 경제적 불균형의 잠정적 징후들, 점증하는 주식시장 밸류에이션 등은 공통적으로 2019년이 경기 사이클 후반부에 위치해 있음을 시사합니다.

향후 경기 침체를 예상하여 주식 비중을 축소하려는 투자자들에게는 다른 경제지표가 유용할지 모릅니다. 과거 사례에서 얻을 수 있는 교훈은, 주식 비중을 축소하는 등의 방어적인 자세를 취하기 전에 펀더멘탈과 주가 추세가 악화되는 명백한 신호를 확인해야 한다는 것입니다. 경기 침체 시에는 일반적으로 경제 성장률 데이터가 예상보다 현저히 낮아지거나, 경제학자들이 내놓는 성장률 전망치의 하향 조정이 가시화되고, 투자심리가 악화되며, 금융시장의 긴축 신호 등이 나타났습니다. 이러한 징후들을 일종의 선행지표로 삼을 수 있습니다.

● ───── 2차 대전 이후 경기 확장 국면에서 나타났던 <경기 사이클 후반부를 시사하는 지표>

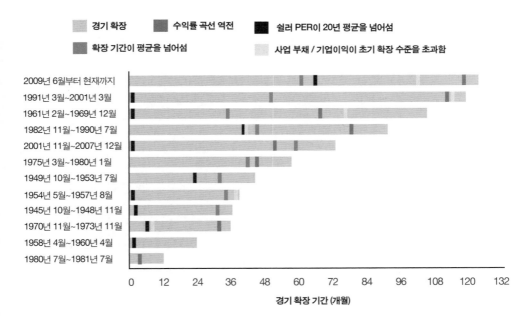

경기 침체 국면에 대비하는 방법

경기 사이클 후반부에 진입하면 투자자들은 곧 도래할 경기 침체를 우려하게 됩니다. 실제 미국에서는 2009년에 시장이 회복된 이후 매년 경기 침체를 예측하는 보고서들이 이어졌습니다. 이는 2008년 금융위기에 따른 경기 침체 여파가 얼마나 강력했는지, 그에 관한 두려움의 방증이라 생각됩니다.

사실 경기 침체 관련 보고서들은 매우 단순합니다. 우리 모두 경기 침체가 다가올 것이라는 데 동의하지만, 언제 발생할지는 아무도 모릅니다. 기간은 매우 짧을 수도 있고 장기간 이어질 수도 있으며, 경기 침체 정도가 매우 급하게 진행될 수도, 완만하게 진행될 수도 있습니다. 그리고 모두가 예상한 대로 발생할 수도 있고, 전혀 예측하지 못한 상황에서 벌어질 수도 있습니다. 그렇다면 우리는 경기 침체에 대비해서 어떤 준비를 해야 할까요?

다음은 투자자들이 경기 침체의 두려움 때문에 보이는 일반적인 행동들입니다.

❶ 채권과 대체투자 상품 등으로 분산투자를 한다.

❷ 우량한 가치주를 매수 후 보유한다.

❸ 전략적으로 정성적 및 경제적 분석 방법에 기초하여 리스크를 줄인 포트폴리오를 구성한다.

❹ 시장이 하락할 때마다 주식 비중을 줄이고 전략적 선택을 하는 등 자산배분을 변화시킨다.

❺ 구조화된 상품을 매수한다.

❻ 옵션이나 다른 솔루션을 이용하여 포트폴리오를 헷지한다.

❼ PE에 투자하여 변동성을 줄이고 마켓 타이밍을 제한한다.

❽ 포트폴리오를 로우볼low-vol, 퀄리티quality 주식 및 업종 등 안전자산으로 변환한다.

❾ 추세추종과 변동성 예측을 결합한 동적 자산배분을 실시한다.

❿ 공포감에 사로잡혀 현금만을 보유한다.

투자자들의 식견에 따라 대응방법은 다소 다를 것입니다. 미국의 투자자문사인 투센추리Two Centuries에서는 이러한 일반적인 반응을 다시 다음과 같은 3가지 유형으로 분류했습니다. 여러분은 어떤 타입에 해당되는지, 자신의 타입을 한 번 찾아보기 바랍니다.

① 엄격한 프로세스와 실행 계획을 지키며 정형화된 투자 철학을 가진 투자자

경기 침체는 자산배분에 영향을 미칠 수도 있고, 그렇지 않을 수도 있습니다. 그러나 이 타입의 사람들은 실제 영향이 어떻든 간에 한 사이클 내내 정형화된 전략을 고수합니다. 이러한 전략 가운데 일부과잉 분산투자 또는 지속적인 방어전략 등는 만족할 만한 장기적인 성과를 내기 어려울지 모릅니다. 대신에 이들 유형의 투자자는 확실한 투자 철학이 있기 때문에, 이에 부합되는 상품이나 전략을 선택한 후 이를 견고하게 유지합니다.

② 그때그때 뉴스와 분위기에 따라 감각적으로 대응하는 투자자

주관적이면서 조금은 감각적인 대응을 하고, 리스크를 줄이고, 현금을 보유하며, 뉴스와 군중들을 따라 움직이면서 대응하기 어려운 포트폴리오를 만드는 타입입니다. 다소 신중하지 않아 보이지만, 자산 소유자가 경기 침체에 대한 대응으로 포트폴리오를 관리해야 한다는 점을 미리 알고 있다면 그리 위험하지는 않습니다. 스스로 이러한 접근 방법에 대한 리스크를 평가하고 효과를 측정하면서 제약조건과 안전장치를 추가할 수 있기 때문입니다.

③ 자신이 ①번 유형이라 생각하지만 사실은 ②번 유형인 투자자

가장 위험한 유형입니다. 이러한 투자자들은 리스크 관리가 불가능하기 때문이죠. 퀀트 전문가들은 ①번 유형과 ②번 유형의 리스크를 측정할 수 있습니다. 그러나 ③번 유형은 계량화가 어렵습니다. 대부분의 사람들은 자신들을 ①번 유형으로 생각하지만, 궁극적으로는 ②번 유형처럼 행동합니다. 그래서 결국 이도 저도 아닌 ③번 유형 투자자가 되고 맙니다. 저 역시 펀드 운용 당시에 ①번 타입으로 접근하려 노력했지만, 선택한 전략을 고수하는 데 필요한 규칙 및 믿음이 부족한 경우가 많았습니다. 펀드 성과와 평가에 대한 두려움도 있었고, 혹시 '내가 설정한 원칙이 현 국면에는 맞지 않는 게 아닐까' 하는 자신에 대한 불신 또한 작용했기 때문입니다. 매번 사후적으로 느끼는 것이지만, 실제로는 기존 원칙을 지킴으로써 최선의 성과를 달성한 경우가 많았습니다.

따라서 경기 침체에 대비한 전략이 실패하지 않기 위해서는 다음과 같은 사항을 고려해야 합니다.

첫째, 경기 침체 구간과 그 이후 그리고 이전에 어떤 의사결정을 내릴 것인지 확실히 정해 놓았다면 그것을 고수해야 합니다. 여러분은 최선의 기댓값을 낼 만한 믿을 수 있는 대책을 보유하고 있는 것이며, 충분한 준비가 되어 있다고 할 수 있습니다.

둘째, 경기 침체에 대한 대책을 갖고 있지만 이것이 의심스러울 경우 먼저 포트폴리오를 재점검하고 전략을 수정할 것인지, 그러한 결정이 전체 포트폴리오에 어떤 영향을 미칠지를 판단해야 합니다. 무작정 ①번 유형의 투자가 되기 위해 애쓰지 마세요. ②번 유형의 투자를 시험해보면서 자신만의 투자 철학을 설계해봐야 합니다. 단기 투자가 목적이라면 마켓 타이밍을 노리면서 리스크를 최소화하기 위한 시도를 해보는 것도 좋습니다. 그러나 상황에 맞는 대응 전략을 준비해서 장기 투자에 대비하는 것이 합리적이라고 생각합니다.

경기 순환 주기에 따른
업종별 투자 전략

각 경기 사이클에 따라 어떤 업종에 투자하는 것이 유리할까

성공적인 주식 투자를 위한 방법은 무수히 많습니다. 그러나 저의 운용 경험에 비추어 볼때 주도주를 미리 발굴해서 포트폴리오에 편입하는 것이 가장 중요하다고 생각합니다. 물론 미리 발굴하기가 무척 어렵다는 것을 알고 있습니다. 그렇지만 현재의 시장 사이클이 경기 순환 주기상 어느 위치에 있는지를 판단하면 조금은 쉬워질 수 있습니다. 역으로 현재 주식시장을 주도하는 종목군이 어떤 특성을 갖고 있는지를 알면 경기 사이클도 어느 정도 파악할 수 있습니다. 물론 경기 사이클에 대한 판단은 공식적으로 한국에서는 통계청이, 미국에서는 NBER이 결정합니다. 먼저 경기 사이클의 국면별 특징을 간단하게 살펴보겠습니다. 참조: alphaarchitect.com

❶ 침체 국면(Recession)

침체 국면에서는 경제 산출물과 소비자 및 기업 모두에서 전체적인 수요가 감소하는 등 전반적으로 경제 활동이 급격히 위축됩니다. 실업률 증가, 소비자신뢰 지수 하락, 국내 생산 위축 등의 특징이 나타납니다. 이에 정부는 금리를 낮추고 통화공급을 늘려 총수요를 늘리려는 통화 정책을 실시하게 됩니다.

② 회복 국면(Recovery)

회복 국면에서는 경기가 저점에서 급격히 반등하지만 하향 추세를 밑돌게 됩니다. GDP 성장률과 총수요가 가속화되며, 소비자들은 경제 성장에 대해 더 긍정적으로 생각하고 저금리와 내구재 지출을 늘리기 시작하는 반면 기업들은 투자 지출 축소를 중단합니다.

③ 확장 국면(Expansion)

경제 성장률이 정점에 도달하는 국면입니다. 장밋빛 경제 전망이 조성되고 기업이익이 증가하는 가운데 기업들은 늘어나는 수요에 맞춰 활동을 확장하고 생산성을 높이기 위해 자본을 배분하기 시작합니다. 금리는 비교적 낮은 수준에서 상승하기 시작합니다.

④ 둔화 국면(Slowdown)

일반적으로 설비 가동률이 사이클의 정점에 이르고, 아웃풋 갭■이 플러스로 돌아서게 되면 경제가 완전 가동 수준을 넘고 있음을 의미합니다. 이로 인해 추가적인 경제 성장

■■ 실질 GDP 성장률과 잠재 성장률의 차이로, 플러스면 인플레이션 가능성이, 마이너스이면 디플레이션 가능성이 커진다.

은 제약되어, 성장률은 플러스이지만 성장 속도는 느려집니다. 과열 경기를 억제하기 위해 긴축적인 통화 정책을 실시하게 되는 시기입니다.

경기 사이클에 따른 수혜 업종

경기 침체 국면에서는 필수소비재, 유틸리티, 헬스케어와 같이 경기에 둔감한 업종의 성과가 좋은 것으로 나타났습니다. 경기 변동에 덜 민감한 지출과 관련된 업종이기 때문입니다. 이들 업종은 7차례 경기 침체 국면 가운데 6차례에서 종합지수 대비 평균 10% 이상 아웃퍼폼했습니다.

경기 회복 국면에서는 노동시장의 개선과 소비심리가 식당, 여행 및 내구재에 대한 지출 증가로 이어져 소비 내구재 업종이 많은 혜택을 받습니다. 불황이 부동산 시장을 어렵게 만들지만, 불황에 따른 저금리와 통화 정책 완화는 부동산을 더 저렴하고 쉽게 구입하도록 만듭니다. 상업 활동의 회복은 상업용 부동산의 가치도 끌어올려 부동산 업종의 실적에 기여합니다. 월별, 순환 주기상 높은 적중률을 감안할 때 소비 내구재의 아웃퍼폼 현상은 부동산 업종보다 더욱 일정하게 나타납니다. 반면 불황기에 선호되는 업종인 필수소비재, 유틸리티, 헬스케어 분야는 시장이 반등하면서 매력을 잃게 되고 투자자들은 시장의 상승세를 따라 잡기 위해 경기 친화적인 업종을 더욱 선호하게 됩니다.

경기 침체	임의 소비재	필수 소비재	에너지	금융	헬스케어	산업	원자재	부동산	기술	유틸리티
월평균 수익(%)	-1.5	-0.1	-0.2	-1.8	-0.5	-1.7	-1.4	-3.1	-2.5	-0.3
월평균 초과수익(%)	0.1	1.5	1.4	-0.2	1.1	-0.1	0.2	-1.5	-0.9	1.3
기간 평균 수익 (%)	-12.0	1.0	-3.5	-13.3	-2.9	-14.8	-11.5	-21.8	-20.3	-1.6
기간 평균 초과수익(%)	1	14	9	0	10	-2	1	-9	-7	11
시장을 상회한 달(%)	49.3	70.4	53.5	53.5	59.2	48.5	47.9	43.7	39.4	60.6
시장을 상회한 기간(%)	29	86	71	43	86	29	43	14	14	100
표준점수	-2.0	8.3	4.6	-2.0	5.2	-3.4	-1.3	-8.6	-7.7	6.6

경기 회복	임의 소비재	필수 소비재	에너지	금융	헬스케어	산업	원자재	부동산	기술	유틸리티
월평균 수익(%)	3.4	1.9	2.8	2.4	2.3	2.9	3.0	3.6	3.0	1.6
월평균 초과수익(%)	1.1	-0.3	0.6	0.1	0	0.6	0.7	1.3	0.7	-0.6
기간 평균 수익 (%)	33.1	18.0	27.1	23.1	21.4	27.4	29.3	39.2	28.4	14.7
기간 평균 초과수익(%)	12	-3	6	2	0	6	8	18	7	-7
시장을 상회한 달(%)	64.5	43.5	53.2	54.8	46.8	56.5	61.3	58.1	53.2	45.2
시장을 상회한 기간(%)	86	29	57	57	43	71	71	57	71	29
표준점수	7.3	-7.5	0.8	-1.5	-4.1	2.2	3.8	7.2	2.3	-9.1

확장 국면은 경제 성장이 최고조에 달하고 더 많은 업종들이 경제 호황으로부터 이익을 얻게 되어 업종별 차이가 좁혀지는 특징을 보입니다. 시장수익률은 회복 국면에 이어 4단계 중 2위에 속하지만 상승 기간은 더 오래 지속됩니다. 확장 국면에서는 설비가동률이 고점까지 크게 증가하는 경향이 있습니다.

기업들은 성장 전망에 대해 더 큰 자신감을 갖고 사업을 확장하며 기술 투자와 같은 생산성을 향상시키기 위해 더 많은 자본을 지출하기 시작합니다. 금리도 매우 낮은 수준에서 상승하기 시작합니다. 대출 규모를 늘리고 비교적 낮은 수준에서 금리를 인상하면 금융회사의 이익이 증가하게 됩니다. 12차례 확장 국면 가운데 10차례에서 금융 업종의 아

경기 확장	임의 소비재	필수 소비재	에너지	금융	헬스케어	산업	원자재	부동산	기술	유틸리티
월평균 수익(%)	1.4	0.9	1.2	1.7	1.0	1.4	1.2	1.5	1.8	0.7
월평균 초과수익(%)	0.1	-0.4	-0.2	0.4	-0.3	0.1	-0.2	0.1	0.5	-0.6
기간 평균 수익(%)	16.6	10.6	15.5	18.7	10.8	16.2	13.1	17.8	21.0	7.6
기간 평균 초과수익(%)	1	-5	0	3	-4	1	-2	3	6	-8
시장을 상회한 달(%)	50.7	47.3	47.8	58.0	47.3	51.7	46.8	51.7	51.7	41.5
시장을 상회한 기간(%)	73	45	45	91	27	55	55	55	82	9
표준점수	2.8	-4.7	-0.9	8.0	-5.0	2.1	-1.9	3.3	7.6	-10.3

경기 둔화	임의 소비재	필수 소비재	에너지	금융	헬스케어	산업	원자재	부동산	기술	유틸리티
월평균 수익(%)	0.7	1.3	1	1	1.3	1.1	0.9	0.5	1	1
월평균 초과수익(%)	-0.1	0.3	0	0	0.3	0.1	-0.1	-0.4	0	0.1
기간 평균 수익(%)	5.5	14.6	8.5	13.7	15	11.9	6.5	2.4	10.1	11.8
기간 평균 초과수익(%)	-5	4	-2	4	5	2	-4	-8	0	2
시장을 상회한 달(%)	46.9	57.9	51.4	48	54.2	53.1	48.3	44.7	48.9	50.3
시장을 상회한 기간(%)	36	73	55	36	73	73	36	27	45	55
표준점수	-5.4	8.1	-0.3	0.5	7.3	3.8	-3.8	-10.8	-0.9	1.4

웃퍼폼 현상이 상당 기간 지속되었습니다. 경기 확장 국면에서는 경기 비순환 업종에 대한 선호도가 낮아집니다.

경기 둔화 국면에서는 경제 성장이 둔화되고 투입 비용이 증가함에 따라 기업의 수익성은 여전히 긍정적이지만 둔화 압박에 시달리게 됩니다. 설비 가동 능력과 가동률이 제약되는 점을 고려하면, 기업들은 수요를 맞추기 위해 자본적 지출에 더 많은 돈을 쓰지만 대개 설비투자 재배치와 생산성 상승 간에는 후행성이 존재합니다. 종합지수 상승률은 모든 단계 중 두 번째로 나쁜 결과를 보입니다. 투자자들은 다음번 경기 침체를 예상하고 좀 더 방어적으로 대응하며, 경제 민감 업종에 대한 비중을 줄이기 시작합니다. 헬스케어 및 필수소비재는 아웃퍼폼상회하고 소비 내구재와 부동산 업종은 언더퍼폼하회하게 됩니다. 산업Industrial 업종은 세 번째로 실적이 좋지만 이는 자본재에 대한 투자를 늘려서 이익을 보기 때문이며, 사실 경제 성장이 둔화될 때마다 설비투자 증가는 일어나지 않았거나 크지 않았습니다. 1984~1989년 및 2014~2016년 침체기에는 민간 비거주 고정투자가 크게 감소하여 두 기간 모두 산업 업종의 실적이 저조했습니다.

변동성과 리스크,
무엇이 다른 걸까

두 가지의 차이를 이해하는 것이 중요하다

투자와 관련된 용어 중 가장 많이 쓰이는 말 중 하나가 바로 리스크입니다. 투자 또는 재무설계에 있어서 리스크는 필수불가결한 요소입니다. 비근한 예로 여러분이 펀드에 가입하거나 투자 대상을 선정할 때 금융기관에서 항상 물어보는 질문이 있습니다. 바로 투자자들의 위험 성향입니다. 이를 통해서 적격한 투자 상품을 선택할 수 있습니다. 그런데 우리는 가끔 리스크에 내재된 2가지 개념 즉, 위험감내도risk tolerance와 위험용량risk capacity을 혼동하는 경향이 있습니다.

위험감내도는 투자자들의 위험에 대한 심리적인 반응으로 투자자들의 경험, 나이, 환경에 따라 다릅니다. 위험용량은 투자자들의 재무적 상태에 따라 리스크를 감내할 수 있는 능력을 의미하는 것으로 구체적인 수치로 측정할 수 있습니다.

위험감내도의 경우, 주식시장이 -10% 이상 하락하는 것을 피하고 싶다 대답한다면 보수적인 위험 성향으로, -30% 이상 손실이 발생해도 괜찮다고 대답한다면 공격적인 위험 성향을 갖고 있다고 표현됩니다.

한편, 여러분이 7억 원의 자금을 이용하여 향후 25년간 매년 5천만 원의 투자이익으로 생활하기를 원한다고 가정해봅시다. 이를 위해 제세비용을 고려하지 않은 수익률은 8%

가 되어야 합니다. 여기서 위험용량은 5천만 원이라는 연간 목표수익을 달성하기 위해 필요한 것으로, 수용해야 하는 리스크는 8% 수익을 발생시킬 수 있는 자산이라면 모두 해당됩니다. 그런데 만약 투자금액이 10억 원이라면 동일한 수준의 목표 소득 5천만 원을 달성하기 위해 필요한 수익률은 3%대로 낮아집니다. 따라서 필요로 한 연소득을 달성하기 위한 위험용량은 줄어들게 됩니다.

리스크와 관련되어 혼동되는 또 다른 개념이 있습니다. 변동성volatility입니다. 변동성은 어떤 것이 얼마나 위아래로 움직이는가를 나타낸 것입니다. 주식시장은 평균적으로 채권시장보다 변동성이 높습니다. 그렇다면 S&P 500보다 변동성이 적을 수 있는 헤지펀드는 리스크 또한 낮은 수준일까요? 이와 관련해 투자 자문사인 투센추리는 '리스크= 예상치 못한 결과+회복 불가능한 결과'라고 정의했습니다. 즉, 리스크는 투자자들이 지금 하고 있는 것을 포기하고 다른 것을 선택함으로써 회복 불가능한 결과를 만들어내는 예상치 못한 결과물이라 할 수 있습니다.

리스크는 행동을 유발하지만, 변동성은 단지 감정에 의해 영향을 받습니다. 리스크는 새롭고 이전에 설정하지 않은 흐름으로 투자를 하게 만드는데, 이것은 대개 원래 경로보다 훨씬 더 나쁜 결과로 나타납니다. 그래서 과거로 돌아가서 모든 것을 처음부터 다시 하고 싶어지게 만듭니다. 이에 비해 변동성은 미래에 대한 불확실성으로 인해 우리를 불안하게 만들죠.

워런 버핏은 2015년에 발표한 연례보고서에서 시장 리스크와 변동성에 관해 다음과 같이 명시한 바 있습니다.

"주가는 현금을 보유한 것보다 항상 변동성이 높다. 그러나 장기적으로 통화 표시 투자 대상은 시간에 따라 광범위하게 분산된 주식 포트폴리오보다 리스크가 더 높다. 그런데 이러한 교훈을 경영대학원에서는 제대로 가르치지 않고 있다. 이들은 변동성을 거의 위험의 대용 개념으로 사용한다. 비록 이와 같은 교육목적상의 가정이 가르치기는 쉬울지 모르지만, 이는 완전히 잘못된 것이다. 변동성은 리스크와 동의어가 아니다. 2가지 용어를 동

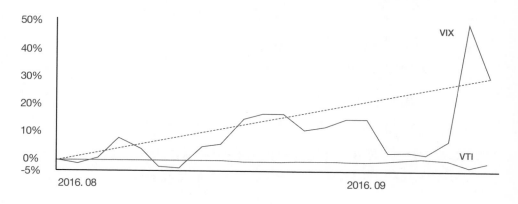

● ── VTI(Vanguard Total Stock Market ETF) vs. VIX : 시장 리스크와 변동성의 관계

일하게 취급하는 교습법이 학생, 투자자, CEO들을 각기 다른 길로 이끌고 있다."

　리스크 산식에 포함된 예상치 못한 결과는 대규모 주가 하락과 낮은 수익률을 더한 개념이라고 할 수 있습니다. 장기 데이터를 사용할 경우 분산투자 포트폴리오는 어느 정도 수익률을 예측할 수 있습니다. 과거 대규모 급락 시의 상황과 가장 낮은 수익률을 기록했던 기간을 대입해보면 기대치를 구할 수 있는 것입니다. 이와 같은 과정을 거치면 더 이상 리스크는 존재하지 않고 변동성만 존재하게 됩니다. 리스크를 변동성으로 전환시키면 훨씬 더 손실규모가 작고, 통제 가능해집니다. 예를 들어, 1932년에 발생한 S&P 500 지수 하락률 -84% 또는 1920년대의 독일, 1910년대의 러시아, 1920년대의 중국과 같은 개별 국가 하락률을 산식에 대입해보면 마이너스 기댓값은 변동성일 뿐 리스크는 아닙니다. 왜냐하면 분석 기간 동안 리스크는 동일하기 때문입니다.

　낮은 수익률 결과는 주가 급락보다는 덜 극적인 변수이기 때문에 이에 대한 준비가 되어 있지 않으면 장기적으로 피해를 입을 수 있습니다. 레이 달리오는 이에 관해서 다음과 같이 설명했습니다.

　"표준편차는 가장 중요한 리스크인 수익률이 나빠질 것이라는 점을 포착하지 못한다는 점에 주목해야 한다. 왜냐하면 표준편차는 수익률 수치에 대한 변동성을 표현한 것이어서, 기대수익률 수치가 잘못되거나 나빠질 것이라는 리스크를 잡아내지 못하기 때문이다. 리스크를 생각할 때는 변동성 리스크는 물론, 우리의 가정이 잘못된 것이라는 리스크 모두를 고려해야 한다."

그런데 낮은 변동성은 평균보다 낮은 수익률을 얻는다는 일반적인 개념이 예외적으로 좋은 결과를 낳을 수도 있습니다. 단기 투자개념이 만연한 상황에서, 대부분의 전통적인 투자자들은 어떤 희생을 치르더라도 변동성을 회피하고 싶어 하기 때문입니다.

이와 관련해 워런 버핏은 1996년에 주주들에게 보낸 연례서한에서 "장기 투자자로서 나는 완만한 12%보다는 시간이 흐르면서 일거에 얻을 수 있는 15% 수익률을 추구할 것이다"라고 말했습니다. 이러한 논리에 따르면 많은 현대 가치투자자들은 변동성을 걱정하기보다는 회복 불가능한 손실 가능성을 줄이기 위한 리스크 관리에 노력을 집중해야 합니다. 이러한 투자자들은 자신들의 전략과 장기적 성과가 건전한 이상, 단기적인 급등락을 이겨낼 수 있다고 믿으며 정서적 강인함을 갖고 있습니다. 따라서 리스크 원천으로서의 변동성은 절대적인 기준이 아니라 투자자들의 환경에 따라 변하는 것으로 해석할 수 있습니다.

다음과 같은 4가지 유형의 투자자 특성을 기준으로 변동성이 장기 투자 성과에 어떤 영향을 미치는지 살펴보겠습니다.

강인한 인내심을 갖춘 장기 투자자

이러한 유형의 투자자들은 퇴직자금이나 자녀들의 학자금 마련을 위해 10년 이상 장기로 투자합니다. 이들은 변동성에 거의 영향을 받지 않습니다. 가격 급등락을 신경 쓰지 않고 자신만의 투자 계획을 유지하는 투자 유형으로, 이들에게 변동성은 리스크가 아닙니다. 이들의 주된 관심사는 장기 연평균 수익률과 회복 불능한 손실 규모에 있습니다.

단기 투자자

이러한 유형의 투자자들은 자신의 포트폴리오 운용 기간을 3년으로 생각합니다. 이들에게는 변동성이 가장 중요한 리스크입니다. 왜냐하면 단기 인출 자금이 단기적인 결과에 따라 달라지기 때문입니다. 그래서 변동성이 주된 관심사이고, 변동성이 증가함에 따라 불리한 가격에 어쩔 수 없이 매도해야 하는 상황에 직면할 수 있습니다.

인내심이 약한 장기 투자자

이들은 변동성에 영향을 받습니다. 많은 투자자가 장기적인 목표에 따라 투자하지만 가격 변동성, 시장 뉴스 또는 단기적인 시장 전개 상황 때문에 결국 자신의 이익에 반하는 행동을 하게 됩니다. 이상적으로는 주어진 목표를 고려하여 이러한 변수에 의해 영향을 받으면 안 되지만, 실제로는 합리적인 평정심을 유지할 수 없어서 종종 불리한 가격에 매도하고 맙니다. 이런 유형은 수익률 변동성이 높을수록 투자 결과가 악화될 가능성이 있기 때문에 변동성을 리스크로 인식해야 합니다.

포트폴리오 일부를 지속적으로 인출해야 하는 장기 투자자

이러한 유형에 속하는 투자자들에는 기관투자자들이 포함됩니다. 연기금 투자기관은 포트폴리오 일부를 조직 및 개인의 목적에 맞게 인출해줘야 하죠. 변동성이 일부 중요하지만 주된 리스크는 아닙니다.

여러분은 이상의 유형 가운데 어디에 속한다고 생각하십니까? 투자 기간에 따라 변동성과 리스크에 대한 관심을 달리하는 것이 투자 성과에 큰 영향을 미칠 수 있으므로 자신의 유형에 관해 생각해보면 좋겠습니다.

자신의 리스크 성향을 식별하는 방법

그렇다면 자신의 리스크 성향은 어떻게 판단할 수 있을까요? 증권회사나 은행을 방문하면 투자 성향을 파악하는 간단한 설문조사를 하게 됩니다. 그러나 이는 리스크 성향을 파악하는 데 그다지 도움이 되지 않습니다.

저는 개인적으로 리스크를 많이 부담하지 않으려는 성향을 갖고 있다고 생각합니다. 이러한 리스크 성향이 포트폴리오 운용 결과에도 반영된 것 같습니다. 단정적으로 말하면 강세 국면보다는 약세 국면에서 운용 성과가 더 좋았고, 절대 수익형 상품 개발에 관심을 많이 가졌으며, 원칙을 중시하는 데이터 기반 운용 전략을 선호하고 있다는 점에서 배경을 찾아볼 수 있습니다.

저는 1991년 7월에 증권회사에 입사했습니다. 당시 주식시장에서는 1989년 4월 3일 1,015.75포인트를 고점으로 장기 하락 추세가 진행 중이었습니다. 파트 1에서도 언급했지만 신용을 이용한 투자에 나섰던 개인투자자들이 말로 표현할 수 없을 정도의 투자 손실을 경험하고 괴로워하던 모습을 옆에서 지켜본 바 있습니다. 저는 신입사원이었기 때문에 사실상 고객에게 적절한 조언을 하지 못한 저 자신을 자책하기도 했습니다. 이러한 상황을 목격하면서 저도 모르게 성공적인 투자는 리스크 관리에서 출발한다는 점을 깨달았던 것 같습니다.

이처럼 리스크에 대한 인식은 일반적으로 다음과 같은 3가지 배경에 기인합니다.

❶ 유전적 구성 요소와 체질
❷ 우리가 살고 있는 문화적 배경과 환경
❸ 개인적인 경험

이러한 배경과 관련해서 아미르 바르네아Amir Barnea와 그의 동료들은 논문 <천성

또는 육성 : 투자자 행동을 결정하는 요인은 무엇인가?Nature or nurture: What determines investor behavior?>에서 스웨덴 투자자들을 대상으로 주식 변동에 영향을 미친 요인을 분석한 바 있습니다.

첫 번째로 주목되는 것은 유전자가 미치는 영향력이 매우 크다는 점입니다. 30세 이하의 젊은 투자자들의 경우 유전적 영향력이 40% 정도였고, 80세 이상의 고령자들에게도 여전히 20% 정도 설명력이 있습니다. 연구Camelia Kuhnen, Joan Chiao , Anna Dreber 등에 따르면 도파민 수용체 D4 유전자DRD4를 추적함으로써 유전자의 영향력을 분석할 수 있다고 합니다. 자신의 유전적 리스크 성향을 파악하기 위해 유전자 검사를 실시할 수도 있지만, 그보다 더 간단한 방법이 있습니다.

의사가 가족력을 조사해서 특정 유형의 암에 걸릴 위험이 있는지를 검사하는 것처럼, 가족력을 조사해서 어떤 유형의 위험 성향을 갖고 있는지를 확인하는 것입니다. 일례로 사업가들의 자녀들은 위험을 감내하고 사업가가 될 가능성이 더 높습니다. 마찬가지로, 당신의 가족에 상당한 재정적 위험이 있는 직업을 가진 사람들이 다수 존재한다면, 이는 당신이 DRD4 상의 위험 감내도를 갖고 있음을 의미합니다. 반면에 당신의 가족이 모두 상대적으로 안정적인 직업을 가졌다면, 즉 공무원이나 교사 등과 같은 직업을 갖고 있다면, 당신은 유전적으로 리스크 회피 성향이 큰 사람일 것입니다. 이는 저에게도 해당되는 것 같습니다. 저의 아버지는 교수, 어머니는 교사였습니다. 정말 신기합니다.

두 번째 요인으로는 우리가 성장했던 환경을 열거할 수 있습니다. 젊은 투자자들은 자신들이 자랐던 문화적 배경에 어느 정도 영향을 받고 있는 것으로 보입니다. 예를 들어, 독일인들이 인플레이션 위험을 더 두려워하고 평균적으로 미국인들보다 집을 소유하는 경향이 덜하다는 연구결과에서 이를 알 수 있습니다. 보다 광범위하게는 개인주의적인 사회에 살고 있는 투자자들의 경우, (한 개인이 경제적으로 어려워지면 가족이나 먼 친척들이 도움을 제공하는 중국처럼) 보다 집단적인 사회에 살고 있는 투자자들보다 위험을 더 회피하는 경향이 있습니다. 그러나 개인이 투자자로서 더 많은 경험을 하기 때문에 이러한 문화적 영향력은 일반적으로 크지 않으며 거의 제로에 가까운 것으로 보입니다.

이러한 규칙에서 한 가지 예외는, 우리가 끊임없이 이웃과 친구들을 따라가려고 노력한다는 뜻의 '이웃집 효과'입니다. 해리슨 홍Harrison Hong과 그의 동료들은 이것이 개개인의 선호도뿐만 아니라 리스크 성향에도 영향을 미친다는 사실을 증명했습니다. 주식에 투자하는 사람이 드문 공동체에 살면 주식시장에 투자할 확률이 낮아집니다. 사교성이 좋고 외향적인 경우 주식에 투자하기 쉬운 반면, 사교성이 떨어지는 사람들은 주식에 투자하는 경향이 낮습니다.

그러나 리스크 성향의 가장 중요한 원천은 역시 개인적인 경험입니다. 16세에서 25세 사이 인격 형성기의 경험은 우리의 투자 결정에 지속적인 영향을 미치는 경향이 있습니다. 바르네아의 연구는 불황과 인플레이션에 대한 우리의 태도가 상당 부분 인격 형성기의 영향을 받으며 이러한 기억들이 우리의 평생 투자 결정에 영향을 미친다는 것을 보여주었습니다. 이는 서두에서 언급된 저의 경험과 유사하다고 하겠습니다.

내용이 좀 복잡하다고 생각되면 다음과 같은 질문에 대답해보기 바랍니다. 미국의 유명 금융 전문 사이트인 파이낸셜 사무라이 닷컴Financialsamurai.com에서 제시하는 성향 조사입니다.

- 극심한 수준의 불쾌함을 느끼기 전에 기꺼이 감내할 수 있는 손실 규모는 6개월치 월급을 넘어서는 안 된다.
- 대규모 손실을 회복하는 데 소요되는 기간은 3개월이어야 한다.
- 가족과 헤어져서 혼자 지낼 수 있는 시간이 5년 동안 3일이 넘어서는 안 된다.
- 나는 해고된 경험이 있어서 다음번 경기 침체 구간에서 해고될 가능성이 평균보다 높다고 생각한다. 물론 경기 침체 정도에 따라 다를 것이다.
- 2000년과 2008년 금융시장이 붕괴되었을 당시 세금을 공제하고 남은 돈을 투자해본 적이 없다.

- 실직한 이후 투자한 금액에서 40% 손실이 발생할 경우, 최소 1년간 견딜 수 있는 유동성이나 다른 대체소득을 보유하고 있다.
- 나는 시장 변동성에 따라 기분이 달라진다. 특히 하락할 때 더 심한 감정 기복을 경험한다.
- 나는 강세장에서 머리가 어지러움을 느낀다.

여러분의 생각이나 리스크 감내 수준이 어떤지에 상관없이, 이상의 질문들에 'Yes'라고 답한 비율이 50% 이하라면 스스로 생각하는 것보다 리스크 감내 수준은 더욱 클 것입니다. 즉, 공격적인 성향을 갖고 있는 것입니다. 그렇지만 과도한 자기 확신은 투자 시 매우 위험한 요소라는 점을 꼭 기억하기 바랍니다.

투자의 운명을 결정하는 마켓 타이밍 전략

매력적인 마켓 타이밍을 찾는 방법과 염두에 둘 것들

마켓 타이밍이라는 단어는 항상 그럴듯해 보이기 때문에 이와 관련된 끊임없이 많은 시도가 있어 왔습니다. 금융시장은 진행형이므로 언젠가는 획기적인 마켓 타이밍 전략이 발표될지도 모르고, 실제 누군가는 세상에 공개되지 않은 비법을 이용해서 투자에 적용하고 있을 수도 있습니다. 성공확률이 높으면 굳이 공개하지 않고 자신의 부를 쌓으면 되기 때문입니다. 영원히 지속되는 마켓 타이밍 전략은 존재하지 않지만, 종종 효과적인 경우도 있으니 그 수혜를 받으면 될 일입니다.

마켓 타이밍에 자신의 투자 운명을 맡기고 싶다면, 아래와 같이 마켓 타이밍이 어떻게 작동하고 어떤 결과를 얻게 되는지를 살펴볼 필요가 있습니다.

마켓 타이밍은 투자자들이 예상된 가격 움직임에 기반하여 주식을 사고파는 투자 전략을 의미합니다. 만약 투자자들이 정확히 주가 움직임을 예측하면, 이에 상응하는 투자를 함으로써 이익을 얻게 됩니다. 마켓 타이밍의 목적은 최고의 시점에서 시장에 참여하고, 최악의 구간에서는 시장을 회피해서 수익률을 극대화하는 데 있습니다.

금융 전문가들로 구성된 달바Dalbar 사의 보고서에 따르면, 2015년 12월 말 기준으로 S&P 500 지수는 연평균 9.85%의 수익률을 기록한 반면, 투자자들은 평균 5.19% 수익률을 얻었다고 합니다. 이처럼 투자자들이 시장 대비 언더퍼폼하게 되는 주 원인은 감정적인 투자 행동에 기인한 것이라고 분석했습니다. 즉, 투자자들은 고점에 매수하고 나쁜 뉴스에 과도하게 반응한다는 것입니다. 혹시 여러분도 이러한 부류에 해당된다고 생각하나요? 저도 이러한 경험을 한 적이 많았습니다. 원론적으로 '고가에 매수하고 저가에 매도'하는 것은 나쁜 투자 전략으로 알려져 있습니다. 이런 투자를 하고 싶어 하는 투자자는 없지만, 분위기나 감정에 휩쓸린 나머지 결과적으론 이런 투자를 하고 마는 사람이 많습니다. 이처럼 다른 사람들이 나쁜 의사결정을 내리게 되는 이유를 알면, 시장이 뉴스에 과도하게 반응할 때 소소한 이익을 얻을 수 있을지도 모릅니다.

주가 하락을 예측하는 것은 라스베이거스에서 블랙잭으로 돈을 버는 것보다 더 어려운 일입니다. 그렇다고 해서 시장이 하락할 때 이익을 얻을 기회가 전무한 것은 아닙니다.

2016년, 영국은 EU에서 탈퇴하기로 결정했습니다. 발표 다음날인 6월 24일 아침, 다우지수는 500포인트나 하락했습니다. 그리고 시장은 7월 말에 회복되었습니다. 돌이켜보면 급락 국면을 이용해 주식을 매수 후 다시 매도해서 이익을 취할 수 있는 기회였음에 틀림없습니다.

한국의 경우 빼놓을 수 없는 뉴스는 북한 관련 이슈일 것입니다. 2010년 11월 23일, 북한이 연평도를 포격한 당일 장중 한때 -1.7%까지 하락했지만 8일 만에 회복했습니다. 김정일이 사망했던 2011년 12월 19일에는 무려 -3.4%까지 하락했지만 불과 3일 만에 이전 수준까지 상승했습니다. 물론 2003년 2월 24일 미사일 발사로 인해 주식시장이 7거래일 동안 무려 -7.2% 하락했고, 이를 회복하는 데 37일이 소요된 적도 있기는 합니다.

해외시장에서 마켓 타이밍을 적용했던 사례 중 가장 최근에 발생했던 코로나바이러스와 같은 전염병 사례를 들어보기로 하겠습니다. 다음 그림은 자산운용사인 IFAIndex Fund Advisor가 분석한 것으로 중요한 위기가 발생한 이후의 주가 흐름IFA SP500 index을 정리한 것입니다.

Crisis Event	1 Year After Crisis		3 Year After Crisis		5 Year After Crisis	
	Annualized Return	Total Return	Annualized Return	Total Return	Annualized Return	Total Return
1987 Market Crash 11/01/1987	15.93% ▲	15.93% ▲	9.75% ▲	32.21% ▲	14.23% ▲	94.48% ▲
9/11 Terrorist Attack 9/11/2001	-20.61% ▼	-20.61% ▼	3.89% ▲	12.12% ▲	6.85% ▲	39.24% ▲
Lehman Bankruptcy 10/01/2008	-6.60% ▼	-6.60% ▼	1.29% ▲	3.93% ▲	10.02% ▲	61.21% ▲
Brexit vote passed 6/22/2016	17.87% ▲	17.87% ▲	14.15% ▲	39.27% ▲	--	--
2018 Market Correction 12/17/2018	16.06% ▲	16.06% ▲	--	--	--	--

위기 국면에서 매도했던 투자자들은 3년 후의 수익률을 보면서 후회했을 것이고, 이를 매수 기회로 생각해서 마켓 타이밍을 시도했던 투자자들은 이익을 얻었을 것입니다. 따라서 이러한 과거 흐름이 미래에도 적용될 것으로 생각한 투자자들은 위기가 닥쳐도 별로 놀라지 않을 것입니다.

IFA에서는 명확한 마켓 타이밍 목적에 따른 기회비용을 분석했습니다. 먼저 대규모 손절매를 회피하기 위한 마켓 타이밍은 매력적일 수 있지만, 미리 최악의 시점과 최고의 시점을 분류하기 어렵다는 점을 지적했습니다.

다음 그림은 20년 동안2019년까지 IFA SP 500 인덱스에서 최악의 40일을 피했을 경우, 단순히 매수 후 보유했을 경우에 비해 거의 991%에 이르는 수익률을 얻을 수 있음을 분

The Allure of Market Timing: Missing the Worst Days
20 Years (1/1/2000 - 12/31/2019)

SP $10,000 Invested in IFA SP 500 Index*	Annualized Return	Value of $10k at the End of the Period	Gain/Loss	Impact of Missing Days
All 5,035 Trading Days	6.02%	$32,192.93	$22,192.93	--
Less the 5 days with the biggest losses	8.30%	$49,300.06	$39,300.06	77.08%
Less the 10 days with the biggest losses	10.01%	$67,338.55	$57,338.55	158.36%
Less the 20 days with the biggest losses	12.81%	$111,428.95	$101,428.95	357.03%
Less the 40 days with the biggest losses	17.51%	$252,117.29	$242,117.29	990.97%

The Problem With Market Timing: Missing The Best Days
20 Years (1/1/2000 - 12/31/2019)

SP $10,000 Invested in IFA SP 500 Index*	Annualized Return	Value of $10k at the End of the Period	Gain/Loss	Impact of Missing Days
All 5,035 Trading Days	6.02%	$32,192.93	$22,192.93	--
Less the 5 days with the biggest gains	3.87%	$21,359.95	$11,359.95	-48.81%
Less the 10 days with the biggest gains	2.42%	$16,122.15	$6,122.15	-72.41%
Less the 20 days with the biggest gains	0.07%	$10,145.77	$145.77	-99.34%
Less the 40 days with the biggest gains	-3.79%	$4,615.42	-$5,384.58	-124.26%

석한 것입니다. 그런데 문제가 있습니다. 수익률이 매우 매력적이지만, 투자자들은 20년 연속으로 1년에 최악의 2일을 피해야 한다는 전제가 그것입니다.

이와는 반대로 투자자들이 최고의 시점을 놓치기 싫어할 경우 더욱 큰 문제에 직면하게 됩니다. 위의 그림에서 보듯이 최고의 시점을 놓치면 3자리 수의 손실을 겪게 됩니다. 다시 말해서 20년 연속으로 매년 2차례의 최고의 시점을 놓칠 경우 플러스 수익률에서 엄청난 손실을 보게 됩니다. 이처럼 성공적인 마켓 타이밍은 엄청난 긍정적인 결과로 이어지지만, 이에 상응하는 리스크가 있다는 점을 명심해야 합니다.

골든크로스 현상과 데드크로스 현상은 신뢰할 만한 지표일까?

일반적으로 마켓 타이밍을 시도할 경우 참고하는 지표로 이동평균선을 사용합니다. 이론적으로 이동평균선이 상승할 경우에는 시장 또한 상승 추세로, 하락할 경우에는 시장 또한 하락 추세로 이해합니다. 또 한 가지 이용방법으로는 이동평균선이 교차하는 경우가 있습니다. 즉, 단기 이동평균선50dma이 장기 이동평균선200dma을 상향 돌파하는 경우를 골든크로스golden-cross, 하향 돌파하는 경우를 데드크로스death-cross라고 합니다. 단어에서도 알 수 있듯이, 이론적으로 골든크로스가 출현하는 경우 주식시장은 상승추세로 진입하므로 이를 주식 매수 신호로 인식합니다. 반대로 데드크로스가 발생하는 경우 주식시장이 하락추세로 진입하기 때문에 매도 신호로 인식해왔습니다.

그런데 이러한 법칙이 절대적인 것은 아닙니다. 좀 더 자세히 살펴보겠습니다.

데드크로스 발생 이후의 주식시장 흐름

1951년 이후 2020년 3월까지 S&P 500 지수에서 데드크로스 현상이 발생한 경우는 총 31차례였습니다. 약 70년 동안 평균 2.26년마다 한 번씩 발생한 셈입니다. 이 같은 현상이 발생한 날의 S&P 500 지수는 대부분 마이너스를 보였습니다. 또한 발생 시점마다 차이는 있지만 일정 기간 S&P 500 지수는 약세를 이어갔습니다. 2007년 12월 21일에 데드크로스가 발생한 이후 1년 사이 최대 -41.28%까지 하락하기도 했습니다. 따라서 이론적으로는 데드크로스가 발생한 이후에는 주식을 매도하는 것이 정석입니다.

그런데 주식을 매도하고 나면 언제 시장에 진입해야 할지 고민하게 됩니다. 이는 마켓 타이밍의 고질적인 문제입니다. 데드크로스가 발생한 이후 1년 사이 S&P 500 지수의 평균 등락률은 +4.62%를 기록했기 때문입니다.

더욱 중요한 점은 데드 크로스가 발생한 후 주가 지수가 저점을 형성하는 경우가 많았다는 사실입니다. 데드크로스가 발생한 후 지수 저점까지 소요되는 시간이 가장 빨랐던 사례는 2018년 12월 20일의 경우로, 불과 이틀밖에 소요되지 않았습니다. 또한 2016년 1월 13일의 경우, 4주 만에 지수가 저점을 형성했으며 동 구간의 지수 하락률은 -3%에 불과했습니다.

물론 다우지수를 기준으로 2008년 1월 3일에 데드크로스가 발생했는데, 14개월이 지나서야 비로소 저점을 형성한 경우도 있습니다. 따라서 모든 이론이 그렇듯이 일관된 법칙이 존재하지 않는다는 점을 기억해야 합니다. 이 책을 읽고 계시는 독자분들 대부분이 장기 투자자라는 점을 고려할 때 데드크로스 현상을 이용해서 마켓 타이밍을 시도하는 것에는 득보다는 실이 많다고 생각합니다.

골든크로스 발생 이후의 주가 흐름

다우 지수가 출범한 1896년 이후로 총 81차례의 골든크로스 현상이 발생했습니다. 골든크로스가 출현한 지 3개월 이후 다우 지수는 평균 2.12% 상승했고, 6개월 이후 상승률은 3.43%를 기록했습니다. 그런데 6개월까지 다우 지수가 플러스를 기록했던 구간은 64.2%였고, 평균 상승률은 10.65%였습니다. 이를 역으로 생각해보면 골든크로스가 출현한 이후 다우 지수가 하락했던 구간은 35.8%였고, 같은 구간의 수익률은 -9.51%였습니다. 50%를 상회하는 상승 확률을 보였다는 점에서 이론대로 꽤 의미 있는 신호라고 생각할 수 있습니다. 그러나 그동안 확실한 매수 신호라고 인식했던 논리로는 부족해 보입니다.

또 한 가지 알아둘 것은, 골든크로스가 거짓신호whipsaw로 판명되는 경우도 있다는 점입니다. 예를 들어 1999년 12월~2002년 3월까지의 구간에서 5차례의 골든크로스가 발생했지만 어떤 구간에서도 플러스 수익률이 나타나지 않았습니다.

이와 관련해서 오펜하이머Oppenheimer 사에서 기술적 분석을 책임지고 있는 애리 왈드Ari Wald는 "모든 큰 폭의 상승은 골든크로스로부터 출발하지만, 모든 골든크로스가 큰 폭의 상승으로 이어지는 것은 아니다"라고 말했습니다.

따라서 데드크로스와 마찬가지로 골든크로스 역시 이론이 100% 적중되는 것은 아니기 때문에, 이러한 현상만을 기준으로 마켓 타이밍을 시도하는 것은 자칫 실수로 이어질 수 있음을 명심해야 할 것입니다.

구글 트렌드 분석을 통한 마켓 타이밍 전략

여러분들은 구글 검색에 매우 익숙할 것입니다. 많은 언론보도를 통해 알고 있을지 모르지만 구글 트렌드Google Trend 분석을 통해 마켓 타이밍을 시도해볼 수 있습니다. 이러한 방법이 가능한 이유는 다음과 같습니다. 구글에서는 매일 56억 건의 검색을 처리하며, 초당 6만 3천 건의 검색이 이뤄지기 때문입니다. 또한 전 세계 인터넷 사용자들은 일 평균 3~4회 구글 검색을 이용합니다. 이 같은 특성을 이용하여, 최근까지도 고빈도 트레이딩 HFT시스템과 전문적인 헤지펀드들은 구글 검색을 통한 데이터 분석으로 많은 이익을 얻는 것으로 추정됩니다.

이와 관련해 아이마켓시그널iMarketSignal 사에서는 debt라는 검색 수를 마켓 타이밍에 이용하는 사례를 제시했습니다. 논리는 매우 단순합니다. debt는 주식시장과는 상반되는 개념이기 때문에, 이에 대한 검색 수가 감소하면 SPY ETF SPDR 500 Trust ETF : S&P 500 지수를 추종하는 ETF를 매수하고, 검색 수가 증가하면 현금화하거나 IEF ETFiShares 7-10 Year Treasury Bond ETF, 아이쉐어즈 7-10년 국채 ETF를 매수하는 것입니다.

좀 더 구체적인 방법을 살펴볼까요.

우선 지난 3개월 간의 검색 수 평균을 계산합니다.

MA3=(n(t-1) + n(t-2)) + n(t-3))/3

n(t-1)은 지난 달 검색 수이고, n(t-2)는 이전 2번째 달의 수치이며, n(t-3)은 3개월 전 데이터를 의미합니다.

그리고 다시 18개월 이동평균을 계산합니다.

MA18 = (n(t-1) + n(t-2) + ……… + n(t-18))/18

MA3 < MA18와 같이 최근 검색 수가 하락하면, 다음 달(t) 첫째 주의 첫 번째 거래일 종가로 SPY를 매수합니다. 그리고 다음 달(t+1) 첫째 주, 첫 번째 날 종가를 기준으로 SPY를 매도합니다.

만약 MA3 > MA18와 같이 검색 수가 증가하면, 첫 번째 달의 첫째 주, 첫째 날 종가로 IEF를 매수합니다. 그리고 다음 달(t+1)의 첫째 주, 첫 번째 날에 종가로 펀드를 매도합니다.

만약 MA3 < MA18 또는 MA3 > MA18 조건이 몇 개월 연속 벗어난다면, 앞서 언급한 방식대로 몇 개월간 ETFSPY 또는 IEF를 보유합니다. 2005년 5월부터 2020년 3월까지 시행한 결과 634%라는 놀라운 결과를 얻었습니다. 연평균으로 치면 14.74%입니다. 같은 구간에서 매수 후 보유 전략에 따른 연평균 수익률이 7.74%라는 점에 미루어보면 획기적인 결과라 하겠습니다. 최대손실률MDD 또한 -9.7%로 매수 후 보유 전략의 -54.77%에 비해 현저히 개선된 결과로 나타났습니다. (참고로 이 같은 모델은 SPY 또는 IEF를 거래하라는 뜻이 아니라, 주식시장 움직임에 따라 조기 경고 신호를 발산하는 데 의미가 있다고 합니다.)

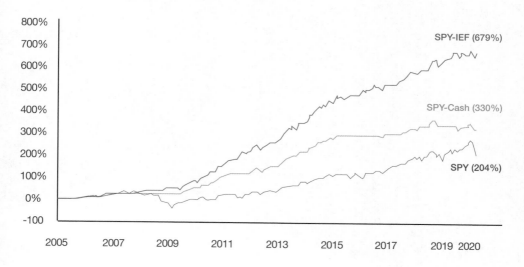

● ──── Debt 검색 수를 사용한 매수 전략의 수익률

PART 5

세 번째 인사이트 :
팩터는
가장 확실한 전략이다 .

200년간의 데이터가
말해주는 것

팩터 투자란 무엇이며 왜 아직도 유효한가

오늘날 자산배분 및 ETF 투자를 논할 때 팩터 투자를 배제하고는 설명할 수 없을 정도로 많은 인기를 얻고 있습니다. 항상 반복해서 강조하는 바이지만, 인기가 많은 상품 및 투자 전략은 시장참여자들이 다수 참여하고 있기 때문에 알파를 창출할 여지가 줄어듭니다. 마찬가지로 팩터 투자 성과에 대한 의구심도 늘어나고 있는 것이 사실입니다. 이와 관련해서 미국의 로베코Robeco Quantitative Investments 사에서는 <글로벌 팩터 프리미엄Global factor premium>이라는 제목의 논문2019년 1월 31일에서 200년간의 데이터를 기준으로 팩터 투자의 우수성을 다시 한번 강조했습니다.

팩터 투자는 시장을 이길 가능성이 있는 특정 특성들을 식별함으로써 종합지수 대비 더 많은 수익률을 추구하는 것입니다. 시장조사기관 팩셋FacSet에 따르면, 현재 팩터 투자 전략을 이용한 스마트 베타 ETF들의 자산규모는 9,000억 달러를 넘어섰습니다.

특정한 투자 스타일 또는 팩터 투자는 항상 인기를 끌어왔지만, ETF 발행사들이 지속적으로 이를 검증하면서 주류 전략으로 자리 잡은 후 더욱 번성하게 되었습니다. 그러나 현재 발표된 학술연구는 분석 기간이 주로 1981~2011년 사이 데이터를 기준으로 한다는 점에서 한계가 있기도 합니다. 30년간 견조堅調, 주가가 높은 시세에서 하락하지 않고 머물러 있는 것한 모습을 보였다고 해서, 이것이 100% 신뢰할 만한 테스트 결과라고 장담할 수는 없습니다. 이와 같은 결과가 운에 의한 것인지 아니면 데이터 마이닝에 의한 것인지, 그리고 앞으로도 지속될 것인지에 대한 의구심이 있는 것이 사실입니다.

이에 대한 해답을 찾기 위해, 로베코 사는 과거 글로벌 데이터를 관리 운용하는 회사인 글로벌 파이낸셜 데이터Global Financial Data와 함께 글로벌 주식, 채권, 통화, 상품 등에 대한 217년간의 데이터 분석을 통해 글로벌 팩터 프리미엄을 검증했습니다.

로베코는 다음과 같은 6가지 투자 팩터를 검증했습니다.

❶ **모멘텀(Momentum)** : 아웃퍼폼하는 주식은 계속해서 후발주들을 압도하는 경향이 있다.

❷ **밸류(Value)** : 고배당 및 인컴 수익률

❸ **캐리(Carry)** : 높은 수준의 현재 수익률

❹ **역베타(Betting against beta)** : 저베타(low beta)가 고베타(high beta)를 아웃퍼폼한다.

❺ **트렌드(Trend)** : 12개월 초과수익률은 미래의 예측 신호이다.

❻ **계절성 효과(Seasonality)**

로베코의 연구에서는 6가지 팩터들 간의 상관관계가 낮다는 점을 발견했는데, 이는 이들 팩터들이 각각 독자적인 리스크 및 수익률 원천을 갖고 있음을 의미합니다. 24가지 팩터 투자4개의 자산군과 6개 팩터 간의 조합 가운데, 19개만이 현저히 유의미한 통계치를 보였습니다.

트렌드, 캐리, 계절성 효과 팩터들은 모든 자산군에서 압도적인 리스크 및 수익률 특성을 보여주었습니다. 모멘텀과 밸류 팩터는 3개 자산군에서, 역베타BAB 팩터는 주식에서만 유의미한 결과를 나타냈습니다. 이러한 수치들은 팩터 투자가 지속성이 있음을 확인시켜줍니다. 투자 팩터들이 장기적으로 종합지수를 상회하지 못한다는 '효율적 시장가설'을 비웃는 결과라 하겠습니다. 예를 들어, 효율적 시장가설에 따르면 트렌드 자산이나 매력적인 캐리 팩터들이 항상 좋은 수익률을 제공하지는 않습니다. 그리고 이러한 특성이 널리

●───── 1800~2016년 사이 팩터에 따른 펀드의 초과수익률(샤프 비율)

자산군	팩터					
	모멘텀	밸류	캐리	역베타	트렌드	계절성 효과
주식	0.43	0.30	0.75	0.37	0.78	0.61
채권	0.33	0.32	0.50	0.03	0.54	0.69
상품	0.05	0.49	0.49	(0.05)	0.35	0.85
FX	0.33	0.09	0.56	0	0.64	0.29

알려지게 되면 주가에 재빨리 반영되어 프리미엄을 상쇄시킨다는 것입니다. 그럼에도 불구하고, 200년간의 데이터는 이러한 팩터들이 여전히 생존하고 있음을 보여줍니다.

팩터 투자가 장기적으로 생존할 수 있었던 비결

이에 관해서는 2가지 설명이 가능합니다. 팩터가 유리한 점은 리스크에 대한 보상을 해주고 투자자들의 행동 편향성에 기인한다는 점입니다. 로베코는 모든 경기 및 시장 사이클을 분석했고 이러한 팩터들이 리스크에 대해 매우 독립적이라는 점을 발견했습니다. 팩터 투자의 장점은 시장 변화에 따라 확장되거나 축소되지 않았다는 점에 있습니다. 그렇다면 왜 투자자들은 이러한 공짜 점심저절로 생기는 보상을 보유하지 않고 결국에는 팩터 우월성을 멀리하게 되는 것일까요? 그 이유는 행동편향성에서 찾아야 할 것입니다. 이 가운데서도 군집herding■ 행동과 관련되어 있습니다.

■ 군집 행동은 말 그대로 다른 사람들(군중)을 따라서 행동하는 것을 말한다. 무리에서 이탈하지 않기 위해 타인을 추종하는 것으로 양떼 효과, 편승 효과라고도 한다.

대부분의 펀드 운용역들은 이미 널리 알려진 벤치마크대체로 주가지수에 의해 평가받으며, 벤치마크 대비 성과에 따라 인센티브가 달라집니다. 그래서 벤치마크를 벗어난 주식에는 별 관심을 갖지 않습니다.

따라서 S&P 500 지수, 다우 지수, 나스닥 지수와 같은 벤치마크 내에 편입 비중이 높은 종목에 더 많은 관심을 가질 수밖에 없습니다. 왜냐하면 벤치마크와 일치하지 않는 포트폴리오를 구성할 경우 펀드운용역의 성과가 왜곡될 수 있기 때문입니다. 이러한 환경은 대형주들에 대한 리스크 프리미엄을 제거하는 경향이 있는 반면, 벤치마크에 포함되지 않은 종목 가운데 견조한 수익률을 보이는 것들은 간과하곤 합니다.

또 다른 편향성으로는 휴리스틱직관적 또는 어림짐작으로 투자하는 것 또는 우량기업은 매수해도 괜찮다는 주먹구구식의 원칙에 있습니다. 우량기업들은 고평가되는 경향이 있어서 낮은 성과를 유발할 수 있습니다. 한편, 가치투자자들이 알고 있듯이 많은 흥미로운 투자 기회들은 바닥권에 있거나 턴어라운드에 있는 기업들에서 찾아볼 수 있습니다.

행태 재무학이 우리에게 알려주는 것 : 무리와 떨어져라

팩터 투자 또는 스마트 베타가 지속될 것인지에 관해서는 극단적인 시각들이 존재합니다. 퀀트 금융 분야의 전문가인 롭 아놋Rob Arnott은 <스마트 베타는 어떻게 끔찍할 정도로 잘못될 수 있는가How Can Smart Beta Go Horribly Wrong>라는 보고서에서 다수의 팩터들이 제대로 작동하지 않고 있다고 주장했습니다. 또한 그는 스마트 베타의 놀라운 성과는 가격이 정상화되면 끝날 군집 효과에 의한 것이라고 주장합니다. 이에 반해 클리프 애스니스Cliff Asness는 <스마트 베타, 새롭지 않고, 베타도 아니지만, 여전히 놀라운 것Smart Beta, Not New, Not Beta, Still Awesome>이라는 논문에서 이에 대한 주장을 반박했습니다. 투자이론의 교과서인 효율적 시장가설은 리스크 조정 시 팩터 투자로는 시장을 이길 수 없다고 하지만, 200년간의 실증적 데이터를 보건대 특정 투자 스타일의 경우 리스크 증가 없이도 시장을 상회하였다는 것입니다.

행동금융의 아버지로 불리는 대니얼 카너먼Daniel Kahneman은 투자의사결정을 광범위하게 연구했습니다. 그는 저서 ≪생각에 관한 생각Think Fast and Slow≫에서 우리는 나쁜 뉴스에 우선적으로 반응한다고 주장한 바 있습니다. 우리의 조상들에게 재빠른 반응은 포식자를 피하는 데 필수적이었습니다. 시장이 때로는 배고픈 사자처럼 느껴질 수도 있지만, 팩터 투자는 그렇지 않습니다. 무리들과 함께 가기보다는 각기 다른 선택을 평가하기 위해 속도를 늦추는 것이 더 의미가 있습니다.

역사에서 얻을 수 있는 팩터 투자의 교훈

투자 세계에 뛰어든 이상, 남들보다 조금이라도 더 많은 수익률을 올리는 것이 가장 중요합니다. 이러한 목적을 달성하기 위해 다양한 이론들이 연구되어왔고 실제 적용한 사례도 증가하고 있습니다. 조금이라도 더 많은 수익률을 '엣지edge'라 부릅니다. 팩터 투자도 이러한 전제에서 벗어날 수 없습니다.

그런데 최근에 팩터 투자의 중요성이 더 강조되는 몇 가지 이유가 있습니다. 먼저, 학술적 목적으로 연구된 자산 가격 결정에 관한 이론들 덕분입니다. 이들 연구는 분산 포트폴리오에서 팩터 기반 투자가 심대한 잠재력을 지니고 있음을 보여주었습니다. 두 번째, 팩터 분석은 종종 이전에는 이해되지 않았던 포트폴리오의 움직임을 설명해줍니다. 팩터는 리스크와 수익률을 설명하는 데 도움이 되어 더 많은 통제력과 맞춤형 투자를 가능하게 합니다. 이러한 장점들은 수십 년간의 실증분석을 통해 증명됐고, 이는 자산운용 방법에 지속적인 발전 요인으로 작용할 것입니다.

역사를 통해 미래를 조망할 수 있듯이 팩터 투자의 기원을 이해하면 이를 적용하는 데 훨씬 더 도움이 될 것입니다. 현존하는 투자 팩터들은 수세기를 거슬러 올라가는 역사적 뿌리를 갖고 있습니다.

퀀트 전문운용사인 OSAM은 팩터 투자의 기원을 17세기 네덜란드에서 찾고 있습니다. 이야기는 망원경의 발견부터 시작됩니다. 1608년에 망원경이 출시되었을 때 네덜란드 상인들은 항구로 진입하는 상선의 특성을 통해 다른 상인들보다 가격 우위를 점할 수 있었습니다. 앞서 언급한 엣지더 많은 수익률를 파악한 것입니다. 이들은 망원경을 통해 상선이 수면에서 어느 정도 드러나 있는지를 파악하고 이를 기준으로 선적되어 있는 상품 무게를 짐작했습니다. 그렇게 공급물량을 추정해서 미리 가격 책정에 이용한 것입니다.

매우 초보적인 행위로 보이지만, 이는 분초를 다투는 고빈도거래HFT 전략과 유사한 것입니다.

이와는 달리 단일 팩터에 지나치게 의존하면 매우 위험하다는 교훈을 준 사례도 있습니다. 18세기 일본의 도지마 미곡거래소에서 있었던 이야기입니다. 요미지 스미야Yomiji Sumiya라는 투자자선도거래자는 네덜란드 상인과 마찬가지로 쌀 가격 정보를 얻기 위해 망원경을 사용했습니다.

오사카에 있는 미곡거래소가 개장한지 1분 후, 빨간색 모자를 쓰고 빨간색 장갑을 낀 메신저가 재빨리 달려가 쿠라가리 길에 도착합니다. 그가 왼손을 1도 정도 들면, 이는 쌀 가격이 은괴 한 개 가치만큼 하락했다는 뜻입니다. 그리고 오른손을 1도 정도 올리면 은괴 한 개 가치만큼 상승함을 의미했습니다. 그의 역할은 요미지에게 쌀 가격의 상승 및 하락에 관한 정보를 알려주는 것이었습니다. 요미지는 10마일까지 볼 수 있는 망원경을 사용해서 도매점 2층에서 그 사람의 신호를 살폈습니다. 그리고 이를 가격 변화에 반영해서 매수·매도를 결정했죠. 이런 식으로 다른 누구보다 먼저 쌀 가격을 알았기 때문에 항상 돈을 벌 수 있었습니다.

그런데 어느 날 아침 메신저가 쌀 가격을 알려주기 위해 거래소로 달려가는 중간에 오랜 친구와 마주치게 되었습니다. 이들은 회포를 풀며 각각 7~8잔의 사케를 마셨습니다. 결국 메신저는 요미지에게 쌀 가격을 알려주기로 한 시간보다 4시간이나 늦었습니다. 술집에서 나와 미친 듯이 달려서 도착했을 때, 그는 술기운 때문에 오른손을 올려야 할지 왼손을 올려야 할지 기억하지 못했습니다. 결국 그는 왼손을 6도 정도 올렸고, 요미지는 평소와 같이 쌀 가격이 은괴 6개 가치만큼 상승할 것으로 생각해서 쌀을 구입했지만, 결국 쌀값은 은괴 8개 가치만큼 하락했습니다.

이는 한 가지 팩터가 잘못되거나 반대의 신호를 보낼 경우 이에 대비한 전략이 필요하다는 깨달음을 줍니다. 오늘날 멀티팩터 투자의 효시라 할 수 있습니다.

수세기에 걸쳐, 투자자들은 데이터와 기술에 의존한 투자를 위해 체계적인 방법을 개발하고 개선시켜왔습니다. 이러한 역사적 뿌리를 갖고 있는 팩터 기반 투자의 세계는 데이터와 기술이 더 많이 개선되고 풍부해질수록 번성했습니다. 오늘날 퀀트 투자자들은 망원경 대신에 컴퓨터로 모델을 만들어 사용하고, 네덜란드 항구에 입항하는 상선 대신에 금융 관련 통계치를 활용합니다. 이러한 차이점에도 불구하고, 투자 원칙은 변하지 않았습니다. 그리고 다음과 같은 3가지 교훈을 남겨주었습니다:

❶ 단일 팩터 또는 투자 신호에 의존하는 것은 매우 위험하다. 단일 투자 팩터 또는 신호가 일시적으로 언더퍼폼할 시점도 있을 것이다. 지난 12년간의 가치주 성과가 전형적인 사례라 할 수 있다.

❷ 하나의 모델은 기초 데이터와 다를 바 없다. 네덜란드와 일본의 사례 모두에서 모델은 일정하게 유지되었다. 즉, 망원경을 사용한 것이다. 그러나 망원경이 수집한 정보의 신뢰성과 질에 따라 성공 수준이 다르다는 것이 증명되었다.

❸ 정보를 바탕으로 투자의사결정을 하라. 기술을 사용해서 데이터를 수집하고 분석해라. 통계가 변성하고 있는 시대에, 분석적 우위는 더 좋은 장기 투자 결과를 만들어 내기 위한 중요한 변수이다.

지난 10년간 팩터 투자의 성과는 어땠을까?

가장 유명한 5-팩터 모델을 통해 생각해볼 것

지난 200년간의 팩터 투자 성과를 기준으로, 팩터 투자는 여전히 유효한 투자 전략이라 할 수 있습니다. 그러나 최근 수년간 일부 팩터들의 성과가 기대에 못 미치는 모습을 보이면서 의구심 또한 생겨난 것이 사실입니다. 특히나 유명한 파마&프렌치 5-팩터 모델 Fama&French 5-Factor model(2015)에 근거한 팩터들이 가장 최근 10년간 제로 이하의 성과를 보였다는 주장이 이러한 의구심에 불을 붙였습니다. 실제로 지난 10년간 파마-프렌치 팩터는 어떤 성과를 보였을까요?

파마-프렌치 팩터의 성과 분석

현대 금융 역사에서 자산 가격 결정에 관한 논문들은 유진 파마Eugene Fama와 케네스 프렌치Kenneth French 교수의 연구결과에 많은 영향을 받았습니다. 그들이 1993년에 발표한 3-팩터 모델은 전통적인 CAPM 이론에 사이즈SMH와 밸류HML 팩터들로 범위를 확장한 것입니다. 그들은 2015년에 이미 알려진 3-팩터 모델에 수익성RMW과 투자CMA 팩터를

● ——— 파마-프렌치 팩터의 성과

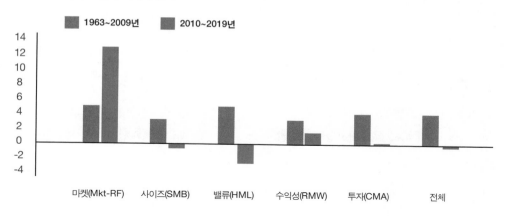

결합하여 5-팩터 모델로 확대했는데, 이후로 새로운 학술연구의 표준이 되었습니다.

그래프는 2010년을 전후로 한 파마-프렌치 팩터들의 성과를 비교한 것입니다. 2010~2019년의 성과는 장기 평균을 훨씬 하회했고 같은 기간 동안 사이즈와 밸류 팩터들의 수익률은 10년간 마이너스였습니다. 특히 밸류 팩터의 성과는 더욱 악화되었습니다.

부진한 모습을 보인 팩터는 사이즈와 밸류만이 아니었습니다. 지난 10년간 투자 팩터에 대한 프리미엄은 의미 있는 수준을 보여주지 못했습니다. 수익률이 거의 제로에 근접한 것입니다. 유일하게 수익성profitability 팩터만이 플러스 수익률을 보였지만, 프리미엄 크기는 2010년 이전 수준의 절반에 불과했습니다. 이와 같이 새롭게 첨가한 2가지 팩터들의 부진한 성과는 충격적으로 받아들여지고 있습니다. 이들 팩터들은 2013년 말까지의 데이터를 사용하여 2015년에 소개되었기 때문이죠. 분석 출발 시점이 비교적 최근임에도 불구하고 강력한 성과를 보이지 못한 것입니다. 파마-프렌치2015 분석 기간보다 앞선 1963년 이전까지의 수익성과 투자 팩터들을 분석해봐도 성과는 부진합니다.

종합해보면, 4가지 파마-프렌치 팩터들은 지난 10년간 -0.28%의 프리미엄을 창출했습니다. 플러스 수익률을 창출하는 데 실패한 것입니다.

파마-프렌치-카하트 팩터의 해외 성과

본 분석에 사용된 데이터는 케네스 프렌치 데이터 라이브러리Kenneth French data library를 참고한 것입니다. 또한 5-팩터 모델과 모멘텀 팩터에 대한 해외 버전 데이터도 참고했습니다. 문제는 1990년 이후의 짧은 역사를 갖고 있다는 것입니다. 그래서 2010~2019년과 1990~2009년 미국을 제외한 글로벌 팩터Global-ex-US factors의 성과만을 비교해보았습니다. 아래 표는 이들 팩터들의 10년간 성과를 요약한 것입니다. 미국을 제외한 글로벌 팩터 성과는 미국과 매우 유사합니다. 사이즈 팩터의 장기 성과는 부진하지만, 2010~2019년 성과는 약간의 플러스 수익률을 보였습니다. 밸류 팩터는 지난 10년간 마이너스 수익률을 보였는데, 이는 미국과 마찬가지입니다. 투자 팩터는 거의 제로에 근접했습니다. 이 또한 미국과 유사합니다.

	마켓	사이즈	밸류	수익성	투자	전체	모멘텀
1990-1999	4.32	-1.84	0.04	6.42	-1.69	0.73	10.67
2000-2009	1.52	3.57	12.64	2.22	6.93	6.34	4.55
2010-2019	6.60	1.38	-1.01	4.28	0.37	1.26	8.74

미국에서의 수익성 팩터는 2010년 이전과 비교해서 50% 정도 성과가 감소했지만, 2010년 이후에는 유일하게 긍정적인 모습을 보였습니다. 또한 미국을 제외한 글로벌에서 수익성 팩터는 2010년 이후에도 효과적이었던 유일한 파마-프렌치 팩터였습니다. 종합해 보면, 미국을 제외한 글로벌 팩터들의 지난 10년간 성과는 2/3 정도 하락했습니다. 그러나 여전히 플러스 영역에 머물러 있습니다.

미국을 제외한 글로벌과 미국 간의 유사성은 모멘텀 팩터에서 발견됩니다. 미국에서는 모멘텀 팩터가 2010년 이후에 효과적이었고, 미국을 제외한 글로벌에서도 마찬가지였습니다.

파마-프렌치 팩터가 다시 한번 화려한 10년을 맞이할지는 시간이 흘러야 알 수 있을 것입니다. 비록 파마-프렌치 팩터가 아직은 강력한 장기 성과를 유지하고 있지만, 다른 팩터들이 긍정적인 수익률을 보였던 2차례의 잃어버린 10년이라는 경험을 갖고 있습니다. 따라서 주식수익률을 포괄적이고 정확하게 설명하기 위해서는 보다 많은 팩터들이 필요할 것 같습니다.

모멘텀 팩터를 활용한 포트폴리오 전략

모멘텀에 다양한 팩터들을 결합하면 성공 확률이 높아진다

대부분의 투자자에게 가장 익숙한 팩터는 아마도 모멘텀 팩터일 것입니다. 개념뿐만 아니라 실전 투자에 적용하기가 비교적 쉽다고 생각하기 때문입니다.

모멘텀 팩터의 기원을 잠시 살펴보겠습니다. 2011년 스탠퍼드 대학 후버 연구소의 존 코크런John H.Cocharane은 투자 산업에 영향을 미치는 팩터들이 계속 늘어나고 있다고 지적하면서 이러한 팩터들을 '팩터 동물원Factor Zoo'이라고 칭했습니다. 어휘 그대로를 받아들여서 동물을 팩터에 비유하려고 하면 정말 어렵습니다. 가령 가치주는 저렴한 주식을 의미하는데, 그렇다면 어떤 동물이 저렴한 종류일까요?

가장 쉽게 동물과 연관시킬 수 있는 것은 바로 모멘텀입니다. 이는 카멜레온에 비유할 수 있습니다. 모멘텀 팩터는 주가수익률을 견인하는 요인이 무엇이든지 간에 최근에 성과가 좋은 주식winner을 매수하고 성과가 좋지 않은 주식loser을 매도하는 것입니다. 또한 해당 자산의 수익률이 0보다 큰 경우 이를 추종하기도 합니다. 자신을 둘러싼 환경에 맞게 몸 색깔을 변화시키는 카멜레온처럼 팩터 포트폴리오가 시장에 적응하는 것입니다.

이러한 특성이 가능한 이유는 모멘텀 프리미엄이 존재하기 때문입니다. 이는 곧 투자자들이 정보에 대하여 보이는 반응 속도에는 차이가 있다는 행동주의 관점, 그리고 가격이

상승하는 자산은 추가적인 리스크에 노출되기 때문에 기대수익률 역시 높아진다는 리스크 프리미엄 관점과 관련이 있습니다.

이러한 특성들이 모멘텀 팩터를 매력적으로 만들지만, 지난 20년간 미국 시장에서 모멘텀 팩터는 다소 부진한 결과를 보였습니다. 그 원인 중 일부로 2009년의 주가 급락을 들기도 합니다. 한편, 모멘텀 팩터 한 가지만을 적용한 전략보다는 모멘텀 팩터와 다른 팩터들을 결합해서 운용할 경우 성과가 훨씬 개선되는 모습이 발견되었습니다.

팩터 투자 전문 리서치 기업인 팩터 리서치Factor Research 사에서 모멘텀 팩터와 밸류, 사이즈, 로우볼Low-Vol, 저변동, 퀄리티, 성장, 배당 팩터들을 결합한 전략을 사용해본 결과 모멘텀과 로우볼을 결합한 전략LOVM이 가장 우수한 성과를 나타냈다고 합니다.

LOVM 전략을 위한 포트폴리오는 다음과 같은 3가지 방법으로 구성합니다.

❶ 교차 모델(Intersectional Model) : 종목 유니버스는 2가지 팩터에 의해 분류하고 팩터 간 교차하는 특성을 지닌 종목을 선정해서 구성한다.

❷ 순차적 모델(Sequential Model) : 주식은 먼저 1가지 팩터에 의해 순위를 결정하고 유니버스에 편입되는 최종 종목은 2번째 팩터에 의해 분류한다.

❸ 결합 모델(Combination Model) : 유니버스에 편입될 종목은 각각의 팩터별로 분류한 후 2가지 포트폴리오를 결합한다.

이와 같은 전략에 호기심을 갖고 있는 투자자라면 성과 추종에 경계심을 갖고 자신에게 적합한 전략을 시행해보기 바랍니다. 원론적으로는 이러한 전략의 유효성에 대한 검증을 오랜 시간에 걸쳐 시행하는 것이 가장 이상적입니다. 그러나 다른 팩터 조합보다도 감정적으로 덜 고통스럽고, 밸류-모멘텀 전략보다도 우월하다는 점에 대해서는 이론의 여지가 없습니다.

이와 유사한 전략을 사용하는 ETF로는 DVOLFirst Trust Dorsey Wright Momentum & Low

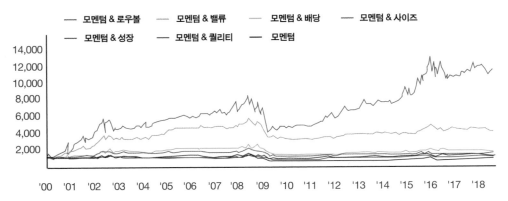

● —— 모멘텀 팩터와 다른 팩터를 결합한 경우 성과의 차이

— 모멘텀 & 로우볼   — 모멘텀 & 밸류   — 모멘텀 & 배당   — 모멘텀 & 사이즈
— 모멘텀 & 성장   — 모멘텀 & 퀄리티   — 모멘텀

Volatility ETF이 있습니다. 이 펀드의 기초지수는 도시 라이트 모멘텀 플러스 저변동 지수 Dorsey Wright Momentum Plus Low Volatility Index입니다. 기초지수는 규칙 기반의 주식 인덱스로써 나스닥에 상장된 미국 중대형주 중 상대강도가 가장 높은 종목 가운데서도 가장 낮은 변동성을 지닌 50종목으로 구성됩니다. 2018년 9월 5일에 상장되었고, 상장일 이후 수익률2020년 5월 7일은 +3.77%입니다. 동일 기간 내 S&P 500 지수 수익률과 같습니다. 종합지수와 동일하다는 점에서 우수한 전략이라 할 수 있습니다. 운용규모가 9,300만 달러여서 유동성에 의문을 가질 수도 있으나 호가 스프레드가 0.3%로 매우 양호합니다.

그러나 이러한 전략과 관련된 상품이 1개에 불과하고 운용 기간이 짧다는 점이 부담스럽다면, 스스로 모멘텀 팩터 ETF와 로우볼 팩터 ETF를 선정해서 각각의 비중을 50/50으로 설정하여 운용해보는 것도 적절한 전략입니다. 다음의 2가지 표를 참고. 물론 상기의 전략 그대로를 반영한 모멘텀과 로우볼저변동 결합 전략은 아니지만 유사한 효과를 얻을 수 있을 것입니다.

티커	ETF 이름	운용규모(백만 달러)	운용보수(%)
MTUM	iShares Edge MSCI USA Momentum Factor ETF	8,922	0.15
PDP	Invesco DWA Momentum ETF	1,365	0.62
XMMO	Invesco S&P MidCap Momentum ETF	516	0.39
ONEO	SPDR Russell 1000 Momentum Focus ETF	288	0.20
IMTM	iShares Edge MSCI Intl Momentum Factor ETF	284	0.30

● ──── TOP 5 로우볼 팩터 ETF 운용자산규모 기준, 2020년 5월 8일기준

티커	ETF 이름	운용규모(백만 달러)	운용보수(%)
SPLV	Invesco S&P 500 Low Volatility ETF	9,150	0.25
IDLV	Invesco S&P International Developed Low Volatility ETF	798	0.25
LGLV	SPDR SSGA U.S. Large Cap Low Volatility Index ETF	729	0.12
FDLO	Fidelity Low Volatility Factor ETF	340	0.29
JMIN	JPMorgan U.S. Minimum Volatility ETF	284	0.12

멀티팩터 ETF, 어떻게 선택해야 할까?

지금까지 설명했듯 단일 팩터만으로는 초과수익률을 얻기 어려우며, 다양한 팩터를 조합한 멀티팩터 전략이 더 효과적입니다. 팩터 투자 개념에 익숙하다면 멀티팩터에 대해서도 알고 있을 것입니다. 현재 미국에 등록된 멀티팩터 ETF는 287개로 총 운용규모는 760억 6,600만 달러2020년 4월기준입니다. 기본적으로 멀티팩터는 최소 3가지 팩터가 반영된 상품을 의미합니다. 그런데 모든 투자 상품이 그러하듯이 아무리 전략이 훌륭하다 해도 벤치마크 대비 월등한 수익률을 보이는 상품이 있는가 하면 그렇지 못한 상품이 존재합니

다. 따라서 상품을 선정하는 기준이 매우 중요하죠. 2020년 들어 코로나바이러스로 인해 시장이 급락하는 국면에서도 돋보이는 성과를 보인 상품들이 있습니다. 이 가운데 2가지 멀티팩터 상품이 주목됩니다. OMFL ETFInvesco Russell 1000 Dynamic Multifactor ETF, QUS ETFSPDR MSCI USA StrategicFactors ETF입니다. 2020년 5월 11일까지 지난 2년간 OMFL의 수익률은 15%, QUS의 수익률은 12.7%였습니다. 같은 기간 동안 S&P 500 지수가 11.5% 상승한 것과 비교할 때 대단한 기록입니다.

OMFL은 로우볼제변동성, 모멘텀, 사이즈, 퀄리티, 밸류 등 5가지 팩터를 사용하지만, 경기선행 지수와 리스크 상황 등을 고려하여 현재 경기 국면을 판단한 다음, 이에 적합한 2가지 이상의 팩터에 많은 비중을 설정해 운용합니다. 이와는 달리 QUS는 최소변동성, 퀄리티, 밸류 팩터 등을 사용하여 이들 팩터에 적합한 종목을 선정하여 편입 운용합니다.

이와 같이 비슷한 멀티팩터 ETF라 하더라도 운용 전략에 따라 성과는 다르게 나타납니다. 그렇다면 투자자들은 어떤 기준으로 멀티팩터 ETF상품을 선정해야 할까요?

이에 관해 ETF닷컴은 5P라는 기준을 제시했습니다. 5P는 사람people, 철학philosophy, 과정process, 성과performance, 가격price을 의미합니다. 좀 더 상세하게 살펴보겠습니다.

사람

ETF에서의 팩터 투자는 비교적 새로운 것이지만, 사실은 여러 자산운용사들에 의해 수년 동안 운용되어 왔습니다. 그래서 ETF 설계와 시행을 담당하고 있는 개인들로 구성된 팀을 이해하는 것이 중요하며, 이러한 작업들이 내부에서 설계된 것인지 아니면 제3의 인덱스 제공자를 통해 설계된 것인지 여부를 아는 것이 중요합니다.

예를 들어 DEUS ETFXtrackers Russell 1000 Comprehensive Factor ETF는 FTSE/러셀이 운영하는 러셀 1000 종합 팩터 지수Russell 1000 Comprehensive Factor Index를 추종하도

록 설계되었습니다. DYNF는 블랙록BlackRock이 출시한 새로운 액티브 운용형 멀티팩터 ETF로, 인덱스를 추종하는 것이 아니라 퀀트 전문가들로 구성된 팀이 운용하는 팩터 로테이션 모델 그리고 팩터 투자에 관한 선도적인 창안가들에 의해 설계된 것입니다. 이렇게 팩터 통합에 관여한 인물이 ETF의 성과에 상당한 영향을 미칩니다.

철학

대부분의 실무자가 멀티팩터 투자에 고유의 장점이 있다는 데 동의할 것입니다. 단순히 포트폴리오 내 각각의 팩터에 전략적인 자산배분을 하는 것만으로도 시장 대비 연간 2% 초과수익률 달성에 도움이 되는 것으로 나타났습니다. 이처럼 팩터들에 대한 전략적 배분을 실시하는 것 외에, 벤치마크 대비 추가 성과를 얻기 위해서는 상대적인 기준을 근거로 팩터들 간 전략적 로테이션이 필요하다고 주장하는 사람들도 있습니다. 이러한 전략을 흔히 '팩터 타이밍'이라고 합니다. 팩터 타이밍에서 어떤 팩터의 비중을 축소하거나 확대하는 등의 결정은 팩터들의 현재 밸류에이션, 모멘텀 정도, 수익률 변동성 그리고 현재 산업 및 경기 사이클 상의 위치에 달려 있습니다.

과정

멀티 팩터 포트폴리오를 구성하는 데는 2가지 접근법이 있습니다. 첫 번째는 톱다운top-down 방식으로, 투자자들은 개별 팩터들을 혼합하여 각각의 팩터들에 균형된 배분 비율을 유지하려고 합니다. 이와 상대적인 방법으로는 바텀업bottom-up이 있습니다. 이는 각각 목표로 한 팩터 개념이 적절하게 포함되어 있는 주식을 선정하는 방법입니다. 2가지 프로세스 모두 각각의 멀티팩터 ETF 내에서 이루어지는 일련의 액티브한 결정으로 표현되며, 수익 실현에 중요한 역할을 합니다. 대부분의 경우 ETF 성과에 가장 많은 영향을 미치는 팩터는 사이즈와 밸류 팩터입니다.

성과

많은 멀티팩터 ETF의 트랙 레코드가 제한되어 있어서 투자자들이 이러한 펀드에 대해 어떤 기대수익률을 가져야 하는지 그리고 과연 시장을 아웃퍼폼할 능력이 있는지를 판단하기가 어려운 것이 사실입니다.

평균적으로 모든 미국 대형주 멀티팩터 ETF의 경우, IWB ETFiShares Russell 1000 대비 월평균 아웃퍼폼할 확률은 43% 미만인 것으로 나타났습니다. 이것이 기준점이라고 가정하고, 실시간 데이터와 연관된 불확실성 수준에 기초하여 펀드 성공률에 대한 통계적 추정치를 파악할 수 있습니다. 많은 미국 대형주 멀티팩터 ETF의 성공률은 우리의 경험적 확률에 근접할 수도 있고 그렇지 않을 수도 있습니다. 편차가 확인되기도 합니다. 긍정적인 소식은, 각각의 멀티팩터 ETF의 예상 성공 확률이 통계적으로 50% 이상일 가능성이 높다는 것입니다.

가격

많은 미국 대형 멀티팩터 ETF의 운용보수는 평균 순운용보수가 0.20%인 일반적인 스마트 베타 ETF 유니버스와 대략 일치하는 것으로 보입니다. 운용규모가 가장 큰 펀드인 GSLC ETFGoldman Sachs ActiveBeta U.S. Large Cap Equity ETF의 운용보수는 0.09%로 가장 저렴합니다. 그러나 다른 멀티팩터 ETF는 훨씬 더 높은 운용보수로도 운용자산을 모으는 데 성공했습니다.

더욱 주목해야 할 것은 이들 ETF 유니버스 가운데 가장 비싼 미국 4대 대형 멀티팩터 ETF 중 3종류가 팩터 타이밍 측면에서 보다 액티브하게 운용되고 있다는 점입니다. 즉,

가장 많이 선호되는 팩터를 기반으로 한 멀티팩터 ETF들에는 투자자들이 9~10bps만큼 추가적으로 부담한다는 것입니다.

　미국의 대형주 멀티팩터 ETF는 투자자들에게는 적극적인 의사결정에 접근하는 또 다른 방법입니다. 이상의 5P를 기준으로 상품을 분석하면 보다 효과적으로 멀티팩터 ETF를 선택할 수 있을 것입니다.

퀄리티 팩터의
정확한 의미는 무엇일까?

퀄리티 팩터, 정확하게 파악하고 자신의 기준을 세워야 한다

경기 확장 국면 후반부나 경기 침체에 진입한 경우 상대적으로 퀄리티 팩터의 성과가 좋은 것으로 나타났습니다. 이에 관해서는 파트 5의 마지막에 자세히 살펴보겠습니다. 공식적으로 미국에서 경기 침체를 선언하지는 않았지만, 2020년 1분기에 코로나바이러스 위기 국면이 도래한 것에 비춰 2019년은 경기 확장 국면 후반부, 2020년 1분기는 경기 침체 국면으로 추정해 보겠습니다. 이를 감안해서 아래에 제시된 팩터별 수익률을 참고해보기 바랍니다.

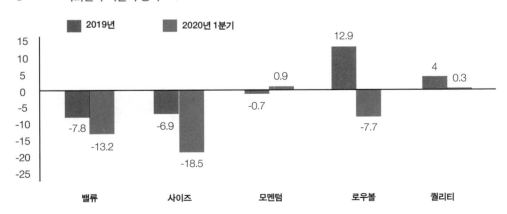

● ── **팩터별 수익률의 성과** 자료 : FactorResearch

팩터별 수익률은 매수 중심의 전략이 아니라 롱숏long/short 전략을 실시한 결과입니다. 그래프에서도 알 수 있듯이 미국주식시장에서 2019년과 2020년 1분기에 플러스 수익률을 기록한 팩터는 퀄리티 팩터가 유일합니다.

그렇다면 퀄리티 팩터의 정확한 의미는 무엇일까요? 퀄리티 팩터에 대한 정의는 다수의 논문에서 확인할 수 있고, 이를 이용한 다양한 투자 상품이 존재하지만, 다른 팩터와 마찬가지로 일치된 정의는 찾아보기 어렵습니다. (예를 들어, 가치 팩터는 일반적으로 학술 논문에서는 P/B를 기준으로 측정되지만 P/E, P/CF, P/EBITDA 등도 인정되고 있습니다.)

AQR 캐피털 매니지먼트Capital Management에서는 낮은 이익 변동성low earnings volatility, 높은 수준의 마진high margin, 높은 수준의 자산회전율high asset turnover, 낮은 수준의 재무 레버리지low financial leverage, 낮은 수준의 운용 레버리지low operating leverage, 낮은 수준의 주식 고유 리스크거시경제 변수로도 설명하기 어려운 변동성 등의 특성을 퀄리티 팩터로 정의하고 있습니다. 이러한 특징을 보유한 기업들은 역사적으로 주식시장 하락 국면에서 높은 수익률을 제공해주는 것으로 알려져 있습니다. 특히 수익성과 안정성, 성장성과 높은 배당성향을 가진 고퀄리티 주식들은 이와는 반대의 특징을 가진 주식 대비 나은 성과를 냅니다. AQR은 이러한 특징을 사용해서 1958~2018년까지의 성과를 분석해본 결과, 퀄리티 프리미엄은 연평균 4.7%, 표준편차 9.6%, 샤프 비율펀드에 따른 초과수익률은 0.5였음을 발견했습니다.

퀄리티 팩터를 구현할 때 일치된 의견이 부족하기 때문에 연구자들Hsu, Kalesnik, Kose 등은 어떤 특성이 퀄리티 프리미엄에 가장 많은 기여를 했는지 조사했습니다. 이들이 적용한 특성은 수익성, 수입 안정성, 자본구조, 성장, 회계 품질, 지불·희석화주식 수가 늘어나는 만큼 주식의 가치가 낮아지는 것, 투자 등입니다. 그리고 이를 미국, 선진국 전체, 일본, 유럽, 아시아 태평양 지역에 적용해서 팩터 성과를 분석했습니다. 데이터 한계 때문에 분석 대상 기간은 미국 1963~2016년, 글로벌 지역은 1990년에서 2016년으로 설정했습니다.

이를 통해 다음과 같은 결과를 얻었습니다.

❶ 현업에서 사용하는 다양한 퀄리티 속성 가운데 자본구조, 수입 안정성과 기업이익증가율은 프리미엄 창출에 아무런 기여를 하지 않았고, 수익성, 지불·희석화와 투자, 회계기준, 배당성향 등의 속성이 프리미엄과 연관되어 있다. 더욱이 수익성과 투자 관련 특징들이 대부분의 퀄리티 관련 프리미엄을 설명해준다.

❷ 낮은 수준의 레버리지, 낮은 수준의 기업이익증가율 변동성과 같은 특징들은 로우볼 특성과 밀접하게 관련되어 있다.

❸ 6개 인덱스 공급사MSCI, FTSE Russell, S&P, Research Affiliates, EDHEC, Deutsche Bank 등이 사용하는 팩터 수익률 상관관계에서는 유사성이 떨어진다. 자신만의 고유한 기준을 적용하고 있음을 의미한다.

❹ 따라서 퀄리티 인덱스는 멀티팩터에 적합하다.

이 같이 각기 다른 정의를 내리고 있으므로 퀄리티 팩터 ETF를 선택할 때는 상품의 기본 내용을 반드시 파악해야 합니다. 물론, 모든 금융상품을 선택할 때도 마찬가지겠지만요.

어떤 기준으로 퀄리티 팩터 ETF를 선택해야 할까?

먼저 대표적인 퀄리티 ETF 상품들을 비교해보겠습니다. 미국에 투자하는 퀄리티 ETF 가운데 대표적인 상품으로는 운용규모가 173억 달러인 QUALiShares Edge MSCI U.S. A. Quality Factor ETF과 운용규모가 17억 달러인 SPHQInvesco S&P 500 Quality ETF가 있습니다. (이외에 다수의 퀄리티 ETF들이 존재합니다.) 제일 먼저 고려할 점은 운용성과일 것입니다. 지난 2년간2020년 5월 12일 기준의 성과를 보면 SPHQ가 12.48%, QUAL은 6.9%를 기록했습니다. 그리고 벤치마크인 SPY는 7.1%의 수익률을 보였습니다. SPHQ가 압도적인 성과를 보인 것입니다. 이러한 차이의 원인은 무엇일까요? 이를 분석하기 위해서는 포트폴리오 내

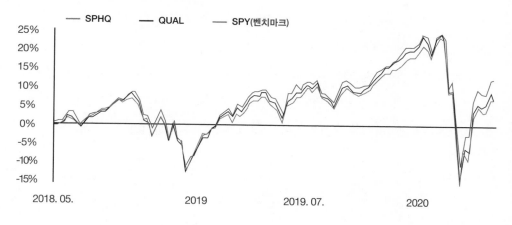

● ── QUAL vs. SPHQ 수익률 비교

용을 살펴봐야 합니다.

업종별 비중

아래 표를 보면, SPHQ는 2년간 시장을 주도했던 기술 업종과 헬스케어 업종이 가장 큰 비중을 차지할 뿐만 아니라 벤치마크보다 비중이 더 많은 것을 알 수 있습니다. 그런데 QUAL의 업종 비중은 벤치마크와 거의 동일합니다. 따라서 벤치마크인 SPY와의 수익률 차이가 없는 것입니다. 퀄리티 전략의 사용 목적이 방어에 있는데, 종합지수와 동일한 모습을 보인다는 측면에서 본래의 취지에서 벗어난 것으로 해석할 수 있습니다.

	SHHQ	QUAL	SPY(벤치마크)
기술	35.53%	32.17%	32.37%
헬스케어	25.18%	15.57%	15.67%
산업	10.87%	9.14%	7.91%
필수소비재	10.10%	7.37%	8.11%
임의소비재	9.33%	12.81%	13.06%
금융	5.66%	14.83%	12.46%
에너지	3.33%	2.55%	2.72%

퀄리티 팩터의 비중

다음 그림을 보시죠. SPHQ의 퀄리티 팩터 노출도는 0.66으로 비중 확대는 아니지만 중립 수준을 상회했습니다. 반면에 QUAL의 노출도는 0.45이며, SPHQ에서는 반영되지 않은 밸류 팩터와 로우볼 팩터가 노출_{물론 비중은 소폭 축소}되어 있습니다. 물론 2가지 상품 모두 3가지 이상의 팩터를 고려한 멀티팩터 ETF로 규정할 수 있지만 팩터 노출도를 기준으로 하면 순수한 퀄리티 팩터 ETF는 SPHQ라고 판단할 수 있습니다.

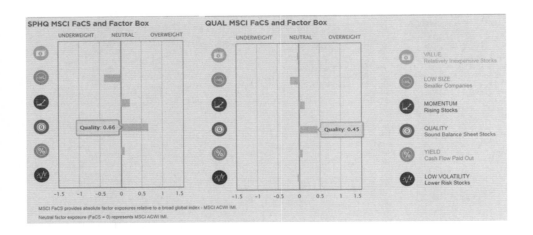

결론적으로, 자신에게 적합한 퀄리티 ETF를 선택하려면 다음과 같은 2가지 원칙을 살펴보기 바랍니다. 첫째, ETF에서 퀄리티를 어떻게 정의하는지 이해해야 합니다. 미인을 보는 기준이 다르듯, 퀄리티를 보는 눈도 제 눈에 안경일 수 있습니다. 자신의 기준에서 퀄리티 기업이라고 여겨지는 종목이 편입되어 있는지를 확실히 해야 합니다. 둘째, 퀄리티 편입 비중과 함께 다른 팩터 및 업종의 비중도 이해해야 합니다. 앞서 보았듯이 상품에 따라 다른 팩터들의 비중과 업종 비중이 상당히 다릅니다. 따라서 ETF의 이름과 성격 이외에 편입되어 있는 내용을 아는 것이 대단히 중요합니다.

전염병 위기 국면에서
주목해야 할 팩터 투자 전략

대규모 전염병 유행 시에는 어떤 전략이 효과를 발휘할까

2019년 12월 1일 코로나바이러스가 처음 발생한 이후, 전 세계적으로 확산되어 경제 활동이 위축되고 이로 인해 금융시장은 대혼란을 겪고 있습니다. 이로써 미국주식시장은 가장 빠른 속도로 베어마켓에 진입하는 전대미문의 위기를 경험했습니다. 팩터 투자도 상당한 위기를 맞이했습니다. 그런데 그 기간 동안 각각의 팩터 투자 성과는 각기 다른 모습을 보였습니다. 아래 표는 종합지수 대비 4가지 팩터의 상대성과를 표시한 것입니다.

모멘텀과 로우볼 전략이 종합지수 대비 상대성과가 우월한 것으로 나타났고, 반면에 소형주와 고배당가치주 전략은 언더퍼폼했습니다. 사후적이지만, 투자자들은 2020년 1분기에 방어적인 전략을 위해 로우볼과 모멘텀에만 투자를 해야 했습니다. 2020년 3월은 팩터 투자에 매우 도전적인 시기였습니다.

이제 과거 전염병 위기 구간에서의 팩터별 성과를 이

● ──── S&P 500 지수 대비 팩터별 상대성과
자료 : Robeco Institutional Asset Management

	로우볼	모멘텀	고배당	스몰캡	S&P 500
2020년 1월	2.6%	3.2%	-2.7%	-3.0%	0%
2020년 2월	-0.6%	0.5%	-1.7%	-0.3%	-8.3%
2020년 3월	-0.1%	2.4%	-6.9%	-9.7%	-12.6%
2020년 1분기	1.5%	5.3%	-9.6%	-11.2%	-19.9%

해하기 위해 1918~1919년에 유행했던 스페인독감Spaian Flu 시기를 살펴보겠습니다.

전염병 유행 시기, 팩터들은 어떤 성과를 보였을까

톨스토이는 ≪안나 카레니나≫의 첫 문장에서 "행복한 가정은 모두 비슷하게 닮아있지만, 불행한 가정은 불행한 이유가 각각 다르다"라고 기술했습니다. 이를 주식시장에 적용해보면, "강세장은 거의 비슷하게 닮아있지만, 약세장은 약세 패턴이 매번 다르다"라고 할 수 있습니다. 즉, 각각의 위기는 다르지만 역사에서 어떤 가이던스를 얻을 수 있습니다.

우리는 과거에도 전염병을 경험한 적이 있습니다. 스페인독감이 가장 대표적입니다. 이는 1918~1919년까지 3차례의 형태로 나타났습니다.

첫 번째 파동은 1918년 3월에 시작해서 여름까지 진행되었습니다. 두 번째 파동은 가장 치명적이었던 구간으로 1918년 10월에서 12월까지 진행되었습니다. 그리고 마지막으로 1919년 2월까지 3차 파동이 발생했습니다.

전염병은 1차 세계대전 당시 각국의 참전군인과 여행객들을 통해 확산됐던 것으로 보입니다. 1918년 초에서 1919년 2월까지 전 세계적으로 약 4천만 명이 사망했는데, 이 가운데 미국인 사망자는 675,000명이었습니다. 당시 미국 인구의 0.8%에 해당되는 수치였죠. 기업들은 근로자 부족, 일시적인 봉쇄조치, 수요 감소 등으로 엄청난 타격을 입었습니다. 더욱이 전염병이 1차 세계대전이 끝날 무렵 발생해서 경제적 파급효과는 더욱 커졌고, 주식시장 역시 엄청난 하락을 경험했습니다.

주식시장은 1916년 11월에 고점을 기록했고, 이후에 큰 폭으로 하락하면서 1년 뒤에 저점이 형성되었습니다. 1차 세계대전이 끝나면서 모두가 안도하기 시작할 즈음에 스페인독감이 발생했습니다. 다음 그래프는 1차 세계대전과 스페인독감 구간의 고점1916년 11월에서부터 저점1917년 11월 그리고 연이은 회복 국면1919년 2월까지의 주식시장과 팩터 성과를 표

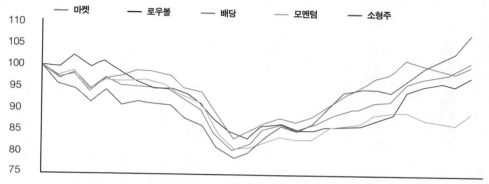

1차 세계대전과 스페인독감 시기 주식시장의 팩터 성과

마켓 　 로우볼 　 배당 　 모멘텀 　 소형주

1916. 11 1917. 02 1917. 05 2017. 08 2017. 11 2018. 02. 2018. 05. 2018. 08. 2018. 11. 2019. 02.

시한 것입니다.

주식시장은 거의 -20% 하락했는데, 이는 1차 세계대전을 중심으로 발생한 하락률에 기인한 것입니다. 고배당 팩터와 로우볼 전략이 방어적인 모습을 보였습니다. 모든 팩터가 동일한 방향으로 움직였고, 상관관계가 높아졌습니다. 2020년 3월 주가 급락기에서처럼 도망갈 곳이 없었던 것입니다. 주식시장은 1919년 2월 말에 완전히 회복되었습니다. 조정 국면에서 소형주는 가장 낮은 성과를 보였고, 모멘텀 팩터는 주식시장과 비슷한 성과를 나타냈습니다. 다음 회복 국면에서는 소형주 팩터가 가장 강력한 성과를 보였습니다.

과거 다른 전염병 구간에서의 주식시장 흐름

역사적으로 유행병과 팬데믹은 종종 단기적인 주가 조정을 야기했습니다. 홍콩과 다른 지역에서의 사스SARS, 메르스MERS가 대표적인 사례입니다. 주식시장 조정은 팬데믹 때와 별다른 차이가 없었지만, 1926년 이전의 조정 국면과 비교하는 건 의미가 있어 보입니다.

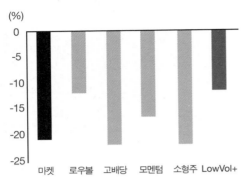

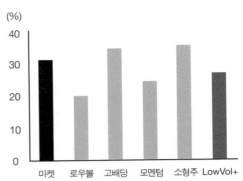

1926년 위기 국면에는 1907년 은행가의 공황Bankers' Panic과 1903년, 1893년, 1884년, 1873년의 패닉 상황도 포함됩니다. 이와 같은 6번의 조정과정에서 주식시장은 거의 -20~-25%의 하락률을 보였습니다. 같은 기간 로우볼과 모멘텀 팩터가 상대적으로 손실률이 낮았는데 이는 하락에 따른 방어기능이 발휘된 것입니다. 2020년 3월 상황과 유사합니다.

흥미로운 것은 그래프에서 보이듯 조정 이후의 회복 국면에서 소형주와 고배당 전략이 아웃퍼폼했다는 점입니다. 또한 고배당, 로우볼, 모멘텀을 결합LowVol+한 멀티 팩터 스타일이 조정에서 회복 국면으로 이어지는 구간 사이 손실을 줄이고 아웃퍼폼했습니다. 전염병은 이례적인 사건이지만 역사는 우리에게 귀중한 교훈을 주었습니다. 지난 100년 동안 스페인감기1918~1919년, 흑사병1348~1351년 등과 같은 전염병 발생은 높은 파도처럼 다가와 사회 및 주식시장에 엄청난 영향을 주었습니다. 그리고 국면별로 팩터 투자는 유사한 패턴을 보였습니다.

저변동성과 최소변동성은 같은 의미가 아니다

팬데믹과 같은 위기 국면에서는 변동성을 피해 갈 수 있는 방어적인 전략에 많은 관심을 갖게 됩니다. 가장 인기 있는 방어 전략으로는 로우볼Low-Vol과 미니멈볼minimum Vol이 있습니다. 실제 로우볼 ETF는 투자자들에게 변동성을 덜 느끼게 해줌으로써 매력적인 전략으로 인식되어 왔습니다.

많은 투자자가 2가지 전략을 종종 유사한 개념으로 생각합니다. 이례적인 낮은 변동성, 유사한 이름과 투자 목적 때문이죠. 그러나 2가지 전략은 각기 다르게 설계되어 있습니다.

로우볼 전략은 현재 변동성을 기준으로 종목에 대한 순위를 결정한 다음, 변동성이 가장 낮은 종목으로 구성합니다. 이에 비해 미니멈볼 전략은 최소변동성 포트폴리오를 구성하기 위한 최적화 전략을 사용합니다. 로우볼 전략은 단지 낮은 변동성을 지닌 종목만 편입하지만, 미니멈볼 전략은 높은 변동성을 지닌 종목도 편입할 수 있는 것이죠.

좀 더 구체적으로 비교하기 위해 이와 관련된 대표적인 상품인 USMV ETFiShares Edge MSCI USA Minimum Volatility ETF와 SPLV ETFInvesco S&P 500 Low Volatility ETF를 비교해보겠습니다. SPLV는 2020년 연초 이후 수익률5월 13일 기준이 -18.57%였고, USMV는 -12.03%를 기록했습니다. 그리고 미국 시장을 대표하는 ITOT ETFiShares Core S&P Total U.S. Stock Market ETF는 -13.58% 하락했습니다. USMV는 종합지수인 ITOT보다 조금 더 좋은 수익률을 냈지만 거의 유사한 성과를 보였습니다. 그런데 예상과 달리 SPLV는 비교적 큰 폭으로 하회했습니다. 주식시장이 하락하는 국면에서 이러한 유형의 상품들이 종합지수 대비 더 좋은 성과를 낼 것으로 기대해서는 안 됩니다. 그러나 3월 말 기준, 결과적으로 2개 펀드는 종합지수 펀드인 ITOT의 수익률을 상회했습니다.

이러한 펀드의 장점을 평가하고 이들 펀드가 자신의 포트폴리오에 부합할지 판단하려면 반드시 다음의 2가지 사항을 고려해야 합니다.

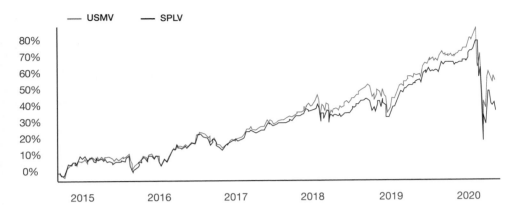

● ────── USMV vs. SPLV의 수익률 비교 (1)

⑴ 결과는 펀드마다 상이하다.

⑵ 로우볼 전략이라고 해서 변동성이 없는 것은 아니다.

즉, 2가지 전략을 구성하는 방법에 따라 차이점이 있다는 것입니다. USMV와 SPLV의 최근 성과 차이가 이를 증명하고 있습니다. 이러한 차이는 앞서 언급한 포트폴리오 구성 방법에서 찾아볼 수 있습니다.

다음으로는 업종 비중에서도 차이점이 발견됩니다. 주식시장이 급락한 이후 반등 중이었던 5월 초, 방어적 업종인 유틸리티와 부동산 비중은 SPLV 42%, USMV 15%에 불과했습니다. 그러나 주식시장이 고점을 형성했던 2월 중순에는 SPLV에서 이들 업종이 차지하는 비중이 47%에 이르렀습니다. USMV의 경우 17%였습니다. 이처럼 비슷한 유형의 펀드라 해도 방법론적 차이가 장기 리스크와 수익률에 중요한 영향을 미친다는 것을 이해해야 합니다.

한 가지 더 염두에 둘 것은 로우볼 전략은 결코 노볼No-vol을 의미하는 것이 아니란 점입니다. 로우볼 전략은 곧 주식형 펀드입니다. 따라서 변동성이 적다less와 낮다low를 혼

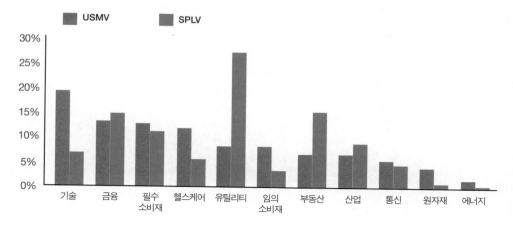

●───── USMV vs. SPLV의 수익률 비교 (2)

동해서는 안 됩니다. 변동성이 '적다'는 것이 좀 더 적절하며 투자자들의 기대치를 더 잘 보전해줄 수 있는 표현입니다. 이에 비해 '낮다'라는 표현은 우량등급 채권과 같이 주식 리스크를 더 잘 분산시킬 수 있는 자산과 관련됩니다.

　로우볼 펀드의 가장 중요한 특징은 투자자들이 포트폴리오를 점검할 때마다 겪는 고통을 완화시켜 편안한 마음으로 시장을 지켜볼 수 있게 해주는 데 있습니다. 이러한 펀드들은 리스크 관리 도구인 동시에 전문적인 운용기법을 사용한 상품이란 점이라는 점을 이해할 필요가 있습니다. 변동성이 낮은 포트폴리오는 위험한 국면에 대비, 적절한 자산배분을 목적으로 한다는 점도 기억해야 합니다.

경기 사이클에 따라 더 유리한 팩터가 있다

경기 순환 주기에 따른 팩터 투자 전략

많은 논란이 있지만 주식시장은 경제의 거울이라고 합니다. 따라서 경제가 현재 어느 국면에 위치해 있는지를 파악하면 적절한 대응이 가능할 것입니다. 그러나 현실적으로는 전문가들도 지금이 경기 사이클의 4국면 가운데 어디에 위치하는가를 정확히 식별하기 힘들어합니다. 일반 투자자들이 이를 적용하기는 더욱더 어려울 것입니다. 이와 관련해 피터 린치Peter Lynch는 "경제 및 시장을 예측하고 분석하는 데 13분 이상 쓰고 쓴다면 그중 10분은 낭비"라며 무용론을 제기하기도 했습니다.

그럼에도 불구하고 경기 순환 주기별로 대응하고자 하는 건 좀 더 높은 수익률과 좀 더 낮은 손실률을 위해서입니다. 이와 관련해서 본토벨 자산 운용Vontobel Asset Mangement은 글로벌 주식시장에서의 팩터 투자 전략을 분석1975~2018년 5월했습니다. 다음 표는 결과를 요약한 것입니다.

경기 침체기와 확장 국면에서 최고의 전략은 갈색으로 강조했으며, 최악의 전략은 회색으로 강조했습니다. 6가지 전략의 누적수익률 편차는 주목할 만합니다. 예를 들어, 1975년 4월부터 1980년 1월58개월까지의 첫 번째 확장 국면에서 글로벌 주식시장은 누적수익률 13.8%로 최악의 결과를 보였습니다. 그런데 모멘텀 전략은 38.9%로 종합지수를 현저히

국면	기간	세계 시장	미니멈볼	모멘텀	퀄리티	밸류	소형주
침체	1973. 11~1975. 05	23.6%		14.9%		21%	
확장	1975. 04~1980. 01	13.8%		38.9%		30.5%	
침체	1980. 02~1980. 07	0.4%		0.3%		1.2%	
확장	1980. 08~1981. 07	-9.5%		-12.1%		-5.8%	
침체	1981.08~1982. 11	-15.2%		-12.3%		-15.5%	
확장	1982. 12~1990. 07	116.7%		167.0%	93.9%	142.8%	
침체	1990. 08~1991. 05	-7.4%	-9.4%	-4.8%	-0.3%	-8.8%	
확장	1991. 04~2001. 03	46.1%	41.3%	115.7%	153%	63.6%	
침체	2001. 04~2001. 11	-7.5%	-4.2%	-11.4%	-0.9%	-9.7%	0.8%
확장	2001. 12~2007. 12	46.8%	54.6%	97.9%	36.0%	55.6%	92.1%
침체	2008. 01~2009. 06	-39%	-31.5%	-45.8%	-30.5%	-40.2%	-35.5%
확장	2009. 07~	150.9%	150.9%	242.7%	194.7%	122.8%	212.8%

상회했습니다. 1991년 4월에서 2001년 3월까지 12개월간의 확장 국면에서 퀄리티 전략은 153%의 수익률을 보였지만, 미니멈볼 전략은 누적수익률 41.3%로 마감했습니다. 이는 팩터 기반 전략이 경기 사이클 국면에 따라 각기 다른 성과를 낸다는 걸 보여줍니다.

이번에는 다양한 경기 사이클 국면에서 글로벌 주식시장 대비 팩터 전략의 상대성과를 살펴보겠습니다. 다음 페이지의 표를 참조. 경기 침체 국면에서 미니멈볼, 퀄리티, 소형주 전략의 평균 수익률은 글로벌 주식시장 대비 각각 월별 기준 0.24%, 0.61%, 0.62% 상회한 데 반해 모멘텀과 밸류는 시장을 하회했습니다. 경기 확장 국면에서는 모멘텀, 퀄리티, 소형주의 수익률이 글로벌 주식시장보다 상당 수준 상회했음을 알 수 있습니다.

마지막으로, 검증 기간 내의 경기 확장 국면과 침체 국면의 초기 및 후기에서 팩터 기반 상대성과를 분석했습니다. 국면별 초기와 후기를 정확히 식별하기 어려워서, 확장 국면 절

● ―― 글로벌 시장에서 경기 사이클별 팩터 투자의 성과 분석 (2)

글로벌 시장의 경기 사이클	미니멈볼	모멘텀	퀄리티	밸류	소형주
전체 기간	0.001%	0.217%	0.169%	0.045%	0.377%
침체 국면	0.244%	-0.378%	0.614%	-0.137%	0.620%
확장 국면	-0.024%	0.293%	0.116%	0.069%	0.347%

● ―― 글로벌 시장에서 경기 사이클별 팩터 투자의 성과 분석 (3)

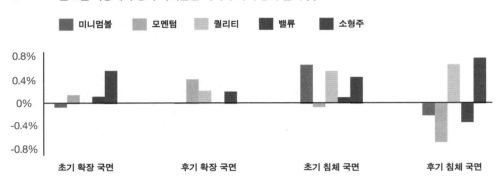

반 이전은 초기 확장 국면으로, 절반 이후는 후반 국면으로 설정했습니다. 예를 들어 1991
년 4월에서 2001년 3월까지의 120개월 확장 국면에서 처음 60개월은 초기 확장 국면으
로, 나머지 60개월은 후반 확장 국면으로 설정한 것입니다. 동일한 논리가 경기 침체 국면
에도 적용됩니다. 따라서 230개월은 초기 확장 국면으로, 232개월은 후반 확장 국면, 28
개월은 초기 침체 국면, 31개월은 후반 침체 국면으로 정의합니다. 이에 대한 결과는 위의
그래프에 표시했습니다.

　4번의 사이클 국면에서 처음 느낀 인상은 국면마다의 팩터 기반 전략별 강점과 약점이
있다는 점입니다. 초기 확장 국면에서 스몰캡 전략은 글로벌 주식시장 대비 가장 높은 상
대성과월별 0.56%를 보였고, 미니멈볼 전략은 시장수준보다 약간 하회했습니다. 모멘텀0.16%

과 밸류0.13% 전략은 플러스 수익률을 보였습니다. 후반 확장 국면에서는 모멘텀0.42%이 가장 돋보였고, 이후로 퀄리티0.23%, 소형주0.19%가 차지했습니다.

경기 침체 국면에서는 미니멈볼0.70%, 퀄리티0.56%, 소형주0.46% 순으로 글로벌 시장 수익률 대비 현저히 높은 수준을 보였습니다. 팩터 전략의 성과는 경기 침체 후반 국면에서 가장 다르게 나타났습니다. 퀄리티0.66%와 소형주0.78% 전략은 글로벌 시장 수익률 대비 현저히 좋은 성과를 낸 반면 미니멈볼, 모멘텀, 밸류 전략은 시장 수익률보다 낮은 성과를 냈습니다.

경기 국면에 대한 분석은 경기 사이클마다 팩터 전략들로 구성된 포트폴리오를 액티브하게 운용해야 한다는 걸 시사합니다. 다양한 팩터 전략은 경기 확장 국면과 침체 국면에서 고유의 특성을 보여주었습니다. 즉, 때로는 수익률이 글로벌 시장을 압도하기도 하고 때로는 하회하기도 합니다. 모든 팩터 전략은 확장 국면에서 현저히 높은 플러스 알파값을 제공하고 침체 국면에서는 퀄리티와 소형주만이 높은 수치를 보였습니다.

이를 전술적으로 운용하자면 다음과 같은 가이드라인을 세울 수 있을 것입니다.

경기 확장 초기 국면에서는 소형주, 모멘텀, 밸류 전략으로 구성된 포트폴리오에 투자합니다. 경기 확장 국면의 후반부에서는 밸류를 퀄리티로 교체하고 모멘텀과 소형주는 그대로 유지합니다. 그리고 경기가 침체 국면에 진입하면 모멘텀을 미니멈볼 전략으로 교체하고 소형주와 퀄리티는 그대로 유지합니다. 경기 침체 후반부에서는 소형주와 퀄리티 전략이 글로벌 주식시장 대비 부가가치를 제공할 것입니다. 다만 절대적인 기준은 아니므로, 경기 순환과 팩터의 작용을 이해하는 데 참고용으로만 사용하기 바랍니다.

PART 6

네 번째 인사이트 :
가치, 세계 최대 시장의
역사에서 얻은 교훈

10년의 상승장에서
가치는 어떻게 주가로 나타났는가

밸류에이션을 이용해 우리가 시장에 관해 알 수 있는 것들

2020년 1분기 주식시장은 코로나바이러스로 인해 전환점을 맞이하기는 했으나 그럼에도 놀라운 기록들을 세웠습니다. 자연스럽게 향후 10년간의 주식시장의 흐름에 대한 관심도 높아졌습니다. 물론 여러분이 이 책을 읽는 동안에도 단기적으로 혼란스러운 국면이 계속되고 있고, 그로 인해 손실을 입은 분이 계실지도 모릅니다. 어쩌면 본고가 출간될 즈음이면 주식시장이 다시 한 번 상승국면으로 진입해 손실분을 만회하고 이익을 향유하고 있을지도요. 여러분 모두가 후자의 편에 서 있었으면 좋겠습니다.

어쨌든 30년 동안 투자 세계에서 경력을 쌓아온 저 또한 지난 10년간의 미국주식시장을 회고해보면 대단하다는 말밖에 할 수 없습니다. 무수한 중요 국면마다 밸류에이션 고평가 논쟁이 벌어졌지만 결국에는 10.8년간의 최장 상승 기간을 기록했습니다.

주식시장의 밸류에이션을 결정하는 변수는 많이 존재합니다. 월가에서 가장 핫한 투자 전략가 중 한 명인 벤 칼슨Ben Carlson은 고인이 되신 인덱스펀드의 창시자 존 보글이 개발한 공식을 이용해 "지난 10년간의 미국주식시장은 펀더멘탈이 반영된 가장 이상적인 구간이었다"라고 평가했습니다. (물론 전문가에 따라 의견이 다를 수 있습니다.) 여기서 보글의 공식이란 다음과 같습니다. 존 보글은 미국주식시장의 상승원인이 최근의 펀더멘탈이 반영된 것인지 아니면 과거의 펀더멘탈이 반영된 것인지를 점검하기 위해, 시장 수익률을 펀더 멘탈 요인배당수익률+기업이익증가율과 투기적 요인사람들이 기업이익에 대해 기꺼이 지불하려는 대가으로 나누 었습니다. 그리고 다음과 같은 산식을 만들었습니다.

시장 수익률 = 배당수익률 + 기업이익증가율 + /- PER 변화

보글은 그의 저서 ≪기대하지 말라Don't Count On It≫에서 1900년 이후 10년 단위로 미 국주식시장의 성과를 아래와 같이 분석했습니다. 놀라운 점은, 지난 10년간 수익률의 대 부분은 거의 개선된 펀더멘탈과 관련하여 해석할 수 있다는 것입니다. 즉, 기업이익증가 율과 배당수익률이 2010년대 연간 상승률의 거의 97%를 설명해주고 있습니다. 따라서 2010년대 사이클에서는 P/E 변화 율의 역할이 매우 미미했음을 알 수 있습니다.

사실 2008~2009년의 글로벌 금 융위기로 인해 2010년 말까지 P/E 수치들이 말도 안 될 정도로 낮기는 했습니다. 때문에 혹자들은 기업이 익증가율이 커진 이유가 초저금리 와 대규모 경기부양 효과 때문이라 고 주장할지 모릅니다. 물론 밸류에 이션이 이번에 상승하지 않았다는 것은 아니며, 기업이익과 함께 상승 했다는 점에 주목해야 합니다.

지난 10년간 기업이익증가율이

● ─── **미국 주식시장 10년단위 수익률 원천**
출처 : 벤 칼슨, 존 보글, 포춘 / 2019년 9월 30일 기준

기간	배당수익률	기업이익증가율	P/E 변화율	연간수익률
1900년대	3.5%	3.5%	0.8%	9.0%
1910년대	4.3%	4.3%	-3.4%	2.9%
1920년대	5.9%	5.6%	3.3%	14.8%
1930년대	4.5%	-5.6%	0.3%	-0.8%
1940년대	5.0%	9.9%	-6.3%	8.6%
1950년대	6.9%	3.9%	9.3%	20.1%
1960년대	3.1%	5.5%	-1.0%	7.6%
1970년대	3.5%	9.9%	-7.5%	5.9%
1980년대	5.2%	4.4%	7.7%	17.3%
1990년대	3.2%	7.4%	7.2%	17.8%
2000년대	1.2%	0.8%	-3.2%	-1.2%
2010년대	2.0%	10.5%	0.5%	12.9%

다른 시점보다 강력했다는 사실은, 앞으로 기대수익률을 좀 더 낮춰야 함을 시사합니다. 향후 10년간 수익률이 더욱더 상승할 방법은 없습니다.

또한 시장은 (2010년대에 보여줬듯) 펀더멘탈과 잘 어우러지는 모습을 보인 적이 거의 없었다는 점도 기억해야 합니다. 많은 투자자가 펀더멘탈을 무시 또는 간과하곤 했습니다. 일례로, 1940년은 예외적으로 높은 기업이익증가율과 5% 배당수익률이 결합되었던 해입니다. 그러나 투자자들은 대공황으로 인한 공포감에서 벗어나지 못한 나머지 이를 수익률로 연결시키지 못했습니다. 1980년대와 1990년대는 기초적인 기업 펀더멘탈을 능가하여, 밸류에이션 관점에서 과도한 주가 재평가 작업이 진행된 바 있습니다. 2000년대는 이전 10년 간의 강력한 상승률로 인해 펀더멘탈과 투자심리 측면에서 조정을 보였습니다.

배당수익률은 과거보다 낮으며 기업이익증가율이 영원히 상승할 수는 없습니다. 따라서 향후 10년의 기대수익률은 낮아져야 합니다. 물론 P/E 비율 변화는 투자자들의 심리를 측정하는 것으로 어느 누구도 현재와 미래 그리고 앞으로 10년을 예측할 수 없습니다. 2010년대는 지난 100년간 다른 어떤 시점보다 펀더멘탈에 의해 주식시장이 상승했던 시기였다는 점만 기억하십시오.

2008년 금융위기는 정말 밸류에이션의 위기였을까?

지난 10년간의 놀라운 상승장 바로 직전에는 익히 알다시피 잃어버린 10년이 있었습니다. 월가의 유명한 격언 "과거는 미래를 알려주지 않지만, 미래를 예측하는 데 가이드 역할을 한다"는 말처럼 과거를 이해하면 현재를 분석하는 데 많은 도움이 될 것입니다. 100년의 미국주식시장 역사에서 수많은 위기 국면이 있었지만, 현대 금융시장에 큰 시사점을 던져줬던 것은 2008년 글로벌 금융위기라고 생각합니다.

투자자들은 역사적으로 기업이익과 장부가치와 같은 유용한 펀더멘탈을 무시하고 목측어림잡기이나 인터넷에 의존하는 경향이 있습니다. 이렇게 되면 투자자들은 "이번만은 다르다"라는 말을 믿기 시작합니다. 그리고 모든 상황이 다 진행되고서야 진정한 펀더멘탈과 밸류에이션이 주식수익률의 주요 원천이라는 것을 깨닫곤 하죠.

2008년 글로벌 금융위기 국면에서도 그랬습니다. 많은 투자자, 기관투자자, 그리고 대부분의 언론은 시장 붕괴 현상이 금융기관들의 사기서브프라임 등와 이로 인한 실물경제 붕괴 등의 탓이라 해석했습니다. 물론 이것도 원인 가운데 일부였지만, 우리가 놓쳤던 건 당시 밸류에이션이 이전 위기 국면보다 훨씬 더 높은 수준이었다는 사실입니다.

만약 밸류에이션이 2008년 주식시장이 하락한 실질적인 배경이었다면, 최근2020년 5월 S&P 500 지수에 대한 PER이 18년 만에 최고 수준에 이르렀다는 점을 되새겨봐야 합니다. 다시 당시로 돌아가 보죠. 금융위기가 발생하기 전에 수년간의 양적완화QE 정책이 자산 가격과 밸류에이션을 상승시켰습니다. S&P 500 지수는 위기 국면에서 -55% 하락했습니다. 그런데 당시 금융 업종은 종합지수에서 차지하는 시가총액 비중이 22%에 불과했습니다. 최악의 경우 금융 업종이 100% 하락한다 하더라도, S&P 500 지수의 하락은 22%에 불과한데 왜 종합지수는 그보다 큰 하락률을 기록했을까요? 당연한 말이지만 금

●───── S&P 500 지수에 대한 지난 10년간의 PER 흐름

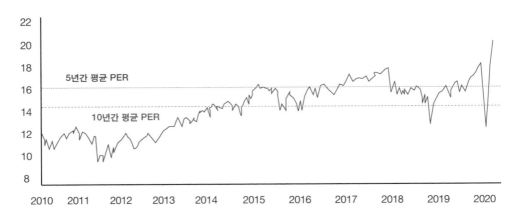

융 이외의 업종이 하락했기 때문입니다.

그렇다면 나머지 업종의 하락률은 28%가 되어야 종합지수 하락률 약 50%22% 금융 업종+28% 비금융 업종가 충족됩니다. 그러나 이러한 산식에는 오류가 있습니다. 실질적인 결과는 이보다 더 악화되었기 때문입니다. 예를 들어, 주식시장이 붕괴되기 전 가치가 100달러였다고 가정해봅시다. 그러면 금융 업종의 가치는 22달러이고, 비금융 업종의 가치는 78달러가 됩니다. 만약에 금융 업종의 가치가 제로zero가 된다면, 비금융 업종의 가치는 78만 달러만 남게 됩니다. 그렇지만 종합지수가 실질적으로 50% 하락했기 때문에, 비금융 업종의 가치 78달러는 50달러가 되어야 합니다. 따라서 비금융 업종 하락률은 36%$50÷$78-1가 되어야 맞습니다.

좀 더 구체적으로 계산해보기 위해 S&P 500 지수, S&P 500금융 업종, S&P 500 비금융 업종의 성과를 각각 살펴보겠습니다. 이들 각각의 지수는 금융위기 국면에서 현저하게 하락했습니다. 그런데 각각의 지수에 대한 고점과 저점은 동시에 발생하지 않았습니다. 금융 업종이 83% 하락했지만, 중요한 것은 비금융 업종이 -48% 하락했다는 점입니다.

이러한 수치에서 확실하게 알 수 있는 것은 종합지수 하락률이 금융 업종 때문만은 아니라는 점입니다. 비금융 업종도 거의 -50% 하락했습니다. 금융 업종 급락이 리스크 회피 현상을 야기한 것은 확실하지만, 시장 전체 하락률은 위기 국면에서의 밸류에이션에 기인한 것입니다. 다음 장의 그래프

● ──── 금융위기 당시의 고점, 저점, 하락률 비교

기간	S&P 500	S&P 500 금융 업종	S&P 500 비금융 업종
고점	2007.10.09	2007.06.01	2007.10.31
저점	2009.03.09	2009.03.06	2009.03.09
하락률	-55%	-83%	-48%

는 20년간의 밸류에이션 역사를 표시한 것입니다. 주목할 점은 밸류에이션 고점이 기술주 버블과 금융위기 이전에 발생했다는 것입니다. 이 그래프는 소위 버핏 지수Buffett Indicator라고 부르고 있습니다109페이지 참고. 워런 버핏은 GNP국민총생산 대비 시가총액 비율이 특정 시점에서 밸류에이션을 나타내는 최고의 단일 지표라고 주장했습니다. GNP는 간단히 말

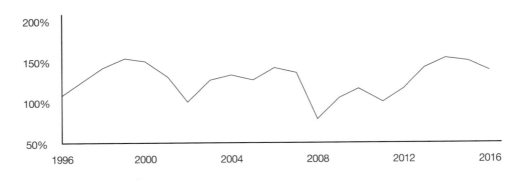

● ────── 미국주식시장의 밸류에이션 역사(버핏 지수)　출처 : 블룸버그

해서 총매출액이라고 해석할 수 있습니다. 비록 경기 사이클이 변동성을 보이더라도 시간이 지남에 따라 GNP 수치는 상승합니다. 그리고 이러한 매출액의 일부가 이익이 될 것입니다. 보다 정확히 말하면, 이익은 매출에 이익 마진을 곱한 금액으로 이러한 이익 마진은 평균회귀 현상을 보입니다. 마지막으로 시장은 이러한 이익에 대한 밸류에이션이 적용되는 곳입니다. 그래서 시가market price로 표현됩니다. 모든 주식 수에 시가를 곱하면 시가총액이 됩니다. 버핏 지수에서 중요한 것은 GNP 대비 시가총액의 비율입니다. 다수의 논문을 보면 이 비율은 이후 10년 시장 수익률과의 상관관계0.9가 높은 것으로 증명되었습니다. 다시 말해 밸류에이션이 중요하다는 것입니다. (그래프를 보면 보면 기술주 버블 국면과 금융위기 이전 국면에서 밸류에이션이 매우 높게 형성되었음을 알 수 있습니다.)

또 다른 밸류에이션지표를 살펴보겠습니다. 주가를 매출액으로 나눈 지표입니다. 이 지표를 보면 지수가 하락하기 이전의 고점과 거의 일치한다는 점을 알 수 있습니다. 지표의 중요성을 확인하기 위해 매 구간 초기의 밸류에이션 수준 대비 10년간 S&P 500 지수의 절대 수익률을 최대, 최저, 평균 수치별로 나누어 표시했습니다.

매출/주가 비율이 높아질수록오른쪽으로 갈수록 밸류에이션은 저렴해지고, 비율이 낮을수록 더욱 비싸집니다. 각각의 수익률 수치최대, 최저, 평균가 왼쪽에서부터 오른쪽으로 상승한

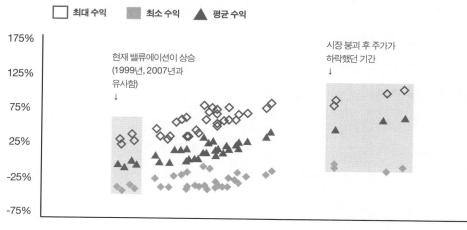

시장 밸류에이션(매출액÷주가) vs. 후속 성과　출처 : 블룸버그

□ 최대 수익　■ 최소 수익　▲ 평균 수익

현재 밸류에이션이 상승
(1999년, 2007년과
유사함)
↓

시장 붕괴 후 주가가
하락했던 기간
↓

高 ◀ PER ▶ 低

다는 것은 밸류에이션이 더욱 매력적이어서 수익률이 더 높아진다는 뜻입니다. 이런 분석을 통해 얻을 수 있는 결론은, 고평가된 밸류에이션 그리고 금융 업종의 위기가 투자자들을 리스크 회피 성향으로 만들었던 것이 2008년 금융위기의 주범이었단 사실입니다.

코로나바이러스 상황도 마찬가지로 밸류에이션이 고평가된 상황에서 전염병 위기가 리스크 회피 현상으로 이어져 주식시장이 단기적으로 급락한 것으로 보입니다. 모든 주가 상승의 논리가 마찬가지이지만 이 2가지 요인이 해소될 경우 주식시장은 다시 정상적인 국면으로 회복될 것입니다.

밸류에이션을 이용해 저점을 파악하는 것이 가능할까?

투자자라면 누구나 주식시장이 과도하게 상승하고 있을 경우 언제 고점이 형성될지, 그리고 주식시장이 현저하게 하락할 경우 저점이 언제일지 찾고 싶어 합니다. 특히 행태심리학 측면에서 투자자들은 손실 회피 성향이 강하기 때문에 하락 국면에서의 저점에 더 많은 관심을 갖는 것이 사실입니다.

주식시장의 가치를 평가할 때 일반적으로 사용하는 밸류에이션 지표는 PER입니다. S&P 500 지수에 대한 PER은 S&P 500 시가총액을 S&P 500 기업들의 동행 12개월 기업이익으로 나누어 산출합니다. PER은 예상 기업이익증가율, 기업이익안정성, 인플레이션, 금리 등과 같은 다양한 요소에 따라 각기 다른 반응을 나타냅니다.

다음 표에서 보듯이 2차 세계대전 이후로 주요 베어마켓은 11차례 발생했습니다. 베어마켓에 진입할 당시의 PER은 9.3에서 35.3까지 다양하게 분포되어 있습니다. 이 가운데 6차례는 18~21 사이에서 시작되었습니다. 이와 같이 매 국면마다 PER 수준은 다르게 나타납니다. 더욱 중요한 것은 베어마켓이 종료되는 시점, 즉 주식시장이 저점을 형성하는 시점에서의 PER이 6.7에서 14.8까지 각기 다른 수준을 기록했다는 점입니다. 따라서 특정 PER 수준을 기준으로 저점을 식별하기는 매우 어렵습니다. 그런데 PER 산식에서 알 수 있듯이 PER의 변화는 현재 EPS에 흐름에 따라 달라지게 됩니다.

다음 그래프를 통해 EPS가 고점 대비 어느 정도 하락했을 때 저점을 형성했는지 살펴보겠습니다. 예상한 바와 같이 EPS 변화율에서도 일정한 수치를 발견하지 못했습니다. 또한 기업이

● ── **베어마켓별 밸류에이션의 변화** 출처 : 쉴러PER

고점	PER	고점	PER	변화율	S&P 수익률
1946. 05	19.2	1949. 06	6.6	66%	-30%
1956. 08	13.5	1957. 10	10.6	21%	-22%
1961. 11	20.9	1962. 06	14.8	29%	-28%
1966. 02	19	1966. 10	13.2	31%	-22%
1968. 11	19.6	1970. 05	11.6	41%	-36%
1973. 01	20.1	1974. 10	7	65%	-48%
1980. 11	9.3	1982. 08	6.7	28%	-27%
1987. 08	20.3	1987. 12	13.3	34%	-34%
1990. 07	14.7	1990. 10	11.7	20%	-20%
2000. 03	35.3	2002. 10	14.3	59%	-49%
2007. 10	18.5	2009. 03	7.8	58%	-57%
평균	19.1		10.7	41%	-34%
중앙값	15		8.7		

● ──── 베어마켓별 EPS의 변화 출처 : 블룸버그 / EPS 변화율은 고점대비 저점까지의 변화를 의미

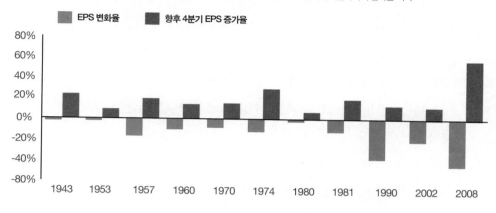

익이 감소하면 그만큼 주가지수도 하락할 것이라는 일반적인 예상이 현실화되지 않았습니다. 왜일까요? 주식시장은 올해 또는 내년 기업이익과 현금흐름을 할인할 뿐 아니라, 수많은 미래의 현금흐름도 할인하고 있기 때문입니다.

시장에서 벌어지는 상황을 설명하기 위해 재무이론을 적용하다 보면 몇 가지 문제점에 직면하게 됩니다. 자산 가격은 모든 미래 현금흐름의 현재가치를 반영해야 하지만, 투자자들는 종종 미래 기대치에 근거하여 과소 또는 과대 반응하는 경향이 있습니다. 이는 균형추가 펀더멘탈 가치를 중심으로 위아래로 변화될 수 있음을 의미합니다.

형편없는 기업이익 수치는 주식시장에 확실히 영향을 미칩니다. 투자자들이 이러한 수치에 어떻게 반응하며, 이런 수치가 미래가치에 대한 기대감에 어떤 영향을 미치는지는 시장 상황이 얼마나 나쁜가를 드러냅니다. 단기적인 관점에서, 뉴스에 대한 투자자들의 반응이 뉴스 그 자체보다 더욱 중요하다는 것입니다.

어쩌면 코로나바이러스에 따른 심대한 영향을 받고 있는 2020년 주식시장도 이러한 관점에서 살펴볼 수 있을 것 같습니다. S&P 500 지수는 2월 19일을 고점으로 최단기간 내에 베어마켓에 진입하더니 3월 23일까지 무려 -35%나 하락했습니다. 그리고 40거래일만에 32% 상승했습니다. 물론 고점 대비 61% 정도의 회복률을 보였기 때문에 향후 흐름에 대해 장담할 수는 없는 상황입니다. 그렇지만 S&P 500 지수에 대한 선행 12개월 PER은 21을 기록하면서, 5년 평균16.7과 10년 평균15.1을 상회하고 있습니다. 팩셋Facset의 분석에 따르면 2분기 기업이익은 -29%감소할 것으로 전망됩니다. EPS 하향 조정치는 계속 하락하고 있습니다. 따라서 주식시장이 상승할수록 PER은 상승할 것입니다.

투자자들은 기업이익이 발생하지 않는 상황에서 어떤 수준의 멀티플을 적용해야 할지 답답할지도 모릅니다. 어떤 이유에서인지는 모르지만 베어마켓에 진입하면 결과에 기초한 사고방식에 빠져들기가 쉬워집니다. 불안하기 때문이죠.

밸류에이션에 대한 전망은 대단히 중요하지만 절대적인 기준이 아닙니다. 따라서 주가지수 하락률, 금리, 경제 전망 그리고 하락을 야기한 요인들이 어느 정도 해소되었는지 등을 파악해서 저점을 전망하는 것이 좋겠습니다.

가치투자는
정말 죽은 것일까

가치투자가 부진했던 진짜 이유, 그리고 가치투자자들이 알아야 2가지

개인적으로 현대 투자이론 가운데 가장 뜨거운 쟁점이 되고 있는 주제는 효율적 시장가설EMH과 가치투자value investing라고 생각합니다. 쟁점이 되고 있는 이유는 기대를 많이 했고 그에 따른 성과가 좋았지만, 지속성이 떨어졌기 때문입니다. 이와 관련해서 리서치 어필리어트Research Affiliates 사는 '가치주는 죽지 않았다'는 요지의 보고서2020년 5월 14일를 발표했습니다. 아래의 내용은 이를 요약한 것입니다.

파마-프렌치의 밸류 팩터와 가치투자가 전반적으로 성장투자 스타일 대비 13.3년간 부진한 성과를 보이고 있습니다. 현재 손실률은 1963년 7월 이후 가장 오랜 기간 이어진 것입니다. 이와 같이 성과가 부진한 이유는 5가지 요인에서 찾아볼 수 있습니다.

❶ 가치투자는 데이터 마이닝의 산물이었다.

❷ 시장의 구조적 변화가 가치 팩터 무용론을 만들었다.

❸ 가치주 트레이딩에 군집현상이 발생했다.

❹ 가치 팩터는 점점 저렴해진다.

❺ 가치 팩터는 왼쪽 꼬리의 이례적 현상이거나, 아니면 단순히 운이 나쁜 것일 수 있다.

참고로 가치투자는 오랜 기간 강력한 성과를 보였고 견조한 경제적 기반을 갖고 있기 때문에 ❶번 요인이 최근 부진의 원인은 아닐 것입니다.

가치주가 좋은 성과를 내지 못하고 있는 이유

가치 팩터는 가장 많이 연구되었고 학술적으로도 수익률 프리미엄이 있음을 확인한 팩터 가운데 하나입니다. 이와 관련해 1963년부터 2020년 3월까지의 성과분석 연구를 보시죠. 연구자들은 가치 팩터를 파마-프렌치가 주장한 HMLHigh-Minus-Low, B/PBook-to-Price를 추종하는 것으로 정의했습니다. 그리고 이러한 방식을 사용해서 2가지 포트폴리오의 차이를 계산했습니다. 포트폴리오는 시가총액 방식으로 B/P 기준 가장 높은 순위 30% 종목과 가장 낮은 순위 30% 종목을 구성한 것입니다.

그 결과 가치는 사이즈, 수익성operating profitability, 투자, 모멘텀, 저베타low beta 등의 팩터와 비교했을 때 시장조정 수익률 기준으로 가장 매력적인 팩터 가운데 하나임이 밝혀졌습니다. 지난 57년 동안 니프티 피프티Nifty-Fifty■, 이란 석유 위기, 기술주 버블, 글로벌 금융위기 및 코로나바이러스 전염 등의 사건들이 있었습니다. 그러는 동안 큰 손실률을 기록했음에도 불구하고, 가치투자자들은 여전히 성장주 투자자들에 비해 4.8배의 수익을 향유하고 있습니다.

연구자들은 가치투자에 대한 뉴노멀new normal 과 '이번만은 다르다'는 이유를 설명하기 위해 가장 인기 있는 7가지 내러티브를 평가했습니다. 7가지에는 군집 거래, 기술혁명, 저금리, 사모시장의 성장, 가치주들의 성장주군##으로의 편입 저조, 장부가치에서는 포착하지 못하는 무형자산, 가치주가 성장주 대비 급격히 저렴해지

■ 1970년대 우량(nifty) 종목 50개(fifty)를 가리키는 것. 한번 사놓으면 배당과 주가 상승이 보장되는 덕분에 니프티 피프티로만 투자자가 몰리며 우량 종목을 중심으로 주가가 상승했다. 결국 거품이 붕괴되며 1973~1975년 사이 이들 종목의 주가는 급락했다.

는 것 등이 포함됩니다. 연구자들은 마지막 2가지를 제외하고는 대부분 근거가 미약하다고 생각했습니다. 7가지 내러티브는 가치주의 최근 성과 부진을 설명하는 다양한 메커니즘을 제공합니다. 이는 가치주 대비 성장주를 비교하기 위한 3가지 요소재평가, 미분류, 수익성로 더욱 잘 이해할 수 있습니다.

재평가(Revaluation)

성장주 대비 가치주의 상대적 밸류에이션 차이를 의미합니다. 만약에 성장주가 가치주에 비해 비싸지면 가치주가 상대적으로 저렴해지면서 성장주 대비 낮은 성과를 보이게 됩니다.

미분류(Migration)

가치주가 점점 더 비싸지는 경우높은 PBR 수준에서 거래될 경우, 성장주 또는 중립 포트폴리오로 재분류되는 것입니다. 이와는 반대로 성장주 또는 중립 주식이 점점 더 저렴해져서 가치주 포트폴리오로 분류되는 것도 여기에 포함됩니다.

수익성(Profitability)

가치주와 성장주 밸류에이션의 차이를 설명해줍니다. 가치주와 성장주의 P/B 차이에 포함된 정보의 절반은 미래 수익성 차이에 기인할 수 있고, 성장주 밸류에이션의 지속성은 기대15년 수익성을 반영합니다.

연구자들은 지난 13.3년간 가치주 변동성의 70%는 기술 혁명에 의해 이뤄졌다고 주장합니다. 즉, 성장주 대비 가치주의 부진한 성과는 하락하고 있는 상대적 밸류에이션 때문이라는 것입니다. 성장주가 가치주 대비 좋은 성적을 내는 가장 중요한 이유는 바로 '재평가' 요인이라는 것이죠. 그리고 2007년에 무엇이 변화됐는지 조사하기 위해 가치 프리미엄의 3가지 요소에 대한 상관관계를 도입하고, 이것이 성장주 대비 가치주의 상대 밸류에이션에 어떤 영향을 미쳤는지를 알아보았습니다. 이러한 분석에서는 2가지 수익성 지표 ROE와 투자수익률와 8가지 가치투자 전략을 사용했습니다.

	Dependent Variable: HML			Dependent Variable: iHML		
	(1)	(2)	(3)	(4)	(5)	(6)
Alpha, ann.	3.22	4.08	0.68	4.20	4.30	1.24
(t-stat)	(2.48)	(3.21)	(1.02)	(3.60)	(3.66)	(2.34)
Market		-0.14	-0.11		-0.02	0.06
(t-stat)		(-5.94)	(-8.18)		(-0.71)	(5.36)
Size			-0.15			0.17
(t-stat)			(-7.81)			(11.75)
Momentum			-0.03			-0.04
(t-stat)			(-2.42)			(-4.06)
Value–HML						0.80
(t-stat)						(50.79)
Value–iHML			0.95			
(t-stat)			(40.98)			
N	681	681	681	681	681	681
Adjusted R^2		4.8%	74.6%		-0.1%	81.0%

Note: The numbers (1)–(6) identify the individual models in the spanning test. In columns (1)–(3), traditional HML is regressed on the market, size, and momentum factors, following Carhart (1997), as well as on iHML. When iHML is included, the alpha is not significantly different from zero, implying that iHML subsumes HML. In columns (4)–(6), iHML is the dependent variable and is regressed on the market, size, and momentum factors, as well as on the traditional HML factor. In this case, the alpha for iHML is significant at the 5% level under the assumption of a single hypothesis test. This is consistent with iHML subsuming HML, but not the opposite.
Source: Research Affiliates, LLC, using data from CRSP/Compustat.

이런 분석을 통해 2007년 이후로 가치투자가 부진했던 2가지 원인을 밝혀냈습니다.

❶ 성장주들의 밸류에이션이 상승했다.

❷ 운이 안 좋았던 부분들이 과도하게 해석됐다. 이런 해석들은 대개 가치주가 부진했던 구간만을 분석했기에 과한 일반화가 이뤄진 것도 놀라운 일은 아니다.

가치투자자가 알아야 할 것 1. 무형자산의 역할

그렇다면 가치투자의 향후 전망은 어떨까요?

오늘날 경제 구조에서 무형투자는 기업가치에 매우 중요한 영향을 미칩니다. 현행 미국 회계 기준은 내부적으로 창출한 무형투자를 인식하지 않습니다. 앞선 연구의 연구자들은 바로 이런 이유로 인해 투자자들이 장부가치만을 사용해 가치를 잘못 산정한 것이 아닌지 검증했습니다. 그 결과 1990년대부터 무형자본을 반영한 가치측정 기준iHML이 전통적인 P/B 측정 기준을 아웃퍼폼상회했다는 점을 발견했습니다. 해당 국면에서 공교롭게도 인터넷 혁명과 무형자산의 중요성이 일치했습니다.

결론적으로 현재 가치주들의 상대 밸류에이션은 과거 분포도상 100분위극단의 꼬리 부문에 속해 있습니다. 이는 가치투자 또는 가치 팩터의 기대수익률이 성장주 대비 높다는 것을 의미합니다. 여기에 더하여, 가치주 성과에 대한 미분류 및 수익성 요인은 향후 긍정적인 순수익률을 제공할 것입니다.

이처럼 성장주 대비 가치주의 기대수익률이 유리한 듯 보이지만, 한 가지 염두에 둘 점이 있습니다. 행운이든 불운이든, 운이 결과에 큰 영향을 미칠 수 있다는 점입니다. 현재는 가치주 전략이 매우 매력적으로 보이지만, 이러한 기대수익률이 단기적으로 성장주를 상회하리라고 보장하지는 않습니다.

가치투자자가 알아야 할 것 2. 투자심리

미국 프로야구에 관심 있다면 뉴욕 메츠NewYork Mets 구단을 잘 알 것입니다. 뉴욕 메츠는 라이벌 구단으로부터 외면받은 선수들을 모아 1962년 4월에 창단했습니다. 그리고 창단 7년 만인 1969년에 월드 시리즈에서 첫 우승을 맛보았습니다. 이어서 1986년에 다시

한 번 우승합니다.

이러한 명문 구단도 창단 첫 해에는 40승 120패라는 최악의 성적을 거두었습니다. 메츠의 구단주인 조안 휘트니 페이슨Joan Whitney Payson은 창단 첫 경기를 지켜보았지만 결과는 연패였고, 그는 그리스로 여름휴가를 떠났습니다. 휴가지에서도 계속해서 팀이 지고 있다는 소식을 전해 듣던 페이슨은, 메츠팀이 승리했을 때만 알려달라고 요청했습니다. 그러나 그것을 마지막으로 그는 휴가 내내 미국에서 어떤 소식도 들을 수 없었습니다. 이후 120게임 모두 패배했기 때문입니다. 페이슨이 들었던 연패 소식 가운데 최악이었던 것은 '언제까지 질지 전혀 알 수 없다'는 것이었습니다.

아마 가치투자자들도 이러한 느낌을 받고 있을 것입니다. 기업의 자산가치 대비 상대적으로 낮은 주가 수준으로 구별되는 가치주들은 지난 10년간정확히는 13.3년 험한 모습을 보여왔습니다. 오랜 기간 동안 이런 모습을 보이고 있다는 것은, 역으로 생각하면 내재가치 대비 상대적으로 저평가된 주식을 매수하면 언젠가는 보상을 받을 수 있으리란 걸 시사합니다. 그렇지만 메츠의 구단주가 그러했듯, 전보로 희소식이 오기 전까지는 계속 기다릴 수밖에 없습니다.

문제는 나쁜 소식이 의심을 낳는다는 것입니다. 오늘날 상표나 아이디어와 같은 무형자산 경제의 중요성이 점차 증대되고 있습니다. 이런 점이 가치주의 장부가치book value를 비현실적인 신호로 만들고 있는 것은 아닐까요? 이와 비슷한 주장이 닷컴 버블 시절이었던 1990년대 말에도 있었습니다. 사실 가치투자는 컨트래리언저평가된 종목을 선호하는 투자 접근법으로, 이는 많은 시간이 필요하다는 의미입니다. 고통과 인내심은 가치투자자가 반드시 지불해야 하는 대가입니다.

주가와 밸류에이션 간의 중요한 차이점은 가치투자자의 아버지인 벤저민 그레이엄Benjamin Graham에게서 배울 수 있습니다. 그는 주식시장이란 "전 세계 모든 주식에 대한 정보를 가져와서, 시장 내 투자자들의 상호작용을 통해 주식 가격을 결정하는 저울"이라고 묘사했습니다. 그러나 불행하게도 주식시장과 금융시장은 단지 무게를 재는 저울일 뿐 아니라 심리를 측정하는 저울이기도 합니다.

시장이 강세장에서 약세장으로 전환되듯^{이의 역도 성립한다}, 투자자들의 심리는 낙관론에서 비관론으로 그리고 다시 비관론에서 낙관론으로 엄청난 기복을 보입니다. 이러한 투자자들의 심리 변화는 주식시장의 변화보다 더 과장될 수 있습니다. 일반적인 투자자들은 다음과 같은 심적 변화를 보입니다.

- 상승하기 시작하면 : "오르기 시작하네. 매수해야 해."
- 상승장이 꺾이면 : "조정이 온 걸 거야."
- 하락하기 시작하면 : "심각한 상황이야. 어서 팔아야지!"
- 하락장이 마무리되고 상승하기 시작하면 : "회복할 때까지 기다려야지."

가장 중요한 문제는, 우리가 적절하지 못한 시점^{말하자면 주식시장이 오랜 기간 상승한 이후}에 과도하게 낙관적으로 변하는 경향이 있다는 것입니다. 추세가 형성되어 이미 성숙된 시점인데 투자자들은 이미 전속력으로 달리고 있는 마차에 동승하기를 원합니다. 그러면서 '상승장이네, 올라타야지', '어서 매수해야겠어'라고 생각합니다.

그러나 영원한 강세장은 존재하지 않는 법이죠. 주가는 궁극적으로 하락하기 시작합니다. 처음에는 이러한 하락이 조정 국면처럼 보일 것입니다. 강세장은 본질적으로 중간중간 조정 과정을 거치기 때문입니다. 어느 누구도 이와 같은 조정이 언제 완전한 약세장으로 진입할지 예측할 수 없으며 단지 약세장에 대비할 수 있을 뿐입니다. 그러나 대부분의 투자자는 약세장이 도래할 때 충분한 준비가 되어 있지 않고, 결국 주가가 크게 하락하면 매우 부적절한 시점에서 패닉에 빠지는 경향이 있습니다. 이와 같은 감정 기복의 결과, 일반적인 투자자들은 고점에 매수하고 저점에 매도하는 과정을 반복하며 부진한 성과를 내게 됩니다.

이상을 벤저민 그레이엄이나 그의 제자인 워런 버핏과 같은 전설적인 가치투자자들의 감정 변화와 비교해보기로 합시다. 전설적인 가치투자자들은 자산에 대한 그들의 분석이 틀리거나 빗나가더라도 이익을 낼 수 있는 안전마진을 둬야 한다고 주장합니다.

- 상승하기 시작하면 : "안전마진이 확보되지 않았으니 매도해야지."
- 상승장이 꺾이면 : "시장이 정상화되고 있군."
- 하락하기 시작하면 : "안전마진이 확보되었으니 매수해야지."
- 하락장이 마무리되고 상승하기 시작하면 : "주식을 매수해서 정말 다행이군."

버핏의 감정 변화는 주가 사이클에 따른 정상적인 감정 기복의 좋은 예입니다. 투자에서의 안전마진은 매우 높기 때문에, 안전마진에 초점을 맞추면 버핏 같은 가치투자자들은 저점에 매수하고 고점에 매도할 확률이 더 높아집니다. 이는 적정가치에 비해 상대적으로 자산 가격의 상승 가능성이 현저히 높을 때에만 매수한다는 것을 의미합니다.

가치투자자로서 승리하기 위해서는 자연스러운 충동적 감정을 역행해야 합니다. 비록 수년간 지난번 금융위기 이후 나타난 현상처럼 언더퍼폼할지라도 가치투자 전략을 고수하는 데 필요한 원칙을 갖춰야 합니다. 그러나 그런 투자자는 거의 존재하지 않는 것이 현실입니다.

그럼 어떻게 하면 버핏과 같은 감정 변화에 다다를 수 있을까요? 감정 기복을 다스린다는 것이 가능할까요?

이와 관련해 한 가지 힌트를 드리겠습니다. 네덜란드의 유명한 인문주의자인 에라스뮈스Erasmus는 활기가 넘치거나 낙담할 때 암송할 수 있는 일종의 슬로건을 가져보라고 권했습니다. 아브라함 링컨의 좌우명이기도 했던 슬로건은 바로 "이 또한 지나가리라"입니다. 기고만장할 때는 겸손해지게 하고 고뇌의 심연에 빠져 있을 때는 위로가 되는 문장입니다.

가치투자는 스스로 시도해보는 것 외엔 정답이 없는 것 같습니다. 지난 10여 년간 여러분의 포트폴리오 성과를 되돌아보면 대단한 이익을 얻은 것처럼 보일지도 모릅니다. 그럴

때면 "이 또한 지나가리라"는 문장을 암송해보세요. 좀 더 신중해질 수 있을 것입니다. 마찬가지로, 장기 투자를 통해 성과를 전혀 내지 못하거나 심지어는 막대한 손실이 발생했을 때에도 스스로에게 다시 한번 주문을 외워보세요. 혹시 매도하고 싶은 충동이 생기나요? 만약에 그렇다면 이유를 생각해보고, 펀더멘탈 상의 문제가 없다면 계속 투자를 이어나가야 합니다.

승자주식을 찾기보다
패자주식을 골라내라

패자주식을 배제하는 방식이 더 효과적인 이유

투자자로서의 우리는 항상 성공적인 투자를 원합니다. 이를 위해서 승자주식winner을 선택하려고 하죠. 그러나 아이러니하게도 이러한 전략은 승리보다는 패배를 안겨줄 가능성이 더 높은 것으로 나타났습니다. 헤지펀드 또는 아이비리그Ivy League의 기금운용 등을 막론하고 이 같은 주식 선정은 수십 년간 바보 같은 행위임이 증명되었습니다.

더 좋은 전략은 패자주식을 선별해서 이를 포트폴리오에서 배제하는 것입니다. 기술 혁명 시대이니만큼 미래에 채택되지 못하거나 혼란을 겪을 위험이 있는 기업부터 배제하는 것은 어떨까요?

패자주식을 피하는 것이 어쩌면 승리를 위한 최선의 방법인지도 모른다는 것은 S&P 다우존스에서 정기적으로 실시하는 액티브 운용 주식형 뮤추얼펀드와 S&P 500 지수 간의 성과 비교에서도 알 수 있습니다. 2020년 4월에 발표한 보고서에 따르면 지난 10년간 S&P 500 지수 대비 하회한 미국 대형주 주식형 펀드가 무려 88.99%에 달한 것으로 나타났습니다. 운용 스타일에 상관없이 거의 모든 전문적인 펀드가 벤치마크를 이기는 데 실패한 것입니다. 비교적 단기간인 1~3년 구간에서는 시장 대비 아웃퍼폼한 펀드들이 있지만 대부분 운에 의한 것으로 설명됩니다. 그런데 보다 전문적인 투자기법을 사용하는 헤지펀드들조차도 평균적으로 시장 대비 부진한 성과를 보였습니다. 이는 액티브 운용역들이 패자주식을 배제하는 것이 아니라 승자주식만을 식별하는 데 더 많은 초점을 맞추었기 때문입니다.

반대로, 배제 기법에 기반을 둔 투자의 경우 의미 있는 주식들을 보유하면 성공 잠재력이 커집니다. 일례로 한때 미국에서 가장 명망 있었던 GM을 2017년과 2018년에 S&P 500에서 배제했다면 122포인트 수준의 아웃퍼폼을 했을 것입니다. 그런데 전문적인 투자자들은 그들이 식별한 승자주식들 가운데 가장 큰 손실을 입은 주식을 배제하지 못할 수도 있습니다. 과거 주도주 또는 블루칩에 대한 선입견을 버리지 못했기 때문입니다.

어쩌면 파괴적인 기술 혁신은 오늘날 투자자와 기업에 영향을 미치는 가장 중요하고 직접적인 리스크 가운데 하나일지 모릅니다. 우리는 어제의 거대 기업이 오늘은 파산할지 모르는 예상할 수 없는 환경에 살고 있습니다. 미국의 날개로 불렸던 항공사 팬암Pan Am, 즉석사진기의 대명사 폴라로이드Polaroid, 미국 전역에서 볼 수 있었던 비디오 대여점 블록버스터Blockbuster, 장난감 천국 토이저러스Toys "R" Us, 대형 가전제품 유통업체 라디오 라디오쉑RadioShack 등이 그러한 사례에 속합니다. 각각의 기업들은 이전에는 각 업종에서 선두주자였지만, 기술 변화가 가속화되는 상황에서 부실화되었습니다.

그렇다면 기술 혁신은 모든 경제적 영역에서 이러한 중대한 불일치 현상을 만들어내는 것일까요? 이에 대한 해답은 디지털 혁명과 같은 인류 역사의 독특한 특징에서 찾아볼 수 있습니다. 24개월마다 처리속도가 2배나 빨라진다는 무어의 법칙이 일반적인 상식이 되고 있지만, 이것이 의미하는 바는 정말 상상 이상입니다. 즉, 단순히 매년 41%씩 성장할 뿐만 아니라, 매분기 당 8% 성장한다는 의미로도 해석할 수 있는 것입니다. 이와 같이 놀라운 수치에 직면한 기업들이 받는 메시지는 "적응하지 못하면 죽는다"입니다

이러한 흐름들은 자의적인 것이 아니며 거스를 수 없는 지각 변화라 할 수 있습니다. 즉, 디지털 혁명의 판구조론지구의 표면은 여러 개의 크고 작은 판으로 구성되어 있으며, 판들의 움직임에 따라 화산과 지진 활동, 조산운동 등의 지각변동이 발생하는 것을 설명하는 이론이라 할 수 있으며, 이와 같은 혁신 속도는 시장

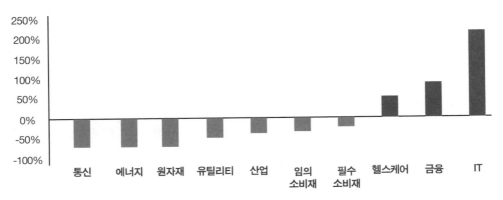

이 충분히 반영하기에는 너무 빠른 속도로 진행되고 있습니다.

그러나 이와 같은 진화 과정이 무작위적으로 벌어진 것은 아닙니다. 1993년, 통신업종이 S&P 500에서 차지하는 비중은 10.2%였습니다. 그러나 2018년에는 4개 사만이 남았고 비중은 2.7%로 낮아졌습니다. 결국 기존 통신업종은 신생 소셜미디어 기업이 지배하는 새로운 통신업종으로 편입되었습니다. 진짜 문제는 향후 5년 또는 10년 내에 얼마나 많은 업종들이 제거될 것인가 하는 점입니다.

따라서 이를 효과적으로 사용할 방법은, 승자주식은 인덱스 대비 비중이 높아지고 패자주식은 인덱스 대비 비중이 낮아지는 자연스러운 법칙을 이용하는 것입니다. 다시 말해서 승자주식에 초점을 맞추는 액티브 운용 뮤추얼펀드보다는 자연스러운 법칙이 적용되는 패시브 상품을 선택하는 편이 현명합니다. 물론 패시브 상품에도 패자주식이 편입되지만, 액티브 운용에서 자칫 벌어질 수 있는 종목 선정 실패보다는 위험성이 낮을 것입니다.

가치투자 선정 기준인 EBIT/TEV에 숨겨진 사실

변화된 경제 환경에서 효과를 발휘할 가치측정 기준

앞서도 여러 번 언급했지만, 가치를 측정하는 전통적인 기준인 장부가치P/B 대신에 다른 측정 기준을 적용해보면 종목 선정이 달라질 가능성이 있습니다. 일반적으로 P/B를 대체하는 기준으로 EBIT/TEV를 사용합니다.

주식이란 기업에 대한 소유권을 의미합니다. M&A와 같은 체계적인 기업 매수 시 매수자들은 경제적 타당성이 있고 주식시장에서 다양한 기업들과의 비교를 용이하게 해 줄 밸류에이션 지표를 원합니다. EBIT/TEV가 이에 적합할 수 있습니다. 먼저 EBIT/TEV의 메커니즘에 대해 살펴보겠습니다

EBIT : 이자 및 세전이익

EBITEarnings Before Interest & Taxes는 이자 및 세전이익을 의미하는 것으로 일반적으로 영업이익으로 인식합니다. 이는 기업의 경제적 수익성을 명확하게 파악할 수 있는 좋은 방법입니다. 감가상각비가 더해진 EBITDA와는 사촌지간입니다. 그러나 EBIT가 더 효

율적으로 생각되는데, 기업마다 각기 다른 자본지출 필요성을 갖고 있다는 경제적 필요성을 포착해주기 때문입니다. 완벽한 설명은 아니지만, 감가삼각 비용은 실질 CAPEX비용을 추산하는 합리적인 방법입니다. EBIT의 산식은 다음과 같습니다.

매출액 – 매출원가(COGS) – 판매 및 일반관리(SGA) = EBIT = 영업이익

이해를 돕기 위해, 여러분이 도넛 가게를 운영하고 있다고 가정해봅시다.

❶ 도넛 매출액은 연간 1천만 원이다.
❷ 도넛 생산을 위해 소요된 재료비와 인건비 등을 포함한 매출원가(COGS)는 650만 원이다.
❸ 점포 임대료 및 운용비용에 소요되는 판매 및 일반관리비(SGA)는 200만 원이다.
❹ 영업이익 또는 EBIT는 150만 원(1천만 원–650만 원–200만 원)이다.

EBIT는 구글, 넷플릭스 등 어떤 기업이든 간에 해당 기업의 수익성을 파악하는 데 용이한 지표입니다. 분석 대상 기업의 자금 조달 방법, 자산유형자산 및 무형자산을 어떻게 이용하는지를 파악할 수 있는 투명한 방법이기 때문입니다. 그러나 장부가치로는 IT기업의 밸류에이션을 제대로 파악하지 못할 수 있습니다.

그렇다면 EBIT에서 이자(I)와 세금(T)은 어떤 의미일까요? 물론 이자는 도넛 가게에 필요한 자금을 어떻게 조달했느냐에 따라 다릅니다. 만약에 부자 삼촌으로부터 자금을 조달했다면 이자는 매우 높을 것입니다. 그러나 보험을 해약해서 조달했다면 이자는 없습니다. 세금(T)은 특정 상황에 따라 달라질 것입니다. 즉, 영업손실이 발생했는지, 법인을 해외에 설정했는지, 이자를 절감할 수 있는 삼촌한테 자금을 빌렸는지 등에 따라 다릅니다.

간단히 말해서, 손익계산서 항목이 늘어날수록 더욱 혼란스러워질 수 있고 경제적 수익성을 이해하는 능력이 떨어지게 됩니다.

TEV : 기업 관련 청구인들의 시장가치

TEV는 EVEnterprise Value, 기업가치와 같은 개념으로 기업에 관련된 모든 청구인주주 및 채권 보유자 포함의 시장가치를 의미합니다. 간단히 말해서, 내가 해당 기업의 영업이익을 모두 가질 수 있는 권리를 얻기 위해 지불해야 하는 대가입니다. TEV는 단순한 주식의 시가총액과는 다른 개념입니다. TEV는 채권 상환의무 및 우선주·소수 주주 등 다른 청구인들의 가치를 고려합니다. 재무제표상의 현금에는 또 다른 요인이 있습니다. 만약 우리가 기업을 매수한다면 모든 채권 상당액을 지불함으로써 은행계좌에 있는 현금을 포함한 모든 것을 소유하게 됩니다. 다시 말해, 현금을 인출해서 개인 계좌에 넣을 수 있게 됩니다. 따라서 영업이익을 모두 소유하는 데 필요한 대가보다 낮은 수준으로 인수할 수 있습니다.

TEV의 산식은 다음과 같습니다.

TEV= 주식 시가총액+부채 가치+다른 청구권 가치(이자, 우선주, 퇴직연금, 리스 등)-초과 현금

EBIT/TEV : 주식에 대한 자본환원율

기업의 영역이익EBIT과 기업가치EV를 결합해보면 해당 기업의 영업이익을 인수하는 데 얼마나 대가를 지불해야 하는지 알 수 있습니다. 이러한 개념을 EBIT 수익률EBIT yield 또는 영업이익수익률이라고 표현하며, 만약에 여러분이 부동산 투자자라면 자본환원율 Cap-rate이라고 정의할 수도 있습니다. 이러한 모든 개념에는 "무엇 때문에 투자를 하는 걸까?"라는 의문점이 따라옵니다.

자, 다시 한번 앞서 언급한 도넛 가게를 생각해보세요. 우리는 도넛 가게에 1천만 원을 투자했고, 부자 삼촌으로부터 1천만 원을 빌렸고, 도넛 가게 계좌에는 500만 원이 있습니다. 우호적인 사모펀드 투자자가 가게로 와서 "영업이익률 10%로 도넛 가게를 인수하고 싶다"고 제안합니다. (부동산 투자자라면 자본환원율 10%라고 가정하면 됩니다.)

우리는 투자자에게 우리는 10% 수익률이 적정가치이기 때문에 기업가치는 1,500만 원 자본금 1천만 원+ 부채 1천만 원-현금 500만 원이라고 생각하고 있다고 말했습니다. 그리고 다음과 같은 거래제안을 하게 됩니다.

❶ 사모펀드 투자자는 내가 삼촌에게 차입한 금액 1천만 원을 상환해야 한다. (은행계좌에 500만 원이 있으므로, 실제 필요한 돈은 500만 원이다.)

❷ 그리고 사모펀드 투자자는 자본금 1천만 원을 지불해야 한다.

❸ 사모펀드 투자자는 영업이익 150만 원에 대한 100% 권리를 갖고 1,500만 원을 지불하면 된다. 이는 영업이익수익률이 10%(1,500만 원을 지불하고 영업이익 150만 원을 얻는다)임을 의미한다.

이렇게 하면 모두가 만족하는 제안이 됩니다. 기업인수 측정 기준인 EBIT/TEV는 각기 다른 자본구조와 세금환경을 가진 기업들을 비교하기 위해 엄청난 고민을 할 필요 없이 매수·매도자가 정보에 기반한 거래 관련 의사결정을 할 수 있게 해 줍니다.

이제 본론으로 돌아가 보겠습니다. 체계적인 가치투자자들은 왜 일반적인 체계적 가치판단 기준인 장부가치 대신 EBIT/EV처럼 기업인수에 사용되는 측정 기준에 초점을 맞출까요? 이유는 간단합니다. 가치투자자는 퀀트투자자가 아니라 체계적인 기업인수자이기 때문입니다.

문제점 : 거의 모든 가치투자 ETF는 B/P를 사용하고 있다

그런데 블룸버그 애널리스트인 아타나시오스Athanasios에 따르면 대부분의 가치투자 ETF는 가치판단 기준으로 장부가치B/P를 사용하고 있습니다. 그렇다면 B/P 사용은 어떤 문제가 있는 것일까요? 이에 대해 바론Barron's 지의 선임기자인 레시마 카파디아Reshma Kapadia는 다음과 같이 설명했습니다.

"오늘날 경제환경에서 B/P를 사용하는 것은 많은 문제를 내포한다. P/B는 기업의 장부가치를 무형자산이 아닌 유형자산에 근거해서 주가를 평가하는 것이다. P/B 또는 이와 유사한 다른 지표들은 기업들이 제조공장처럼 가치 있는 유형자산을 보유했던 제조업기반 경제에서는 효과적인 지표였다. 그러나 오늘날과 같은 서비스주도 경제 환경에서는 기업이 보유한 최대 자산은 재무제표상에는 나타나지 않는 브랜드, 지적재산권, 고객 충성도 등이다."

EBIT/TEV는 B/P가 안고 있는 문제점으로 고생하지 않습니다. 예를 들어, 애플 사는 수많은 무형자산을 보유하고 있지만 장부가치가 있는 자산이 많지 않은 환경에서 대규모 영업이익을 창출하고 현금을 보유하고 있습니다. B/P를 기준으로 하면 매우 비싸게 보일 것입니다. 그리고 애플이 보유하고 있는 대규모 현금을 반영하지 않기 때문에 E/PPER의역수를 기준으로 사용해도 비싸게 생각할 수 있습니다. EBIT/TEV만이 기업 매수자 관점에서 상대적으로 정확한 가치판단 자료를 제공합니다.

EBIT/TEV를 가치측정의 기준으로 삼아야 할 이유

투자자들은 가치투자 펀드들이 거의 다 비슷하다고 생각합니다. 그렇지 않습니다. 먼저 다음 장의 그래프를 살펴보죠. S&P 500 지수에 편입된 종목을 B/P 기준으로 0가장 비싼 영역에서부터 100가장 저렴한 영역까지 100분위로 분류한 것입니다. 주식이 저평가될수록 맨 오른쪽에 위치하게 됩니다. 맨 오른쪽에 위치한 주식들은 B/P를 이용한 가치주들입니다. Y축은 시가총액을 의미합니다. 시가총액이 큰 종목일수록 Y축 상단에 위치하게 됩니다. 원들의 크기는 S&P 500 내의 비중을 의미합니다. 이를 기준으로, 익숙한 대형주에 초점을 맞춰서 그래프를 살펴보면 다음과 같은 사실을 알 수 있습니다.

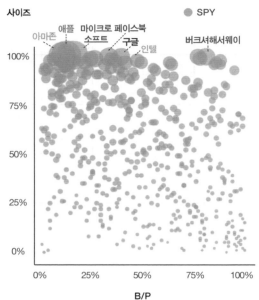

● ── S&P 500 지수 종목들의 분포 (1)
출처 : Alphaarchitect.com

❶ 대형 기술 관련주들은 B/P 기준으로 극단적으로 비싼 영역에 포진해 있다.

❷ 버크셔해서웨이는 펀더멘탈 기준으로 저렴하다.

❸ 인텔은 B/P 기준으로 중간 수준에 위치한다.

그렇다면 EBIT/TEV를 사용한 그래프는 어떤 모습일까요? 옆 장의 그래프를 보면 맨 오른쪽EBIT/TEV를 기준으로 보유하고 싶은 종목에 위치한 종목들이 바뀐 것을 알 수 있습니다.

❶ 시가총액이 큰 대형 기술주들은 더 이상 동일한 수준으로 비싸게 보이지 않는다.

❷ 페이스북만이 유일하게 버크셔해서웨이보다 약간 비싸게 보인다. 이 두 종목은 저평가 상위 50% 내에 포진해 있다.

❸ 인텔은 B/P를 기준으로 하면 평균 수준의 밸류에이션을 갖지만, EBIT/TEV를 사용하면

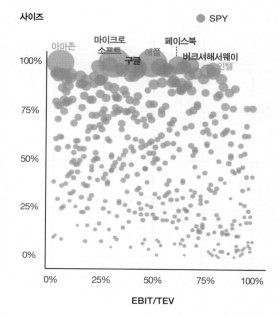

● ── S&P 500 지수 종목들의 분포 (2)
출처 : Alphaarchitect.com

가장 저평가된 대형 기술주 영역에 속한다.

어떤 밸류에이션 기준이 옳은 것일까요? 정답은 없습니다. 어떤 가치측정 기준을 적용하든 역사적으로 저렴했던 주식들은 결국 높은 수익률을 얻었습니다. 거의 모든 데이터에서 가치투자는 효과가 있는 것으로 나타났으므로, 가치투자에는 지속성이 있다고 봐도 무방할 것입니다.

가치측정 기준 측면에서는 EBIT/TEV가 다른 가치측정 기준보다 효과적이라고 생각합니다. 오늘날 경제 환경에서 투자에 직관적이고 광범위하게 적용할 수 있다고 믿기 때문입니다. 또한 체계적인 가치투자는 가치측정 기준에 따라 시작되고 끝나는 것이 아닙니다. 다른 많은 가치측정 기준을 끊임없이 발굴해서 가장 저렴한 기업의 특징을 찾아내기 위해 노력할 때, 투자 목표를 달성할 수 있을 것입니다.

PART 7

시장을 이기는
투자를
시작하라

새로운 시대, 새롭게 부상하는
액티브 운용 ETF들

뮤추얼펀드를 넘어, ETF 세계의 액티브 운용은 무엇이 다른가

ETF의 시작은 다음과 같았습니다. 액티브하게 운용되는 뮤추얼펀드가 지수를 상회하지 못하는 확률이 높아지자, 이에 인덱스를 추종하면서 저비용으로 운용되는 ETF가 등장했습니다. 인덱스 기반의 ETF는 이제 자산운용 산업을 지배하고 있습니다. 그런데 2017년 8월 8일에 미국 대형 자산운용사인 뱅가드에서 신청한 액티브 운용 ETF를 미국증권거래위원회SEC가 승인했다고 발표했습니다. 인덱스펀드의 창시자이자 뱅가드 창업자 존 보글의 트레이드 마크였던 인덱스 기반 전략으로부터 ETF가 탈피하게 된 역사적인 순간이었습니다.

사실 액티브하게 운용하는 ETF가 처음 등장한 것은 2008년이었습니다. ETF디비닷컴ETFdb.com에 따르면 미국에 등록된 액티브 운용 ETF는 284개에 이르고, 운용자산은 1,087억 달러에 이르렀습니다. 이 가운데 60%는 고정수입Fixed Income에 관련된 것입니다. 2020년 5월 22일 기준.

액티브 ETF 상품은 전통적인 ETF와 액티브하게 운용되는 뮤추얼펀드를 혼합한 것입니다. 기존의 ETF와 달리 단순히 벤치마크 지수의 성과를 복제하는 전략은 사용하지 않습니다. 즉, 포트폴리오는 일정한 인덱스 기준에 종속되지 않으며 필요에 따라 운용역이 수정 운용할 수 있습니다. 벤치마크보다 좋은 성과를 내려는 목표를 두고 이를 위해서 트레이딩 모델과 전략을 수정합니다. 피델리티 사는 액티브 ETF의 장점을 다음과 같이 설명합니다.

❶ 대부분 액티브 운용 ETF들은 다른 ETF들이 추종하는 벤치마크 대비 아웃퍼폼할 기회를 제공한다.

❷ 최대 장점은 경쟁상품인 액티브 운용 공모펀드보다 비용이 저렴하다는 것이다. ETF를 기반으로, 공모펀드에서 수반되는 운용 관련 비용이 수반되지 않기 때문이다.

❸ 다른 인덱스 ETF들과 마찬가지로, 상품 설정과 환매 과정은 전통적인 액티브 공모펀드보다 효율적이다. 이것이 액티브 ETF 상품의 최대 판매 포인트이다.

❹ 유연성 또한 중요한 요소이다. 인덱스 ETF와 마찬가지로 투자자들에게 매일 매매기회를 제공하고, 공매도와 스프레드를 이용한 매수가 가능하다.

이러한 장점에도 불구하고 아직은 전체 ETF 자산의 2%에 불과합니다. 그리고 이에 대한 관심을 표명하는 주식 운용역도 많지 않은 것이 현실입니다. 이렇게 관심이 적은 이유는 투명성이 필요하기 때문입니다 즉, 액티브하게 운용되는 ETF는 매일 전체 포트폴리오 현황을 보고해야 하는 반면, 액티브하게 운용되는 뮤추얼펀드는 분기당 단 한 차례만 보고하면 됩니다. ETF는 가격이 책정되어 순식간에 매도가 이루어지므로 이미 공개된 순자산가치보유자산의 누적가치를 유통주식수로 나눈 값가 정확한지를 확인하기 위해서는 현재의 보유현황을 아는 것이 필수적입니다.

이것이 문제점입니다. 운용역들은 종종 주식 포지션을 설정하는 데 많은 시간을 들입니다. 자신들의 주식 선정으로 인해 주가가 왜곡되는 것을 원하지 않기 때문에 서서히 그리고 조용히 운용하는 것입니다. 예를 들어 헤지펀드에서는 투자자들이 다음 4영업일 동안 ○○사의 주식을 매수할 것임을 알게 되면, ○○사 주식 매입이 주가를 끌어올린다는 것을 알고 운용역들이 주식을 매수하기 전에 미리 매수이러한 관행을 프런트 러닝(front-running)이라 부른다할 것입니다. 액티브 ETF 운용역이 주식을 매수하는 순간에 일반 투자자 또는 다른 펀드 운용역들이 ○○사 주식을 매도하게 되어 이익을 취하면 결국 포트폴리오를 망치게 될 가능성이 있습니다. 그래서 대부분의 액티브 ETF수익률 상위 펀드의 대부분는 고정수입 펀드이며, 단기채권에 초점을 맞추는 경향이 있습니다.

이처럼 액티브 ETF는 투명성 요구에 대한 어드 액티브 ETF 바이저들의 우려감 때문에 지지부진했습니다. 그런데 이러한 모든 부담이 2019년 5월 20일을 기준으로 변하게 되었습니다. 즉, 프레시디언 인베스트먼트Precidian Investments LLC가 액티브하고 투명하지 않은 ETF 발행을 허용해달라는 요청을 미국 증권거래위원회ESC에 했는데, 이러한 요청이 받아들여진 것입니다. 프레시디언은 레그메이슨Legg Mason의 자회사로서 포트폴리오 내용을 모든 사람이 알 필요는 없다고 주장하며 증권거래위원회SEC에 신청서를 제출한 바도 있습니다. 즉, 책임감이 높으면서 비밀준수서약을 하는 소수 핵심적인 관계자들만 알고 있다면 충분하다고 주장한 것입니다. 그들은 소수 관계자들을 '공인된 참여대표자authorized participation representatives: AP'라고 분류하며, 이런 AP 대표들은 세부사항 공개 요구를 하지 않고 주가를 정직하게 유지하는 기능을 담당할 것이라 합니다.

현재 규제를 받고 있는 것은 미국 내 유가증권주식, 리츠, ADRs, 상품 그리고 기타 ETF들들뿐입니다. 이는 실질적인 문제로서, 금번 판결은 2천 개에 이르는 미국 내 주식형 뮤추얼펀드들이 액티브 ETF로 출시될 길을 열어주었습니다. 현재 액티브하게 운용하는 주식형 ETF는 111개로 액티브하게 운용되는 ETF 부문에서 40%를 차지하고 있지만, 운용자산규모는 13억 달러로 전체 운용자산의 10%에 불과합니다.

자금운용규모와 수익률 기준으로 두드러진 점은 ARK자산운용사가 출시한 상품들입니다. ARK사가 출시한 상품은 총 4가지인데, 이 가운데 운용규모와 수익률 측면에서 압도적인 수치를 보인 상품은 ARKKARK Innovation입니다. 이 상품은 2014년 10월 31일에 출시되었고, 3가지 테마, 즉 산업혁명, 게놈학, 클라우드 컴퓨팅이나 모바일과 같은 첨

티커	ETF 명	운용자산 규모(백만 달러)	누적수익률(%)
ARKK	ARK Innovation ETF	3,485.74	25.39
EMLP	First Trust North American Energy Infrastructure Fund	1,886.51	-18.32
ARKG	First Trust North American Energy Infrastructure Fund	1,050.67	47.85
ARKW	ARK Next Generation Internet ETF	900.68	28.70
GDVD	Principal Active Global Dividend Income ETF	663.82	-17.71
SECT	Main Sector Rotation ETF	517.19	-11.40
DWLD	Davis Select Worldwide ETF	246.78	-13.55
DUSA	Davis Select U.S. Equity ETF	229.33	-15.34
ARKQ	ARK Autonomous Technology & Robotics ETF	228.67	16.80
HUSV	First Trust Horizon Managed Volatility Domestic ETF	195.09	-12.27
DINT	Davis Select International ETF	181.19	-15.03
CACG	ClearBridge All Cap Growth ETF	164.65	-1.05
HDGE	AdvisorShares Ranger Equity Bear ETF	157.03	1.21
RFDI	First Trust RiverFront Dynamic Developed International	146.70	-17.24
HDMV	First Trust Horizon Managed Volatility Developed International ETF	144.89	-21.48
CCOR	Core Alternative ETF	131.22	-1.22
DWSH	AdvisorShares Dorsey Wright Short ETF	129.13	6.77
AMZA	InfraCap MLP ETF	125.25	-33.59
DFNL	Davis Select Financial ETF	116.83	-32.10
RFDA	RiverFront Dynamic US Dividend Advantage ETF	116.79	-11.55

단 기술을 결합한 것으로 약 40종목을 편입하고 있습니다. 이들 종목 가운데는 테슬라 Tesla와 트위터Twitter도 포함되어 있습니다. 운용보수는 0.75%를 부과합니다. 출시일 이후 204.12%의 수익률을 기록하면서 S&P 500 지수 수익률 46.45% 대비 5배 수준의 아웃퍼폼을 기록했습니다.

● —— ARK운용사가 발행한 액티브 운용 ETF의 성과 추이

—— ARKW　—— ARKK　—— ARKG　----- SPY(벤치마크)

ARKW도 주목할 만합니다. 운용규모 면에서는 ARKK의 1/3 수준에 불과하지만 2014년 9월 29일 출시되어 264.63%의 수익률을 기록했습니다. 대단한 수치입니다. 이 상품은 지역이나 산업에 제한을 두지 않습니다. 인터넷 혁명과 관련된 상품, 즉 사물인터넷 IoT, 클라우드 컴퓨팅, 디지털 화폐, 웨어러블 기술과 관련된 종목에 초점을 맞추었습니다. 자산운용규모 대비 일평균 스프레드는 0.14%에 불과해 편안한 거래가 가능합니다.

반면에 대형 자산운용사인 뱅가드에서는 VFMFVanguard US Mulitifactor을 출시했지만 운용규모는 5,400만 달러에 불과하고, 연초 이후 수익률도 -21.48%로 부진한 모습입니다. 또한 ETF 3대 주요 발행사인 블랙록, SSGA, 뱅가드에서는 각각 새로운 액티브 운용 주식형 ETF 상품을 출시했습니다. DYNFBlackRock US Equity Factor Rotation와 XLSRSPDR SSGA US Sector Rotation은 인기 있는 단일 팩터 또는 업종 ETF로 액티브 운용 범위를 확대한 상품들입니다. 그러나 아직은 운용규모와 수익률 측면에서 소형 운용사인 ARK사와는 비교가 되지 않지만, 대형 자산운용사에서 이제 막 관심을 갖고 상품을 출시했다는 점에서 액티브 운용 ETF 분야는 성장 가능성이 높다고 생각합니다.

밀레니얼 세대가 주도하는
경제 흐름에 적합한 ETF

앞으로 세상을 바꿔갈 트렌드에 투자하라

1982년에서 2000년 사이에 태어난 세대를 밀레니얼 세대라고 부릅니다. 영국 경제전문지 FT에서는 2018년 기준 전 세계 밀레니얼 세대 인구수는 18억 명으로 세계 인구의 25%를 차지한다고 합니다. 미국은 약 8,300만 명에 이르고 한국은 1,112만 명으로 추정됩니다. 밀레니얼Millennials 세대는 자금운용과 관련해 공통적인 문제점을 갖고 있습니다. 고공행진을 하고 있는 부동산에서부터 학자금 대출에 이르기까지, 20대와 30대들은 2008년 글로벌 금융위기가 발생했던 시점을 중심으로 그에 따른 대가를 지불하고 있습니다. 세계적인 투자은행인 골드만삭스Goldman Sachs는 밀레니얼 세대의 특징을 다음과 같이 정의했습니다.

❶ 미국 역사상 가장 큰 인구집단이다.

❷ 최초의 디지털 원주민이다. 인터넷, 스마트폰과 함께 자란 세대로 50% 이상이 비디오 게임을 하고 있으며, 45%가 온라인 채팅을 이용한다. 음악 및 비디오 다운로드를 이용하는 비중이 44%이다. 또한 소셜미디어 사용자 비율은 38%에 이른다. TV를 온라인으로 시청하는 비율은 38%이다.

❸ 빚을 진 세대이다. 졸업 후 상환해야 하는 학자금 대출 규모가 가장 많다. 25세를 기준으로 평균 학자금 대출 규모가 2003년에는 1만 달러였는데 2013년에는 2만 달러로 증가했으며, 2018년에는 거의 3만 달러에 이른 것으로 나타났다.

❹ 소셜과 연결된 세대이다. 온라인 검색 후 다른 사람들과 서비스, 상품, 브랜드 등에 관해 문자, 소셜미디어, SNS 등을 이용해 소통한다. .

❺ 낮은 취업률과 적은 수입으로 인해 이전 세대보다 지출여력이 낮은 세대이다.

❻ 결혼이나 주택 소유과 같은 지출을 미루는 등 지출 우선순위가 다른 세대이다.

가장 중요한 것은 밀레니얼 세대는 미래에 대한 불안감이 크다는 점입니다. 이는 노후대비에 대한 새로운 전략을 요구하는 경향으로 이어졌습니다. 기성세대들은 안정적인 직장을 바탕으로 정년 이후에 지급되는 연금만으로도 노후생활이 가능하다고 인식했던 반면, 밀레니얼 세대는 글로벌 금융위기로 인해 정년까지의 안정된 직장생활이 불가능함을 깨달은 것입니다.

밀레니얼 세대의 소비 지출 변화가 경제에 미치는 영향, 그리고 그들의 노후 생활을 위한 투자를 결합할 때 다음과 같은 펀드를 포트폴리오에 넣어보는 것도 고려할 만합니다.

XLY : 임의소비재 섹터 스파이더

밀레니얼 세대는 엔터테인먼트에 많은 돈을 지출합니다. XLYConsumer Discretionary Select Sector SPDR가 특히 밀레니얼 세대의 소비에 아주 적합한 이유는 아마존Amazon 같이 온라인 선두 종목이 편입23.9%되어 있기 때문입니다. 대표적인 내구 소비 관련 상품으로 밀레니얼 세대가 소비하는 대부분의 종목이 편입되어 있습니다.

DRIV : 글로벌 X 자율주행 및 전기차 ETF

2018년 플러그인 전기차의 전 세계 판매량은 210만 대로 2017년 대비 64% 증가했습니다. 쇼핑몰과 각종 주차장에서 더 자주, 더 많이 충전소들을 볼 수 있죠. 기업들은 이런 추세에 큰 투자를 하고 있으며, 자율주행차 기술도 나날이 발전하고 있습니다. 이와 관련된 미래가 구체화되려면 아직 몇 년이 더 걸리겠지만, 소유권 흐름과 대규모 투자를 바탕으로 한 불안한 조짐도 보입니다. DRIV GlobalX Autonomous & Electric Vehicles ETF는 테슬라 TSLA와 같은 자동차 회사뿐만 아니라 마이크로소프트MSFT와 하드웨어 제조회사인 엔비디아NVDA 등을 편입하고 있습니다. 아직 진화 중인 산업 트렌드에 비교적 안정적으로 참여할 수 있는 상품입니다.

GENY : 프린시플 밀레니얼 인덱스 ETF

GENY Principal Millennials Index ETF는 XLY보다는 밀레니얼 세대 소비패턴에 초점을 맞춘 상품입니다. 밀레니얼 세대 가운데서도 낮은 연령층의 소비 패턴과 관련된 종목을 편입하고 있습니다. 지역적으로도 미국에 한정되지 않고 전 세계를 대상으로 하는데미국과 해외 비중이 51:49 텐센트, 알리바바와 같은 종목이 이에 해당됩니다.

PBW : 인베스코 와일더힐 청정에너지 ETF

갤럽의 최근 여론조사에 따르면 18~34세 미국인들의 70%가 기후변화를 우려하고 있습니다. 이들보다 더 젊은 세대는 향후 몇 년간 기후변화를 녹색 환경으로 이끄는 데 핵심적인 역할을 할 것으로 보입니다. 인베스코가 발행한 PBW 청정에너지 ETFInvesco WilderHill Clean Energy ETF는 퍼스트솔라FSLR와 같은 대체 에너지 기업부터 전문 와이어와 전력 시스템 플레이어인 아메리칸 슈퍼콘도르AMSC 등의 산업 공급업체에 이르기까지, 관런 기업들을 편입한 매우 훌륭한 원스톱 숍입니다.

DSI : 아이쉐어즈 MSCI KLD 400 사회적 ETF

미투#metoo가 화두인 밀레니얼 세대의 시대에는 아동 노동력이나 회사 이사회의 여성 대표성 등과 같은 다른 윤리적 문제들에 대한 관심이 점점 더 커지고 있습니다. 환경, 소셜, 거버넌스 문제를 포함하는 ESG 혁명은 계속해서 탄력을 받고 있으며이와 관련해서는 뒤에서 더 자세히 다룰 것입니다, 새로운 세대의 투자자들은 그들의 가치를 공유하는 기업들에 돈을 투자 하고자 합니다. 14억 달러의 자산을 운용하고 있는 DSI iShares MSCI KLD 400 Social ETF는 이와 관련된 가장 인기 있는 방법 중 하나입니다. DSI는 마이크로소프트와 페이스북FB 등이 포함된 미국 대기업 400개 등으로 구성된 지수를 벤치마킹하며, ESG 특성에 관한 한 월가 기준에 미달하는 기업은 제외하고 있습니다.

FDN : 퍼스트 트러스트 다우존스 인터넷 인덱스

인더스트리 그룹인 디지털 커머스Digital Commerce는 2018년 전 세계 전자상거래 매출 이 18% 증가해 3조 달러 이상의 시장이 만들어졌다고 분석했습니다. 아마존닷컴이 없는 세상은 상상할 수 없는 디지털 원주민, 밀레니얼 세대가 이러한 성장의 중요한 축을 담당 했죠. FDNFirst Trust Dow Jones Internet Index은 전자상거래와 관련하여 40개에 이르는 종 목을 보유하고 있습니다. 편입 종목으로는 소매업체 아마존과 여행 포털 익스피디아그룹 EXPE뿐만 아니라 보안 및 결제 프로세서 업체인 베리사인VRSN, 많은 웹사이트의 백엔드 에 전력을 공급하는 거대 네트워킹 기업인 아카마이AKAM도 포함되어 있습니다.

GAMR : 비디오게임 기술 ETF

오늘날 비디오 게임은 전 세계 매출규모가 1,340억 달러를 상회하는 거대 산업으로 발전했습니다. 기술 컨설팅 회사인 액티베이트Activate는 전 세계적으로 2억 5천만 명 이상이 e스포츠 비디오 게임 대회를 시청한다고 추산했는데, 이들 산업은 젊은 게이머들의 참여도가 높아지는 추세에 따라 더 증가할 것으로 보입니다. GAMRETFMG Video Game Tech ETF은 아이들이 게임을 하게 만드는 대형 스튜디오부터 홍콩에 본사를 둔 스마트폰 게임 회사, 이를 테면 아이드림스카이 테크놀로지DSKY 같이 잘 알려지지 않은 기업에 이르기까지 소프트웨어와 하드웨어의 다양한 상위 글로벌 플레이어들을 편입하고 있습니다.

CLOU : 글로벌 X 클라우드 컴퓨팅 ETF

젊은 세대의 영향력에 의해 진행되고 있는 또 다른 중요한 디지털 기술 변화는 클라우드 컴퓨팅입니다. 영화와 음악을 스트리밍하거나 구독 기반 소프트웨어 버전을 사용하지, 젊은 미국인들은 더이상 물형의 소프트웨어를 구입하거나 로컬에 데이터를 저장하지 않습니다. 이와 관련해 CLOUGlobal X Cloud Computing ETF은 사람들이 잘 모르지만 기술적으로 우위를 점한 관련 기업들을 편입한 전술적 ETF입니다. IT 보안 및 방화벽 회사 지스케일러ZS와 제3자를 위한 백엔드 전자상거래 및 클라우드 기반 소매 플랫폼을 구축하는 쇼피파이SHOP 등 클라우드 컴퓨팅 인프라 투자 비중이 높습니다.

MILN : 글로벌 X 밀레니얼 테마 ETF

지금까지 나온 모든 추세에 한 번에 투자하고 싶다면 미디어, 기술 및 소비 트렌드를 연결하는 글로벌 X의 MILNGlobal X Millennials Thematic ETF에 관심을 가져보십시오. 월트디즈니DIS, 스타벅스SBUX, 페이스북FB 등 밀레니얼 세대로부터 이익을 얻는 경향이 큰 유명한 81개 기업으로 구성되어 있습니다.

XT : 아이쉐어즈 기하급수 기술 ETF

차세대 역동적인 기업에 베팅하려면 아직 들어보지도 못한 주식에 대해서도 생각해봐야 할 것입니다. 불과 10년 전이나 20년 전만 해도 시장을 지배했던 기술 회사들이 최근 엄청난 어려움을 겪고 있는 것을 생각하면 더욱 그렇습니다. 밀레니얼 세대들의 소득이 정점이었을 때의 소비지출 동향을 살펴보려면 XTiShares Exponential Technologies ETF를 보면 됩니다. XT는 3D 센서 기술을 개발하고 있는 AMS AG나 차세대 반도체 연구소인 램리서치LRCX 등 오래된 기술을 대체하고 새로운 시장을 창출하기 위해 고안된 특수 기술을 창출하는 기업들을 보유하고 있습니다. 포트폴리오 상의 200종목을 보면 익숙하지 않은 첨단 기술회사들의 정보를 얻을 수도 있을 것입니다.

코로나바이러스로 인해
주목할 만한 IT 산업 변화와 관련 ETF

팬데믹은 미래에 어떤 영향을 미칠 것이며 우리는 어디에 투자해야 할까

코로나바이러스의 출현과 유행이 우리 생활에 정말 큰 영향을 미치고 있습니다. 이와 관련해서 뉴욕타임스는 코로나바이러스가 미국인들의 소비 지출 패턴에 엄청난 변화를 일으켰다고 분석했습니다. 제일 큰 타격을 입은 분야는 항공, 레스토랑, 스포츠 경기 등이지만, 백신 개발과 치료에 성공하여 경제 활동이 재개된다면 이들 분야는 충분히 회복될 수있을 것으로 보입니다. 더욱 중요한 것은 재택근무와 이동제한명령 등으로 인해 IT 산업이 획기적인 변화를 보이고 있다는 점입니다. 즉, 디지털화가 더욱 가속될 것으로 예상하고 있습니다.

코로나 이후의 세상, 변화는 이미 시작되었다

많은 컨설팅 및 리서치 전문기관들이 내놓은 코로나바이러스 이후 변화될 IT 업계의 모습은 다음과 같습니다.

재택근무의 확산

노동력을 분산 배치하는 데 거부감을 갖고 있던 기업들조차도 재택근무를 하지 않을 수 없는 상황에 처했습니다. 앞으로 바이러스 확산이 멈춘다 해도 재택근무 흐름은 지속될 것으로 보입니다. 재택근무에는 여러 장점이 있지만, 많은 기업은 이를 지원할 인프라구조가 부족한 것이 현실입니다. 실제로 기업들은 이와 관련해 디지털 전환의 장점을 깨닫는 중입니다.

하드웨어(장비 및 가구) 매출의 증가

컴퓨터, 프린터 및 다른 소비용 IT 장비들에 대한 관심이 폭증할 것으로 예상됩니다. 코로나바이러스가 발생하면서 재택근무용 랩탑과 모니터를 사기 위해 경쟁이 벌어지기도 했습니다. 이번 추세는 매우 길게 진행되고 있는 데다, 사람들이 재택근무를 하기 위해서는 반드시 사야 하는 물품들이 있습니다. 여기에 더하여, 원격 근무가 보편화될 경우를 대비해 이를 보다 편리하게 해 줄 각종 물품들을 갖춰놓고자 하는 사람들도 많을 것입니다. 책상, 사무실용 의자와 스피커 등이 이에 해당됩니다. 이케아Ikea와 동종업계에는 긍정적인 뉴스라 하겠습니다.

원격진료의 본격화

원격진료에 대한 수요가 급증할 것이며, 코로나바이러스에 대한 대응으로 이러한 추세는 더욱더 가속화될 것입니다. 가상의 의사와 접촉하는 등 각종 형태의 원격 진료를 이용하면 병원에서 보내는 시간이 줄어들어 보다 많은 사람이 의료 서비스를 받을 수 있게 됩니다. 이를 위해 연방통신위원회FEDeral Communications Commission는 코로나바이러스 지원 법안에 의해 긴급 통신의료 프로그램 용도로 조성된 2억 달러의 자금을 운용할 예정입니다. 또한 더 많은 요양원이 생길 테고, 가정에서는 웨어러블 헬스 감지기부터 이동과 낙하를 감지할 수 있는 무선 모니터링 시스템에 이르기까지 다양한 연결 건강 장치들을 찾게 될 것입니다. 스마트 헬스기업 킨사Kinsa의 와이파이 온도계, 애플 왓치와 같은 수요가 증가할 것으로 보입니다.

사용 범위가 확대되는 생체인식

생체지문 판독의 수요는 급속히 줄어들 것으로 보입니다. 장치 또는 스크린에 사용자들의 물리적인 접촉이 필요한데, 공유된 표면을 통한 전염병 감염 가능성이 매우 높기 때문입니다. 비록 규칙적으로 세밀하게 청소한다 해도 사용자들의 불안감을 잠재우기는 쉽지 않을 것입니다. 이에 대한 대안으로, 앞으로 안면 비접촉과 홍채 인증 방식에 대한 관심이 더욱 높아질 것으로 보입니다. 마이크로소프트, 애플, 아마존, 알파벳 등이 안면인식의 선두주자들입니다.

잠재력이 실현될 가상현실 기술

여행 제한으로 인해 기업들은 활동에 어려움을 겪고 있습니다. 이에 대한 대안으로 스마트 안경에 대한 새로운 수요가 창출될 것으로 보입니다. 스마트 안경은 도식 및 기타 정보 전달 방식을 오버레이할 수 있어 경험이 부족한 근로자라도 급박한 상황에서 작업을 완료할 수 있도록 도와줍니다. 일례로, 자동 제어기기 회사인 허니웰Honeywell은 뷰직스 하드웨어로 전문가와 유지보수 직원을 연결하는 서비스를 제공하고 있습니다. 이처럼 비디오 카메라가 장착된 안경과 디지털 정보가 오버레이된 투명렌즈가 가장 많은 인기를 얻으리란 전망입니다. 뷰직스Vuzix, 엡손Epson 및 다른 업체들이 생산하는 헤드셋은 와이파이 또는 셀룰러와 연결되어 있어서 구직 사이트에서 원격 구인 면접을 할 수도 있습니다.

첨단 AR 하드웨어의 선두주자는 마이크로소프트입니다. 마이크로소프트의 홀로렌즈 HoloLens 헤드셋은 직장이나 사무실에서 실제와 같은 가상 회의를 조성해줍니다. 이처럼 원격 작업을 용이하게 하기 위한 기업의 수요가 증가할 것으로 예상됩니다.

로봇이 첨단 기술 혁신을 리드할 것

단기적으로 산업용 로봇의 출하량은 급감할 것으로 예상됩니다. 이로 인해 투자와 판매도 고갈되어 로봇 관련 스타트업들의 이합집산이 빨라질 것으로 보입니다. 그러나 공장 자동화가 계속 추진되고 있기 때문에, 향후 몇 년 내에 재기의 기회가 주어질 것입니다. 자동화에 대한 제조업체의 관심이 높아지기 시작함에 따라 새로운 애플리케이션을 더욱 강력하게 추진하는 로봇 제조업체에 주목해야 합니다.

요즘 가장 강력한 수요 증가를 보이는 것은 바이러스 퇴치를 위한 로봇으로, 대표적인 것이 병실을 자외선으로 소독할 수 있는 UVD 로봇입니다. 중국에 본사를 둔 티엠아이롭 TMiRob은 우한 지역의 병실을 소독하는 데 사용되는 로봇을 제조합니다. 창고와 병원 주변에서 제품을 옮기는 로봇도 공정을 자동화할 수 있기 때문에 수요가 증가할 수 있습니다. 피츠버그에 본사를 둔 에톤Aethon은 환자에게 약, 식사, 물자를 가져다줄 수 있는 로봇을 만드는데 이를 사용하면 장기적으로 비용을 절약하고 사람과의 접촉도 피할 수 있습니다. 이 로봇은 환자 간호뿐 아니라 제조업에서도 사용된다고 합니다.

날개를 단 드론 배달 분야

미 연방정부가 배달용 드론 채택과 관련된 규제를 해제할 것으로 기대되며, 배달 드론 분야의 발전이 가속화될 듯합니다. 드론은 유행병이나 이와 유사한 혼란에서 필수적인 자원이 될 수 있습니다. 중국은 코로나바이러스 때 드론을 이용해 약품 운반, 공공장소 소독,

음식 전달 등을 실험해 왔습니다. 의약품과 바이러스 검사 키트를 전달하는 등 우선은 생명을 구하는 용도에 초점이 맞춰질 텐데, 이 같은 용도와 관련해 더 많은 특별 서류면제 등이 시도될 것으로 보입니다. 또, 경찰의 감시와 추적을 도와주는 드론 판매도 늘어날 전망입니다. 드론을 이용하여 봉쇄된 지역에서 군중을 해산시키는 등의 용도로 쓰일 수 있습니다.

이와 관련해 우선권을 가질 곳은 다름 아닌 미국의 드론 제조사들입니다. 미국정부는 중국 무인기에 대해 계속해서 경고해왔죠. 따라서 가능한 미국 모델을 먼저 추진할 테지만, 현실은 쉽지 않을 것으로 보입니다. 중국기업인 DJI가 시장의 대부분을 장악하고 있는 상황이기 때문이죠. 미국의 제작자들로는 임파서블 에어로스페이스Impossible Aerospace와 스카이디오Skydio가 있습니다. 또한 구글의 프로젝트 윙Project Wing과 아마존의 프라임 에어Prime Air에도 관심을 가져보면 좋겠습니다. 프랑스의 패럿Parrot과 호주의 플러티Flirtey는 소형 무인기를 만드는 기업들입니다.

인터넷망 연결 및 속도에 더욱 큰 노력을 쏟을 예정

더 많은 연방 기금들이 재택 교육을 위하여 쓰일 전망입니다. 특히 학교를 가정 및 다른 곳에 있는 아이들과 연결하기 위해 인터넷망 구축에 사용되는 자금 지원을 자유롭게 하라는 요구가 연방통신위원회FCC를 압박하고 있습니다. 코로나바이러스로 인해 수천만 명의 학생들이 등교할 수 없게 되었는데 이들 중 상당수는 인터넷 연결이 되지 않는 환경에 살고 있습니다. 이번 코로나바이러스 상황은 미국 내에서도 심각한 정보 격차 상황을 부각시켰습니다. 거의 2,100만 명의 미국인들이 시골 지역에 있으며 신뢰할 수 있는 고속 웹이 부족하다는 문제가 수면 위로 떠오른 것입니다. 이와 관련해 문제를 해결하기 위한 방안이 미 국회에서 논의될 전망입니다.

코로나바이러스 이후 세상에 투자하는 ETF

이와 같은 흐름과 연관된 종목들로 구성된 ETF로는 어떤 것들이 있을까요? 대표적인 3가지 상품을 추려보았습니다. 3가지 모두 코로나바이러스 국면에서 S&P 500 지수 대비 나은 성과를 보였습니다.

XITK : 스파이더 팩트셋 혁신 기술 ETF

2016년에 출시된 것으로, 혁신과 관련된 기술 및 전자 미디어 기업에 초점을 맞추고 있습니다. 편입 대상 기업들은 하위 사업부문에서 높은 매출을 창출할 수 있는 혁신 기업들로, 성장 중심의 기술 기업들은 종종 가치변화가 발생하기 때문에 하이 리스크 유형의 상품이라 하겠습니다. XTIKSPDR FactSet Innovative Technology ETF는 출시일 이후 162%2020년 5월 22일 기준 상승했으며, 1년간 성과는 27%로 S&P 500 지수를 큰 폭4.3%으로 아웃퍼폼하고 있습니다. 편입 종목은 99개로 주로 소프트웨어, IT 관련주 등입니다. 반도체와 미디어 관련 기업도 편입 대상으로 고려하고 있습니다. 최대 편입 비중2.4%을 보인 종목은 줌 비디오 커뮤니케이션ZM으로, 코로나바이러스 이후로 화상회의 급증에 따른 주가 상승이 돋보인 종목입니다. XTIK의 운용규모는 9,484만 달러이고, 운용보수는 0.45%입니다.

FDN : 퍼스트 트러스트 다우존스 인터넷 지수 펀드

FDNFirst Trust Dow Jones Internet Index Fund 은 다우존스 인터넷 종합지수Dow Jones Internet Composite Index를 추종하는 펀드입니다. 기초지수는 유동성 수정 시가총액 비중으로 구성되며, 인터넷 산업에 속하는 미국 대형주에 초점을 맞추고 있습니다. 인터넷 부분에서의 매출 비중이 현저히 높으면서 최소 3개월 이상 거래되고 시가총액이 최소 1억 달러를 넘는 기업들로 구성되어 있습니다. 먼저 후보 기업들의 3개월 시가총액을 3개월 평균 거래량으로 나누어 순위를 정합니다. 이를 기준으로 40종목을 선정하는데, 15개 기업은 인터넷 상거래, 25개 기업은 인터넷 서비스 관련 기업입니다. 개별 종목 편입비는 10%를 상회할 수 없고, 분기별로 리밸런싱을 실시합니다. 대표적인 편입 기업은 아마존, 페이스북, 알파벳 등입니다. 현재 운용규모는 77억 달러이고, 운용보수는 0.52%입니다. 2006년 6월 19일에 출시되었습니다.

SKYY : 퍼스트 트러스트 클라우드 컴퓨팅 ETF

SKYYFirst Trust Cloud Computing ETF는 클라우드 컴퓨팅 산업에 관련된 기업들로 구성되어 있습니다. 인프라, 플랫폼, 소프트웨어 등의 기준에 대해 각각 3, 2, 1의 점수를 부여하고 이를 더하여 순위를 결정합니다. 운용역은 다른 판단 기준을 사용하지 않으며 어떤 클라우드 컴퓨팅 기업이 업종 내 상위를 차지할지에 대해 예측하지도 않습니다. 주요 편입 종목으로는 아마존AMZN, 마이크로소프트MSFT, 알파벳 클래스 AGOOGL, 오라클ORCL, 쇼피파이SHOP, 몽고디비MDB, 시트릭스 시스템CTXS, 알리바바그룹BABA 등이 있습니다. 운용 자산규모는 28억 6천 달러이고, 운용보수는 0.60%입니다.

핫이슈로 부상한 ESG ETF의
성장 전망

ESG ETF가 주목받는 이유와 SRI와의 차이점

ESG ETF는 환경, 사회적 의식·사회 인식 및 거버넌스 원칙ESG을 중심으로 구축된 전략에 따라 투자하는 것입니다. 데이터 수집과 표준화에 대한 큰 진전이 있었고, 덕분에 지난 10년 동안 인기를 얻었습니다. 국내에서도 대기업 관련 지배구조 문제가 부각되고, 친환경 에너지 산업에 대한 관심도가 높아지면서 ESG 개념에 보다 친숙해진 느낌입니다.

인베스토피디아Investopedia의 정의에 따르면 ESG 투자의 목적은 지속가능한 사업 관행에 초점을 맞춘 기업의 참여를 극대화하는 동시에 주주들에게 경쟁력 있는 수익률을 안겨주는 데 있습니다. 그렇다면 ESG란 구체적으로 무엇을 의미할까요?

❶ **환경(Environmental)** : 에너지 사용, 폐기물, 공해, 천연자원 보존 및 동물 치료
❷ **사회적 인식(Social Awareness)** : 노동 관행, 이사회 및 경영 다양성, 근로 조건
❸ **지배구조(Governance)** : 회계 관행, 소송 위험, 이해 상충

서스테널리틱스Sustainalytics와 같은 ESG 리서치 제공업체들은 기업 관행을 보다 체계적으로 포착하고 판단한 다음, 이러한 데이터를 동종업종예 : 에너지 부문 피어 그룹과 비교하

여 표준화하는 작업을 진행하고 있습니다. 중대한 재무 문제 또는 기업의 경제적 가치가 ESG 이슈에 의해 위험에 처할 가능성을 찾고, 그것에 더 초점을 맞추기 위한 밸류에이션 방법론을 발전시키는 중입니다.

ESG ETF 산업의 향후 발전 가능성은 매우 높은 것으로 보입니다. BBHBrown Brothers Harriman사가 조사한 2020년 <글로벌 ETF 조사Global ETF Survey> 결과를 보면 글로벌 투자자들의 약 74%는 2020년에 ESG ETF를 매수할 계획을 갖고 있고, 거의 모든 투자자가 향후 5년 내에 ESG ETF가 자산배분에서 매우 중요한 역할을 할 것으로 전망했습니다.

이와 같은 전망은 2020년 1분기 자금 흐름에서도 찾아볼 수 있습니다. 코로나바이러스가 발생했음에도 불구하고, 전 세계 투자자들은 1분기에 456억 달러 규모의 자금을 ESG 펀드에 투자했습니다. 전체 펀드시장에서 3,847억 달러 규모의 자금이 유출된 것과는 대조적입니다.

3월 말 기준으로 글로벌 지속가능 펀드 운용자산규모는 8,410억 달러입니다. 이 가운

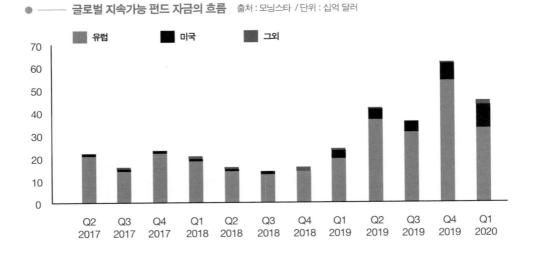

● —— 글로벌 지속가능 펀드 자금의 흐름 출처 : 모닝스타 / 단위 : 십억 달러

데 유럽이 전체 시장의 76%를 점유하는 등 최대 시장으로 자리 잡고 있습니다. 그중 미국의 성장세가 돋보입니다. 미국에 등록된 ETF로의 1분기 자금 유입액은 104억 5천 달러로 전체 유입 규모의 23%를 차지했습니다. 이는 전 분기 약 70억 달러 유입 규모에 비해 거의 20% 증가한 것입니다. 글로벌 자금 유입액은 2019년 4분기 대비 27% 감소했고, 이 가운데 주로 유럽 지역의 자금 유입 규모가 두드러지게 감소했지만 미국 및 다른 국가에서는 오히려 증가한 것으로 나타났습니다.

ESG 성장을 가속화시키는 팬데믹 사태

더욱더 중요한 것은 앞서도 언급했듯 전대미문의 전염병 발생으로 인해 경제 및 주식시장이 급격한 침체 국면을 보였던 1분기에도 이러한 긍정적인 자금 흐름을 보였다는 점입니다. 이는 코로나바이러스위기가 ESG에 다음과 같은 영향을 미쳤기 때문입니다.

ESG 전략이 성과를 내며 성장세가 두드러졌다

ESG 투자 전략의 성장세는 수익 창출 능력과 직접적인 관련이 있습니다. 2020년 1분기에 ESG 전략패시브 및 액티브 운용 포함은 아웃퍼폼하면서 기록적인 수준의 자금 유입을 불러일으켰습니다. 1분기에 26개 ESG 인덱스펀드 가운데 24개 펀드가 미국, 미국 외, 이머징 마켓 등에서 전통적인 지수를 상회했습니다. 예를 들어 S&P 500 ESG 인덱스, MSCI ACWI ESG 리더스 인덱스, 러셀 1000 ESG 인덱스 등은 벤치마크다른 ESG가 아닌 기존 지수 대비 아웃퍼폼했습니다. 실제로 미국에 상장된 ESG 주식 개방형 펀드와 ETF의 수익률은 상위 44%에 진입했으며, 11%만이 하위에 속한 것으로 나타났습니다.

ESG 요소 가운데 특히 S가 빛을 발했다

ESG 이슈 중에서도 특히 S, 즉 사회적 인식과 관련하여 두드러진 성과가 나타났습니다. 하버드 경영대학원 교수인 조지 세라핌George Serafeim은 <코비드-19 사태 중 기업탄력성 및 대응Corporate Resilience and Response During COVID-19>라는 제목의 보고서에서 "종업원 보호해고 기피, 치료비 지원, 공급망 리스크 관리공급망 파괴를 방어하기 위한 안전장치, 솔루션 제공을 위한 재목적화 운영마스크 및 산소공급기 생산 등의 방식으로 대응하고 있는 기업들이 더 많은 기관투자 자금을 끌어들였고 마이너스 수익률을 줄였다"라고 강조했습니다. 우월한 인적자본과 이에 관한 정책을 갖고 있는 기업들은 강력한 종업원 도덕성, 고객 충성도, 브랜드 가치 등을 통해 장기적으로 경쟁력이 커질 수 있다는 뜻입니다.

주주 참여의 중요성을 깨닫게 해 주었다

ESG 이슈는 계속해서 기관투자자들에게 주주 참여의 중요성을 일깨우고 있습니다. 환경 및 사회적 주주 제안을 지지하는 투자자들이 급속히 증가하고 있기 때문입니다. 일례로, 록펠러 자산 운용Rockefeller Asset Management사의 주주 참여팀은 인적자본 관리와 공급망 정책을 지닌 기업들로 포트폴리오를 구성합니다. 기업들은 코로나바이러스에 대한 자사의 대응과 영향에 관련된 정보를 실시간으로 제공하고, 이는 투자 원칙을 세우는 데 도움이 됩니다. 이런 흐름 속에서 투자자들은 점점 더 주주 가치와 긍정적인 변화를 유도하는 데 도움이 될 수 있는 주주 참여 기법에 관심을 갖게 될 것입니다.

장기적인 그린 정책에 순풍 역할을 할 것이다

국제에너지기구IEA는 코로나로 인한 경제적 파급효과가 청정에너지로의 전환 속도를 늦출 수 있다고 경고했습니다. 에너지 수요 감소는 단기적으로 민간영역의 투자에 부정적인 영향을 미치고, EU 탄소배출 거래 가격의 하락은 재생에너지 투자에 대한 인센티브 요인을 방해하리란 것입니다. 물론 단기적인 발전을 저해할 수는 있습니다. 하지만 장기적으로는 순풍 역할을 하리라 보입니다. 나사NASA에서는 워싱턴과 보스턴의 3월 공기 오염도이 산화질소로 측정가 2015~2019년에 비해 30% 낮아졌다고 발표했습니다. 유럽항공우주국ESA에 따르면 아시아 및 유럽 지역의 산업단지에서 1년 전 1~2월에 비해 이산화질소가 40% 감소했다고 합니다. 산업 활동으로 인한 대기오염과 건강과의 연관성이 더욱 뚜렷해짐에 따라 녹색 정책이 지속적으로 시행될 것으로 전망됩니다. 유럽과 한국에서는 전염병 이후의 회복 계획에 그린 뉴딜 이니셔티브를 포함시키기 위해 노력 중입니다.

데이터 보안과 프라이버시에 대한 우려감이 커지고 있다

존스홉킨스 병원의 코로나바이러스 및 미래 전염병 관리계획에는 ❶ 코비드-19 증상이 합리적으로 의심되는 사람에게 진단검사를 실시하고, ❷ 면역력이 생긴 사람들을 식별하기 위해 혈청검사를 하고, ❸ 보고된 사례와 접촉한 사람들을 모두 추적할 수 있어야 한다고 되어 있습니다. 실제로 애플과 구글은 감염자들에 관한 정보를 수집하고, 공공 의료기관 및 정부에 이를 제공하기 위한 블루투스 기술 활용에 협력하겠다고 발표했죠. '접촉자 추적'이라고 알려진 과정은 감염된 사람들과 접촉을 가진 사람들을 식별하고 위험성을 알려주는 데 도움이 됩니다. 바이러스 확산 속도를 저지하고 수많은 생명을 구하는 역할도 합니다. 그러나 이는 ESG 분석에서 'S'를 평가하는 데 주요 이슈가 되고 있는 데이터 보안과 프라이버시 사이의 경계를 모호하게 할 수 있습니다. 전염병 위기를 해결하기 위해 보건정책에 대한 일부 합의가 필요하지만, 이러한 이슈는 향후 쟁점이 될 것으로 보입니다.

이와 같이 위기 국면에서도 빛을 발하고 있는 ESG ETF는 투자뿐만 아니라 운용 측면에서도 새로운 투자 영역으로 자리 잡을 것으로 보입니다. 태도 변화를 보이고 있는 대표적인 발행사로는 블랙록이 있습니다. CEO인 래리 핑크Larry Fink는 연초에 주주들에게 보낸 서한에서 "기후변화로 인하여 2가지 주요한 리스크에 직면하고 있음을 인지했다"라고 말했습니다. 2가지 주요 리스크란 기온 상승 및 해수면 상승과 같은 물리적인 리스크, 저탄소 경제로의 사회적 변화와 연계된 전환 리스크입니다. 이에 대응하기 위해 ESG 투자에 대한 기준을 상향하고 적극적인 상품 개발에 나서기로 한 것입니다.

현재 블랙록은 14개의 ESG ETF를 출시했고, 운용자산은 14억 달러에 이릅니다. 그리고 유럽에서는 67개의 ETF를, 싱가포르에서는 10개, 중국에서는 7개를 운용 중입니다. 다른 대형 운용사들도 이러한 흐름에 동참하기 시작했다는 점에서 ESG ETF 영역은 더욱 발전할 것으로 생각합니다.

● ——— 블랙록의 아이쉐어즈 ESG ETF

티커	ETF 명	운용자산 규모(백만 달러)	운용보수(%)
SUSB	iShares ESG Aware 1-5 Year USD Corporate Bond ETF	193	0.12
ESGD	iShares ESG MSCI EAFE ETF	1,490	0.20
ESGE	iShares ESG MSCI EM ETF	890	0.25
ESGU	iShares ESG MSCI U.S.A. ETF	1,500	0.15
ESML	iShares ESG MSCI U.S.A. Small-Cap ETF	113	0.17
SUSL	iShares ESG MSCI USA Leaders ETF	1,86	0.10
EAGG	iShares ESG Aware U.S. Aggregate Bond ETF	177	0.18
SUSC	iShares ESG Aware USD Corporate Bond ETF	91	0.46
ICLN	iShares Global Clean Energy ETF	450	0.20
BGRN	iShares Global Green Bond ETF	43	0.20
SDG	iShares MSCI Global Impact ETF	75	0.49
DSI	iShares MSCI KLD 400 Social ETF	1,870	0.25
SUSA	iShares MSCI USA ESG Select ETF	1,210	0.25

ESG와 SRI, 무엇이 다른 걸까?

사회적으로 의식 있는 투자자들 사이에서 사회적책임투자SRI와 ESG 투자는 핫이슈입니다. 그런데 이 둘의 차이점에 대해 의문을 품은 분들도 있으리라 생각합니다. 저도 처음에 이러한 개념을 접할 때 혼란스러웠던 기억이 있습니다.

SRI는 투자 환경 및 사회적 효과를 염두에 두고 이들 분야에 긍정적인 영향을 끼칠 수 있도록 투자하는 것입니다. SRI 투자는 녹색 또는 윤리 투자로도 알려져 있습니다. 혹시 임팩트 인베스팅impact investing이라고 부르는 SRI 투자 범주에 대해 들어본 분이 있을지 모르겠습니다. 이는 투자를 통하여 긍정적인 사회적 영향력을 미치는 데 초점을 맞춘 것입니다. 고질적인 실업률이나 재범률과 같은 사회적 문제를 해결하는 데 많은 역할을 하고 있는 혁신적인 기업들에게 자본을 제공하는 것으로, 일부에서는 SRI에 임팩트를 추가하여 '지속가능, 책임, 임팩트' 투자sustainable, responsible, impact' investing라고 표현하기도 합니다.

SRI 투자는 기업이 이러한 기준을 충족하는지 여부에 따라 투자자가 특정 투자기회에서 철수할 수도 있다는 점에서 보다 적극적인 접근법이라 할 수 있습니다. 투자자들은 ESG 기준이나 활동에 부합되는 개별 기업을 매수함으로써 SRI 투자에 참여할 수 있습니다. 또한 SRI에 초점을 맞춘 ETF를 통해 SRI에 우호적인 다수의 기업군들에 투자할 수 있습니다.

■ SRI와 ESG는 명확한 차이점이 있음에도 불구하고, 서로 밀접하게 연결되어 있다. 지속 가능하고 책임 있는 투자를 위한 포럼The Forum for Sustainable and Responsible Investment에서는 'SRI는 장기적으로 경쟁력 있는 금융 수익률과 긍정적인 사회적 영향력을 창출하기 위해 ESG를 고려한 투자 원칙'이라고 정의한다.

한편, ESG는 ESG 기준에 적합한 기업에 투자하는 것을 의미합니다. 보다 정확히 표현하면 ESG 투자는 이러한 3가지 기준환경, 사회, 거버넌스이 투자성과, 즉 수익률에 어떤 영향을 미치는가를 고려해서 투자하는 것입니다. ■

버트 자산 운용Vert Asset Management사에서는 아

래와 같은 도표를 통해 2가지를 명확히 구분했습니다.

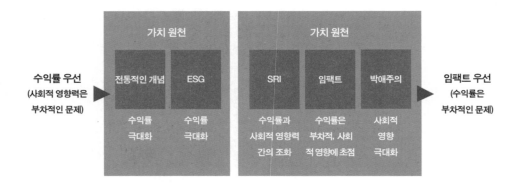

왼쪽 영역의 가치 원천 범주는 수익률만을 극대화하는 것으로 리스크와 보상 간의 관계를 고려하지 않은 투자 전략이 포함됩니다. 전통적인 전략과 ESG 전략 모두 리스크의 대가로 금융 수익률을 최대화하는 데 목적을 두고 있습니다. 다른 이슈들이 부각되기 전에 수익률을 우선적으로 고려하는 것입니다.

오른쪽의 가치 원천 범주는 임팩트를 우선시하는 것으로 투자자들의 가치가 충족된 이후의 수익률을 고려한 것입니다. 물론 금융 및 사회적 수익률에 초점을 맞춘 다양한 펀드들의 스펙트럼이 있습니다. 어느 쪽에 초점을 맞추는가에 따라 ESG와 SRI가 구별됩니다.

ESG 범주에는 체계적인 접근 방법과 적절한 리서치를 기반으로 한 전통적인 재무분석에 환경, 사회와 지배구조의 위험성 및 기회environmental, social and governance risks & opportunities가 포함됩니다. 즉, ESG는 경제적 가치에 관한 것입니다. 이에 비해 SRI는 포트폴리오에 윤리적 및 사회적 관심사를 반영하려 합니다. 다시 말해, SRI는 개인이 중요하게 여기는 가치와 관련된 것입니다.

경제적 및 개인적인 가치가 겹치는 부분에서 혼란이 발생할 수 있습니다. 예를 들어, 오염은 기업의 이익과 개인의 건강에 리스크 요인으로 작용합니다. 따라서 어떤 이유든지 오염에 관련된 기업을 배제하는 것이 가장 좋은 방법일 것입니다. 많은 투자자는 2가지 모두를 의식할 텐데 이러한 경우 펀드는 SEG와 SRI라고 부릅니다.

그러나 중요한 것은 투자 목적과 운용성과를 평가할 때 SRI 투자의 또 다른 형태와 ESG 전략을 혼돈해서는 안 된다는 점입니다. SRI 펀드 성과에 관한 연구결과가 ESG 펀드에는 적용되지 않을 수 있습니다. SRI 또는 지속가능 펀드의 성과에 관한 연구에는 투자 목적이 혼재되어 있어 그 결과가 확실하지 않을 것입니다. 유사성 비교를 통해서만 의미 있는 결론을 낼 수 있습니다. 금융 수익률을 최대화하려는 ESG 펀드들과 투자 목적의 균형을 맞추려는 SRI 펀드의 성과는 다를 것이기 때문입니다.

예를 들어 술, 담배, 도박, 포르노, 무기와 같은 사업을 영위하는 기업을 배제한 SRI 펀드의 운용보수가 1.5%라고 해봅시다. 이것을 운용보수가 0.25%인 ESG 인덱스 ETF와 비교할 수 있을까요? SRI 펀드는 운용보수가 문제가 아니라, 그러한 기업들을 배제했기 때문에 특별한 경우가 아니면 언더퍼폼할 가능성이 높습니다. 그러나 ESG ETF는 시장 수익률을 창출할 가능성이 높습니다.

이제 여러분은 2가지 유형의 차이점을 어느 정도 이해했을 것입니다. 그렇다면 각자의 유형에 따라 상품을 선택하는 요령을 알아보겠습니다.

나는 사회 및 환경에 우호적인 투자를 지지하지만 궁극적인 투자 결과에도 관심이 있다

이런 유형이라면 ESG 투자가 적합할 것입니다. ESG 팩터가 투자수익률에 어떤 영향을 미치는가를 고려하여 투자하는 스타일입니다.

나는 신념에 부합되지 않는 특정한 분야는 절대 지지할 마음이 없다

좀 더 적극적인 사회운동가 유형이라면 SRI가 적합할 것입니다. 기억할 점은 SRI 투자는 특정 기업, ETF 또는 뮤추얼펀드 투자가 아니란 사실입니다. 그러한 상품들은 사회 또는 환경 친화적인 투자에 대한 신념에 부합되지 않을 수 있습니다. 또한 수익률이 낮을 수 있다는 것도 감안해야 합니다.

결론적으로 SRI는 투자의 환경적·사회적 효과를 염두에 둔 투자 유형인 반면, ESG는 투자의 환경적·사회적 요인 및 기업의 지배구조 요인이 투자의 시장 성과에 어떤 영향을 미치는지에 초점을 맞추고 있습니다. 비슷하긴 하지만 2가지 개념에는 큰 차이가 있습니다. ESG 투자는 특정 기준을 준수하려는 기업의 의지또는 그에 대한 결여가 특정 기준에 대한 기업의 실적에 어떤 영향을 미칠 수 있는지를 고려합니다. 반면, SRI 투자에는 특정 표준을 충족하지 못한 특정 기업이나 펀드에 적극적으로 투자하지 않는 행위도 포함될 수 있습니다.

테마 ETF라고
모두 트렌드에 부합하는 것은 아니다

제대로 된 트렌드 테마 ETF를 찾는 요령

테마 투자는 거시경제 흐름을 정확히 파악하고 그에 적합한 투자를 통해 수익을 창출하는 것을 말합니다. 많은 투자자가 이미 이러한 테마 투자를 하고 있습니다. 예를 들면 금리 인상기에 수혜를 입을 기업이나 재택근무나 원격의료 발전에 따라 성장하거나 이익이 증대될 것으로 예상되는 기업을 중심으로 포트폴리오를 구성하는 식입니다.

세계적인 컨설팅 기업인 타워왓슨Tower Watson은 테마 투자의 정의와 목적을 이렇게 설명했습니다. "테마 투자는 미래의 흐름에 자본을 투자하는 것이다. 이는 과거의 성과가 미래에도 이어질 것이라는 가정을 근거로 자본을 투자하는 '시가총액 접근 방법'과는 상반된 개념이며, 미래의 흐름을 명확히 하는 데 초점이 있다. 왜 테마 투자를 해야 하는가? 경영 환경이 급격히 변화하고 있기 때문에 오늘의 승자는 미래의 흐름을 전망하고 이를 새로운 투자 기회로 적극적으로 활용해야 하기 때문이다."

예를 들어 디지털 가속화에 관련된 테마를 좀 더 세분화하면 다음과 같이 정리할 수 있습니다. 자료: Allianz Global Investors

- 디지털 개인 금융   • 소셜미디어   • 디지털 광고

● 이러닝   ● 위성 및 우주 개발

테마 투자를 하려는 투자자들 상당수는 지수를 상회하거나 장기적으로 절대 수익을 추구하는 등 수익률에 초점을 맞춥니다. UBS의 보고서에 따르면 다양한 비즈니스 사이클에서 장기 테마를 읽어내는 통찰력을 가진 투자자들은 금융시장의 단기 성과에 의해 만들어지는 가격불일치mispricing 현상에 의해 수익을 얻을 수도 있다고 합니다. 단순히 성장 스토리에 집착하는 것에서 벗어나 투자자들이 알고 있고 목격할 수 있는 사실 등에 근거하여 투자와 테마를 연결할 수 도 있습니다. 메릴린치에 따르면 미국 부자들의 3/4은 투자의사결정 시 장기 테마를 주요한 투자 요소로 고려합니다.

일부 복잡한 투자기법을 사용하는 기관투자자들은 테마 투자를 헤지 리스크의 형태로 이용하기도 합니다. 예를 들면 원유 가격에 많이 노출되어 있는 연기금 펀드의 경우 재생 에너지 기업에 투자함으로써 유가의 변동성에 대비하는 식입니다.

성공적인 테마 투자를 위해서는 ❶ 구조 변화를 정확히 식별하고 ❷ 이러한 변화에 높은 노출도를 갖고 있는 기업을 발견하고 ❸ 테마의 성장잠재력에 비추어 기업이익이나 미래 성장 가능성이 충분히 반영되지 않은 초기 시점에 진입해야 합니다. 기관투자자들이 앞다투어 테마 투자에 나서고 있는 가운데, 맥킨지에서는 "투자자들은 테마가 갖고 있는 높은 수준의 매력도를 평가하고, 이에 대한 노출도가 높은 사업구조를 갖고 있는 기업에 대한 확신을 가져야 한다. 따라서 지속적으로 테마에 관한 진출입 시점을 주시해야 한다"라고 강조했습니다.

다음은 테마 ETF 운용사로 유명한 글로벌 X가 테마 투자의 특징인 확신conviction, 투자 대상으로서의 가능성investability, 장기 성장성Time Frame을 기준으로 최선과 최악의 전략을 구분한 것입니다.

확신(conviction)

❶ **최선의 접근 방법** 인구구조, 기술, 행동, 정치 및 규제 등의 의미 있는 구조적 변화에 대한 높은 확신을 갖고 있다.

❷ **최악의 접근 방법** 테마의 구체성이 부족하거나 추측에 근거한 것으로, 낮은 확신을 갖고 있다.

투자 대상으로서의 가능성(investability)

❶ **최선의 접근 방법** 특정 테마에 대한 노출도가 충분할 만큼 유동성이 풍부한 기업으로, 공개시장에서 거래되고 있어야 한다.

❷ **최악의 접근 방법** 낮은 유동성을 지닌 기업들로 범위가 협소하고 특정 테마에 대한 노출도가 높지 않다.

장기 성장성(Time Frame)

❶ **최선의 접근 방법** 중장기적으로 마켓 타이밍 효과가 적어야 한다.

❷ **최악의 접근 방법** 단기적으로 마켓 타이밍이 매우 중요하다.

이와 같은 이론적 배경을 갖고 있는 테마 투자 ETF들 가운데 성공적으로 운용되고 있는 상품들의 특징은 무엇일까요? 이를 파악하면 테마 투자 ETF를 선택하는 데 도움이 될 것입니다.

성공한 테마 ETF들의 공통점

이와 관련해서 ETF닷컴에서는 성공한 테마 ETF운용자산이 1억 달러를 상회하는 펀드의 5가지 공통점을 다음과 같이 분석했습니다.

첫째, 시의 적절한 테마는 출시 초기에 강력한 성과를 거둡니다. 언론의 헤드라인을 장식한 일부 투자 관련 테마의 경우, 실제 상품이 출시된 것만으로도 이미 성공한 듯한 느낌을 주는 데다, 강력한 자금 유입을 일으키며, 상당한 대기수요 또한 존재합니다. 대표적인 사례로 마리화나와 블록체인 테마가 있습니다.

순수하게 마리화나만을 다룬 ETF와 블록체인 ETF가 처음 출시되었을 때로 돌아가 보죠. MJETFMG Alternative Harvest ETF에는 출시 1달 만에 3억 5,900만 달러가 유입되었습니다. 블록체인 ETF에서도 유사한 현상이 나타났습니다. BLOKAmplify Transformational Data Sharing ETF와 BLCNReality Shares Nasdaq NextGen Economy ETF은 출시된 지 1달 만에 운용자금의 규모가 각각 102%, 94%나 증가했습니다.

그런데 이렇게 대규모 자금이 유입된 이후에는 자금유입 속도가 급감했습니다. 출시 이후로 MJ는 3,300만 달러가 유입되는데 그쳤고, BLCN 역시 같은 기간 1,300만 달러가 유입되었으며 BLOK는 1,300만 달러가 오히려 유출되었습니다. 이처럼 초기의 흥분이 가라앉으면 경쟁상품들도 자금유입이 완만해지거나 역전되기도 합니다. 실질적으로 MJ보다 먼저 출시된 ACTAdvisorShares Vice ETF는 순수한 마리화나 ETF는 아니지만 운용자금 2,000만 달러 선이 무너졌습니다. 출시된 지 6개월간 300만 달러가 유출된 것입니다.

한편 MLOK와 BLCN 이후 출시된 새로운 블록체인 ETF들도 역시 자금 모집에 어려움을 겪고 있습니다. LEGRFirst Trust Indxx Innovative Transaction & Process ETF과 KOINInnovation Shares NextGen Protocol ETF 등은 MLOK와 BLCN이 출시된 지 2주 만에 시장에 나왔지만 각각 4,600만 달러와 800만 달러가 유입되는 데 그쳤습니다.

둘째, 성공적인 테마 ETF는 위대한 아이디어로 출발해서 일정한 영역을 구축합니다.

가끔 테마 투자는 1~2개 인기 있는 펀드가 성공을 거두면 그로 인해 많은 유사 상품과 경쟁 상품이 출시되고, 해당 테마로 많은 자금이 유입되는 과정을 겪습니다. 2000년대 중반 처음으로 출시되었을 무렵 청정에너지, 인프라 투자 그리고 바이오테크 등의 테마는 범위가 좁았습니다. 그러나 별들이 모여서 태양계가 형성되는 듯 시간이 지나면서 서서히 자금이 유입되었죠. 현재2020년 5월 22일 11개 청정에너지 EFT로는 19억 달러, 12개 인프라 투자 ETF에는 69억 달러, 8개 바이오테크 ETF에는 190억 달러의 자금이 유입되었습니다. 청정에너지 분야에서 5개 ETF가 1억 달러를 넘어선 메가펀드가 되었고, 인프라 투자 ETF는 5개, 바이오테크 ETF는 9개가 메가펀드가 되었습니다.

셋째, 테마 ETF의 경우 개척자First-Mover로서의 이점이 확실히 존재합니다. 즉, 시장에 제일 먼저 출시된 ETF가 궁극적으로 시장을 지배하는 경향이 높습니다. 예를 들어, 소위 '리테일 재앙Retailpocalypse' 전자상거래업체의 발전으로 전통적인 소매업체가 사양화되는 경향이라 불리는 테마에 관련된 4개의 ETF가 있는데, 이 가운데 2016년에 출시된 1개 펀드만운용자금규모가 3억 6,200만 달러인 IBUY ETF이 지금까지 대규모 자금을 모집했습니다. 이와 유사한 사례는 인프라 투자 ETF에서도 발견됩니다. 2007년에 출시된 27억 달러 규모의 IGFiShares Global Infrastructure ETF는 이들 분야에서 가장 큰 규모의 펀드로 최근 3년간 20억 달러의 자금이 유입되었습니다. 그러나 후발 주자들인 INFRLegg Mason Global Infrastructure ETF에는 1,400만, NFRAFlexShares STOXX Global Broad Infrastructure Index Fund에는 8억 600만 달러가 유입되는 데 그쳤습니다.

넷째, 저비용 상품에 많은 자금이 유입됩니다. 동일한 테마로 운용되는 2개의 대규모 ETF가 있다면, 불가피하게 운용보수가 저렴한 펀드로 자금이 몰리게 되어 있습니다. 그러한 사례로 2개의 자동화·로보틱 ETF 간의 경쟁을 살펴보겠습니다. 운용자금이 14억 달러 규모의 BOTZGlobal X Robotics & Artificial Intelligence ETF와 12억 달러 규모인 ROBOROBO Global Robotics And Automation Index ETF는 내용이 유사한 테마 ETF입니다. ROBO는 2013년에 출시되어 최근 3년간 4억 7,800만의 자금이 유입되었으나

BOTZ에는 15억 달러의 자금만이 유입되었습니다. 차이가 무엇일까요? BOTZ2016년는 ROBO2013년보다 늦게 출시되었지만 0.68%의 운용보수를 적용하는 반면, ROBO는 0.9%를 부과하고 있습니다.

다섯째, 운용 성과도 중요한 요인으로 작용합니다. 일반적으로 테마 투자의 경우 투자 성과가 자금 흐름에 결정적인 영향을 미치지는 않습니다. 실제로 인프라 투자 ETF의 경우, IGF는 연 -23% 하락했지만 투자자들은 올해 초 이후 3억 8,600만 달러의 자금을 새롭게 투자했습니다. 그리고 인공지능AI 테마인 BOTZ는 연초 이후 +3.43% 상승했지만, 투자자들은 1억 3,100만 달러 규모의 자금을 유출했습니다. 그러나 긍정적인 수익률은 새로운 투자자들을 유인하는 계기가 되기도 합니다. 또 하나의 인공지능 테마인 LRNZTrueMark AI & Deep Learning는 2020년 3월 출시 이후 20% 상승했고, 같은 기간에 200만 달러의 자금이 유입되었습니다. 이는 전체 운용자금의 70%에 해당되는 규모입니다.

이상의 성공요인들을 고려해서 테마 ETF를 선택하되, 그에 앞서 ETF 유동성과 상품 내용을 반드시 이해해야 한다는 것을 명심하십시오.

꾸준히 자금이 유입되는
고정소득 / 상품 / 목재 / 인프라 ETF

지금 주목받는 다양한 ETF들, 그리고 투자를 위한 교양

2019년 전반에 걸쳐 ETF 영역의 자금 흐름을 보면 마치 경마장과 같은 특징을 보였습니다. 미국에 등록된 ETF로의 자금유입 규모가 2017년 4,761억, 2018년 3,154억에 이어 2019년에는 3,263억 달러를 기록하여 사상 2번째로 많은 자금이 유입된 것입니다. 2019년 주식시장의 활황세에 미루어 이러한 숫자는 그리 놀라워 보이지 않습니다. 다만 주목할 것은 미국 고정소득fixed income ETF로의 자금유입 규모입니다. 미국주식형 ETF로의 자금유입 규모인 1,302억 달러보다 많은 1,354억 달러를 기록했기 때문입니다.

고정소득 ETF의 미래 성장을 견인하는 요인

2020년 초에는 주식형과 고정소득 ETF 간의 자금유입 규모 차이가 300억 달러로 더욱 확대되었습니다. 연초에는 수익률 곡선이 역전되고 미중 무역전쟁으로 인한 경기 침체 가능성이 그 어느 시점보다 높았습니다. 그럼에도 불구하고 고정소득 ETF가 큰 인기를 끈 것입니다. 코로나바이러스로 인해 경기 침체 국면이 앞당겨질 수 있는 불확실한 상황에서도 고정소득 ETF는 계속해서 성장할 수 있을까요? 이와 관련해 스테이트스트리트State Street SPDR는 고정소득 ETF의 향후 성장을 견인할 팩터로써 4Ccost, choice, client need, comfort를 살펴야 한다고 주장합니다.

비용(Cost)

지난 3년간 매수를 견인했던 주요 동력은 운용보수였습니다. ETF에 투자된 자금 9,770억 달러의 63%는 저렴한 비용과 연관이 있었습니다. 운용비용은 자산군 및 특정 하위업종예를 들어 저비용의 EM 채권형 펀드는 미국 국채 펀드보다 높은 편임. 그러나 다른 동종 상품에 비해서는 상대적으로 낮음과 관련되어 있는데, 이를 분석하기 위해 모닝스타 분류 기준에 근거하여 각각의 채권 분야를 운용비용 관련 4분위1분위=가장 낮은 운용비용, 4분위=가장 높은 운용비용로 나누고 하위업종들의 자금 흐름 패턴을 분석했습니다. 아래 그래프에서 보듯 지난 3년간 4,310억 이상의 자금이 4분위보다 비용이 저렴한 1분위 상품으로 유입되었음을 알 수 있습니다. 1분위에 속하는 고정소득 뮤추얼펀드 및 ETF에는 지난 3년간 각각 4,660억 달러, 1,230억 달러가 유입되었습니다. 뮤추얼펀드는 명목기준으로 더 많은 자산규모을 보이고 있지만, 고정 소득

뮤추얼펀드는 ETF보다 5배나 많은 자금규모를 보였습니다. 자산규모를 기준으로 하면, 1분위에 속하는 ETF는 72%를 차지하며, 뮤추얼펀드는 19%에 불과합니다.

고정소득 ETF는 모닝스타 채권 하위업종 범위 내에서 운용비용이 중앙값과 평균값보다 낮은 것으로 나타났습니다. 참고로 액티브 ETF

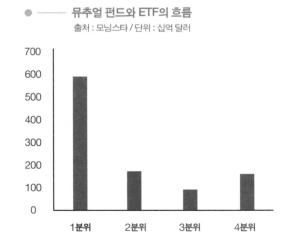

● —— 뮤추얼 펀드와 ETF의 흐름
출처 : 모닝스타 / 단위 : 십억 달러

의 운용비용 중앙값은 0.40%이고 액티브 뮤추얼펀드의 중앙값은 0.68%입니다. 저비용 고정소득 ETF는 상대적으로 뮤추얼펀드보다 강력한 자산 증가세를 보였습니다. 이는 뮤추얼펀드 대비 저비용과 구조적 우위투명성과 세금혜택가 지속적으로 작용한 결과로 풀이됩니다.

선택(Choice)

지난 10년간 채권 하위업종 전략에를 들어 EM채권, 특정 듀레이션 노출도은 현저한 확장세를 보였습니다. 그에 따라 좀 더 정교한 시장 관점을 기초로 광범위하게 자산을 배분하기 위해 사람들은 ETF에 더 많은 관심을 가지게 되었습니다. 실제로 2005년에는 6가지 고정소득 ETF만 존재했지만 지금은 거의 500개에 이릅니다. 커버할 수 있는 범위가 그만큼 넓어진 것입니다. 리스크와 수익률의 분산도를 고려할 때 전술적으로나 전략적 자산배분 면에서나 도움이 될 수 있습니다. 이러한 사실은 첫 6가지 ETF와 현재의 ETF 전부에 대한 지난 3년간 리스크와 수익률을 조사함으로써 검증할 수 있습니다. 초기 6개 펀드의 수익률 분산은 3.37%이고 월별 표준편차 간의 차이는 11.01%였습니다. 그러나 현재 모든 펀드에 대한 수익률 분산은 24.79%입니다.

이제는 운용자산이 700억 달러를 상회하는 100가지 액티브 펀드까지 더해진 데다 스마트 베타 펀드도 있어 선택의 폭이 더 넓어졌습니다. 선택의 폭이 확장된다는 것은 채택률이 높아질 가능성 또한 커진다는 뜻입니다. 투자자들은 보다 광범위한 고정소득 포트폴리오를 구성하고 설계하기 위해 다양한 하위업종 ETF를 운용하는 데 따른 장점을 누리고 있습니다. 이는 계속해서 고정소득 ETF의 미래 성장세를 가속화시킬 것입니다.

고객 수요(Client need)

새롭게 부상하는 2가지 유형의 투자자들이 있습니다. 첫 번째는 안정적인 소득을 필요로 하는 연령대입니다. 미국 인구 가운데 65세 이상의 비율은 지난 40년간 매년 꾸준히 증가해서 2018년에는 그 비율이 20%에 이르렀습니다. 더욱이 미국 국민의 21%는 사회보장혜택을 받고 있죠. 2가지 흐름은 계속 증가할 것으로 예상됩니다. 미국에 등록된 퇴직 뮤추얼 펀드 중에서도 목표기간이 2025년인 펀드와 2030년인 펀드에 가장 많은 운용자금이 몰려있는 것은 이러한 사실고령인구의 증가과 연관이 있습니다. 이들 상품들은 일반적으로 채권 비중이 30%~40%로, 지난 3년간 가장 높은 자금유입을 기록했습니다.

퇴직용 펀드를 점차 증가하는 고령화에 대비한 자산 대비책이란 관점에서 보면, 소득에 대한 수요는 증가할 것이며 채권 관련 투자가 촉진되리라는 걸 짐작할 수 있습니다. 흥미로운 사실은 퇴직연금 펀드들이 ETF를 보유하고 있다는 것입니다. ETF의 낮은 보유비용total cost of ownership: TCO과 기초 ETF 대여를 통한 수수료 수입 때문입니다.

또 다른 중요한 흐름으로는 보험사들이 ETF 사용 비율을 늘리고 있다는 점이 있습니다. 2019년 상반기까지 보험사들이 거래한 고정소득 ETF는 무려 167억 달러 규모로, 2018년 전체 거래량과 맞먹는 수준입니다. 규제 변화 역시 보험사들이 전술적 및 전략적 투자를 위해 고정소득 ETF를 보유한 연금펀드 및 다른 기관자금에 가입하는 결과를 낳았습니다. 이로써 고정소득 ETF들의 성장이 가속화될 것으로 보입니다.

편안함(Comfort)

고정소득 ETF는 2002년에 처음 출시되었고, 이후 운용과정에서 수많은 시장 상황을 통과하며 검증받았습니다. 투자자들은 이들 ETF와 관련해 효율성, 유연성, 유동성, 확신성 등의 인식을 가지게 되었습니다. 고정소득 ETF들은 시장이 하락하는 국면에서 충분한 유동성을 제공했고 신화는 여전히 지속되고 있습니다. 단, 유의할 점은 변동성이 가장 높은 구간에서 거래량이 증가했으며, 이들 ETF가 전체 투자가능 자산에서 차지하는 비율이 2%에 불과하다는 것입니다.

결론적으로, 4C를 근거로 고정소득 ETF는 지속적으로 성장할 것으로 전망됩니다.

원유 등 상품 ETF에 투자하기 위해 반드시 알아둘 것

올해로 30년째 투자 세계에 있으면서 수많은 사건을 경험했지만, "원유 가격이 마이너스를 기록했다"라는 내용의 기사를 목격한 것은 2020년이 처음입니다. 아래 차트를 보면 원유 가격이 마치 외계인으로부터 침공받은 듯한 모습을 하고 있습니다. 이 같은 유가 하락은 경기 침체로 인해 공급이 수요를 앞지르고 있다는 펀더멘탈 요인, 그리고 원유 선물 계약의 롤오버와 ETF 리밸런싱 등 기술적 요인이 종합적으로 작용한 결과였습니다. 세상에서 가장 중요한 상품 가운데 하나가 미쳐가고 있다는 증거로도 해석할 수 있습니다.

글로벌 금융위기 이전인 2008년에는 유가가 한때 배럴당 150달러 선을 기록했습니다. 지금은 상상할 수 없지만, 당시에는 많은 사람이 유가가 달나라까지 상승하리라는 우려를 했습니다. 심지어 골드만삭스 사의 에너지 업종 애널리스트는 전 세계적으로 수요가 너무 강력해서 유가가 200달러 선까지 상승할 수 있다고 주장하기도 했죠. 이처럼 한없이 오를

원유 가격의 추이 단위 : 달러

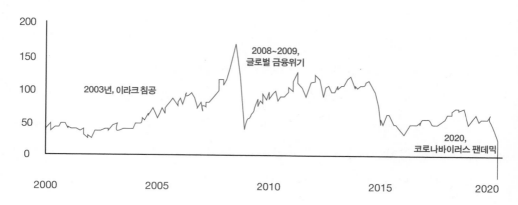

것만 같았던 유가가 마이너스를 기록한 것입니다. 그런데 유가 하락이 마냥 반가운 것은 아니었습니다. 원유 가격에 연동된 세계 최대 원유 ETF, USO United States Oil Fund LP의 폭락으로 이어졌기 때문입니다.

더욱 우려된 것은 개인투자자들이 낙폭 과대로 인한 반등을 기대하고 대거 투자에 나섰다는 점입니다. 3월 1일 이후로 4월 17일까지 새로운 자금이 계속 유입되었습니다. 문제는 USO에 자금이 유입될수록 자금수요를 충족시키기 위해 더 많은 선물계약을 펀드에 편입해야 한다는 것입니다.

2001년, 상품선물거래위원회CFTC에서는 포지션 한도를 설정한 바 있습니다. 즉, 어떤 투자자든 이용 가능한 선물계약 수의 25% 이상을 편입해서는 안 된다는 것입니다. 4월 16일 기준으로 USO는 2020년 6월 만기 WTI NYMEX뉴욕 상품 거래소 선물계약 수 148,264를 보유하고 있었습니다. 이는 공개시장 전체 물량의 약 28%에 해당하는 규모입니다. 규제를 준수하기 위해서는 무언가 조치가 필요했습니다. 포트폴리오의 20%를 다른 계약에 배분하면, USO의 2020년 6월물 계약수 편입비율은 공개시장에서 거래되는 계약 수의 22%로 낮아지게 됩니다. 이로 인해 CFTC의 규정을 지킬 수 있었습니다.

원래 USO는 WTI의 근월물만기가 가장 가까운 원유선물 NYMEX와 ICE선물을 편입합니다. 그리고 근월물 계약만기 2주 전에 펀드매니저는 만기도래 선물계약을 매도하고 차근월물근월말 다음 만기 선물계약을 매도하는 롤오버 절차를 진행합니다. 그런데 자금이 계속 유입되다 보면 근월물을 매도하고 차근월물을 매도할 때 차근월물 가격이 근월물가격보다 높은 콘탱고contango 현상이 발생합니다. 다음 그래프2020년 4월 30일 기준를 보면 7월 만기 선물가격이 6월 만기 선물가격보다 20% 이상 높은 수준에서 거래되고 있음을 확인할 수 있습니다. 결국 6월물을 매도하고 7월물을 매수하는 데 20%의 비용이 추가적으로 소요되는 것입니다. 그리고 8월물 가격은 7월물보다 무려 13%나 높은 가격에 거래되고 있습니다. 이러한 비용이 ETF에 반영되어 ETF 가격이 하락하고 원유 선물가격도 하락했습니다. 이처럼 선물과 연계된 상품 ETF에 투자할 때는 다음과 같은 특징을 고려해야 합니다.

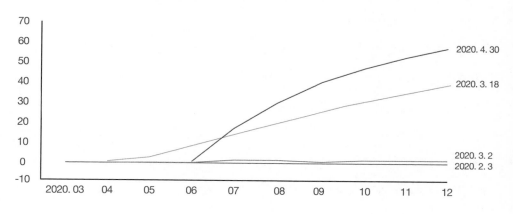

● ——— **원유 선물가격의 추이 예상** 단위 : 가격차이(%)

① 콘탱고 상황으로 인해 롤오버 비용이 발생한다.

② CME에서는 단일 투자자가 보유할 수 있는 미결제잔고 상한선을 두고 있다. 그래서 시장에서 어떤 투자 주체도 미결제잔고를 임의로 통제할 수 없다.

③ ETF 발행주식 한도는 ETF 아비트리지 기회를 막는 효과가 있어서, ETF는 폐쇄형 펀드처럼 거래된다.

④ 에너지 업종에 대한 집중도가 너무 높다.

⑤ 종합 주가지수와의 상관관계가 과도하게 높다.

일부 선물과 연계된 상품commodity ETF는 최근 환경에서 매우 어려움을 겪었던 반면에, 주식에 기반을 둔 상품 ETF로 월별로 이월해야 하는 선물 비중이 전혀 없는 ETF도 있습니다. GRESIQ Global Resources ETF가 이에 해당됩니다. GRES는 CME가 규정하는 포지션 한도 또는 발행주수 제한 등과는 아무런 상관이 없는 상품입니다. 더 좋은 분산 효과를 얻기 위해 에너지 관련주 보유 한도를 설정했으며, 주식시장과의 상관관계를 낮추기 위해 주식 헷지를 하는 특징이 있습니다.

GRES는 3년 및 5년 표준편차가 상품 현물 인덱스와 거의 동일합니다. 이는 역사적으로 GRES의 수익률은 상품선물 가격 또는 유사 상품보다는 상품현물 가격과 유사하다는 것을 의미합니다. 그리고 주식 베타는 상품현물 지수와 거의 비슷하기 때문에 종합지수 변동성보다 낮아서 헷지 효과가 가능합니다.

GRES는 연초 이후 -9.15% 하락했습니다. 그렇지만 선물과 연계된 상품인 USO는 -75%를 기록했습니다. 이는 앞서 설명한 요인들이 작용한 결과로 보입니다. 물론 제가 GRES를 추천하는 것은 아닙니다. 상품 ETF 투자를 고려할 때 투자 환경과 투자 상품 특성을 반영해야 한다는 점을 다시 한번 강조하고 싶습니다.

목재 ETF에 관심을 갖고 있다면

코로나바이러스로 인해 집에 머무르는 시간이 길어지면서 목재를 이용한 DIY 활동이 급증하고 있는 것으로 나타났습니다. 또한 목재소의 영업감축으로 목재공급량이 줄어들면서 목재 가격이 상승하고 있습니다. 목재종합지수Random Lengths Framing Composite Price■ 주간기준2020년 5월 15일 기준으로 6.3% 상승한 406달러를 기록했습니다. 2020년 3월 이후 처음으로 400달러 선에 도달한 것입니다. 또한 골조용 목재Framing lumber, 5월 1일 기준 가격도 13% 상승했습니다. 이는 2017년 초 미국과 캐나다 간의 침엽수 목재 분쟁이 발효된 이후 처음으로 10% 이상 상승한 것입니다. 이와 같은 상승세가 주목되는 이유는 4월에 건설자재 가격이 급락한 시점에서 발생했기 때문입니다. 또한 SYP 목재Southern Yellow Pine, 건설활동에 범용적으로 사용되는 목재는 4월 중순 이후 거의 50%나 상승했는데, 4주간 상승률을 기준으로 25년 내 가장 큰 폭입니다. 이전 최고 상승률은 2003년의

■ '랜덤 렝스 프레이밍 컴포지트 프라이스'에서 랜덤 렝스(Random Lengths)는 지수를 만든 회사명이고, 프레이밍 컴포지트 프라이스(framing composite price)는 목재 가격 종합지수이다. 따라서 그냥 '목재종합지수'라고 표현해도 무방할 것이다.

출처 : NAHBhome

30%였습니다.

일반적으로 목재 수요는 주택건설 활동에 대한 신뢰할 만한 선행지표 역할을 합니다. 따라서 수요증가·공급감소로 인한 가격 급등은 주택건설에서 주택구입으로 이어지면서 지속될 가능성이 있고, 또한 저금리로 인해 모기지 활동이 활발해지는 등 경제 활동이 본격적으로 재가동된다면 잠재력이 클 것으로 보입니다. 이 같은 가격 급등은 관련된 금융상품에 대한 수요로 이어질 것입니다.

현재 미국에 등록되어 있는 목재 ETF는 2개에 불과합니다. 팩셋에는 글로벌 팀버Global Timber로 분류되어 2가지 펀드가 동일한 업종으로 생각되지만, 노출도와 범위에 따라 각기 다른 특징이 있습니다.

2가지 목재 ETF는 10년 이상 운용되어 왔습니다. WOODiShares Global Timber & Forestry ETF의 운용자산은 1억 7,100만 달러이고, CUTInvesco MSCI Global Timber ETF는 7,100만 달러를 운용하고 있습니다. 이름만 보면 매우 비슷한 상품이라 생각할 수 있습니다. 목재 시장을 대상으로 하는 공통된 운용 목적을 갖고 있지만, WOOD가 좀더 깊이 있는 상품으로 보입니다. 상품 설명서에서는 숲과 목재에 관한 업스트림 공급체인, 운영, 소유권에 관련된 종목들을 대상으로 한다고 표기되어 있습니다. 편입 대상 종목에는 임업 관련 기업, 목재 부동산 신탁REITs, 종이 제품 생산 기업, 종이 포장 기업 그리고 농산물 제품 기업들이 포함되어 있습니다. 한편, CUT의 상품설명서에는 단순히 GICS분류기준 가운데 하위 지수인 임업 관련 기업, 종이 생산, 종이 포장 또는 '목재 리츠로 분류되는 특별 리츠'라고만 되어 있습니다.

티커	운용자금규모 (백만 달러)	운용보수 (%)	출시일	보유종목 수	호가 스프레드 (%)	거래량 (천 달러)
WOOD	171	0.46	2008. 06. 24	26	0.71	788
CUT	71	0.61	2007. 11. 09	80	0.47	388

WOOD의 투자 목적이 보다 상세한데 반해 CUT의 운용 목적이 덜 상세한 이유는 WOOD의 기초지수가 26종목이라는 소규모 종목으로 구성된 반면에, CUT의 편입 종목은 80개로 보다 범위가 넓기 때문인 것으로 해석됩니다.

그리고 2개 펀드는 GICS라는 동일한 업종 분류 기준을 공유하는 공급사들이 개발한 기초지수를 추종하고 있기 때문에, WOOD의 편입 종목 대부분은 CUT에도 포함되어 있습니다. WOOD에서 비중이 3.29%인 스미토모 임업Sumitomo Forestry만이 CUT에 편입되어 있지 않습니다. CUT의 편입 종목이 WOOD보다 많기 때문에 운용비용이 비싼 것은 당연해 보입니다. 그러나 미국 비중이 48%에 이른다는 점에서 글로벌 분산투자는 덜 되어 있습니다. 반면에 WOOD는 미국 비중이 35%입니다. 따라서 글로벌 투자라는 점에서는 WOOD가 더욱 효과적인 분산투자라 할 수 있습니다.

CUT와 WOOD의 2019년 수익률은 각각 19.6%, 17.7%였습니다. 반면에 SPY는 29.6%, ACWIiShares MSCI ACWI ETF는 21% 상승했습니다. 다시 말해서, 작년에 목재 투자는 자산배분 관점에서 투자자들에게 많은 혜택을 주지는 못했습니다.

그러나 중요한 것은 장기적으로 목재 ETF가 제공하는 분산 효과입니다. 또한 코로나바이러스로 인해 소비자들의 소비패턴 변화에 따른 수혜를 입을 수 있습니다. 실제로 2020년 3월 23일을 저점으로 WOOD는 37.7%, CUT는 35.1%를 기록했습니다. 반면에 S&P 500 지수는 33.7%를 기록해서 2가지 목재 ETF 모두 지수를 상회했습니다.

목재는 기관투자자들이 대규모 자금을 운용하는 선호 대상으로 알려져 있습니다. 목재 ETF는 개인투자자들도 가능한 범위 내에서 접근할 수 있는 상품입니다. 2개 상품 모두 매력을 가지고 있으므로 자신의 투자 목적에 맞는 상품을 선택하는 것이 좋겠습니다.

경기부양 시대의 주목할 투자처, 인프라 ETF

트럼프 대통령은 코로나바이러스 관련 경기부양책의 일환으로 인프라 관련 사업을 지원하려 합니다. 비록 의회는 반대하고 있지만, 대통령 선거가 다가오면서 미 정부는 인프라 관련 경기부양책에 더욱 집중할 것으로 보입니다. 참고로 트럼프 대통령은 10년간 1조 달러 규모의 인프라 투자 계획을 제안한 바 있습니다.

운송 관련 전문매체인 트랜스포트 토픽 뉴스Transport Topics News는 "트럼프 대통령은 지난 4월 말에 실천의지를 거듭 밝히면서 현재 진행 중인 코비드-19 부양 대책의 일환으로 인프라 지원책을 마련하라고 압박하고 있다. 그는 이미 3월 말에 저금리 환경에 힘입어 2조 달러 규모의 인프라 패키지를 제안한 바 있는데, 이는 운송 네트워크 건설이 경기를 부양할 것이라는 점을 강조하면서 대통령 선거 캠페인에 주력할 것이다"라고 분석했습니다. 이 같은 정책 및 정치적인 움직임은 인프라 산업에 긍정적인 영향을 미칠 것이고, 이러한 관점에서 인프라 관련 ETF를 점검해보는 것도 필요해 보입니다.

인프라스트럭처Infrastructure(이하 '인프라'로 칭함) 관련주를 매수한다는 것은 개발과 성장에 베팅하는 것과 같습니다. 현재2020년 5월 22일 미국에서 거래되고 있는 인프라 관련 ETF는 12개입니다. 전체 운용자산규모는 50억 달러이며, 글로벌 인프라를 커버하는 ETF들이 상당수 출시되어 있습니다. 그렇지만 운용자금이 5,000만 달러 이상인 상품은 4개에 불과합니다. 인프라 부문에서 가장 큰29억 6천만 달러 상품은 IGFiShares Global Infrastructure ETF로 운용보수는 0.46%입니다. 인프라 관련 ETF들의 평균 운용보수는 0.43%이지만, 0.70%를 적용하는 GRID를 제외하면 평균 보수는 0.46%이기 때문에 중립적인 수준입니다.

흥미로운 것은 IGF가 GIISPDR S&P Global Infrastructure ETF와 동일한 기초지수를 추종한다는 점입니다. 그런데 GII는 IGF보다 1년 먼저 출시되었습니다. 운용보수는 동종 상품 대비 가장 낮은 0.40%를 적용합니다. 운용자산규모는 3억 2,100만 달러로 3위에 해당

됩니다. 그런데 IGF에는 2020년 연초 이후 5개월간 3억 8,600만 달러 규모의 자금이 유입된 반면, GII에는 낮은 운용보수와 사실상 동일한 성과에도 불구하고 194만 달러만이 유입되었습니다. 이는 아마 유동성 차이에 기인한 것으로 보입니다. 즉, 소형 펀드는 일평균 100만 달러 미만의 거래량을 보이는데, IGF는 일평균 2,345만 달러 이상 거래됩니다.

포트폴리오를 구성하는 종목의 수는 어떨까요? IGF와 GII는 각각의 포트폴리오에 약 80개 내외의 종목을 편입하고 있습니다. 운용자산이 15억 7천만 달러로 두 번째로 많은 상품인 NFRA는 179종목으로 가장 많은 종목을 편입 운용하고 있습니다.

인프라스트럭처에 대한 다소 모호한 정의를 고려해보면, 펀드마다 보유 종목들이 다르다는 것이 놀랄 일은 아닙니다. 동일한 기초지수를 추종하는 2가지 ETF를 제외한 나머지 6개 펀드 가운데 상위 10종목이 중복되는 경우는 거의 없으며, 상위 3종목이 중첩되는

● ─── 현재 출시되어 있는 인프라 ETF들 2020년 5월 22일기준

티커	운용자금규모 (백만 달러)	운용보수 (%)	출시일	보유종목 수	호가 스프레드 (%)	일 평균 거래량 (천 달러)
IGF	2,960	0.46	2007. 12. 01	76	0.11	23,450
NFRA	1,570	0.47	2013. 10. 08	179	0.12	10,620
GII	321.74	0.40	2007. 01. 25	77	0.18	1,510
TOLZ	136.27	0.46	2014. 03. 25	124	0.33	4,420
PAVE	101.80	0.47	2017. 03. 06	95	0.52	2,190
GRID	33.17	0.70	2009. 11. 17	59	0.17	160
INFR	18.38	0.40	2016. 12. 29	100	2.54	73
EMIF	13.91	0.60	2009. 06. 16	32	0.83	86
IFRA	8.89	0.40	2018. 04. 03	137	0.33	315
OBOR	8.07	0.79	2017. 09. 17	107	0.18	46
SIMS	6.50	0.45	2017. 12. 26	43	0.39	98
GLIF	2.27	0.45	2019. 05. 23	75	0.42	4.12

경우는 하나도 없습니다. 모든 기초지수는 약간씩 각기 다른 초점을 가지고 있습니다. 대부분의 기초지수는 시가총액별로 종목을 선정하고 비중을 설정하는데 반해, IGF와 GII 지수는 지역, 범주, 규모 등 계층화된 기준에 따라 종목을 선정합니다. IGF와 GII의 포트폴리오를 보면 산업 업종이 약 42%를 차지하고, 유틸리티 업종이 41%, 에너지 업종이 거의 17%를 점유하고 있습니다. 이들 3개 업종만이 기초지수에 포함됩니다.

1년 이상의 운용 기간 동안 팩셋이 인프라 업종을 추적하기 위해 사용한 벤치마크지수는 동종 인프라 ETF를 크게 상회했습니다. 단기적으로 보면 TOLZ는 연초 이후 거의 -15.89% 하락한 반면, S&P 500 지수는 -6.02%를 기록했습니다. 그런데 이상하게도 GII와 IGF는 동일한 벤치마크S&P 글로벌 인프라스트럭처 지수를 사용하고 있는데, 연초 이후 수익률 기준으로 GII는 벤치마크 대비 언더퍼폼한 반면, IGF는 벤치마크를 아웃퍼폼했습니다. 실제로 IGF는 펀드가 운용된 10년 넘는 기간 동안 지속적으로 GII보다 좋은 성적을 냈습니다. 또한 IGF는 12개월 분배 수익률distribution yield이 3.23%로 그룹 내 두 번째로 높았고, GII는 1.53%로 그룹 내 최저 수준입니다.

IGF는 일평균 거래량이 매우 풍부하고 호가 스프레드가 0.11% 이내로 그룹 내에서 가장 유동성이 뛰어난 상품입니다. 반면에 GLIF는 운용규모가 가장 작은 펀드로서, 일평균 거래량은 4,000달러를 조금 넘고 호가 스프레드는 0.42%로 비교적 높은 수준입니다.

다양한 인프라 펀드는 투자자들에게 선택의 폭을 넓혀줄 수 있습니다. IGF는 인프라 영역에 대한 전략적 비중을 고려하고 있는 투자자들에게는 의심의 여지없이 최고의 선택이 될 수 있습니다. NFRA는 낮은 PE, 견조한 유동성, 폭넓은 노출도 및 낮은 운용보수 등을 고려하는 투자자들에게 적합합니다.

모든 인프라 펀드에서 미국의 비중이 가장 높은데, TOLZ 포트폴리오에서는 거의 절반 이상을 차지한다는 점도 감안할 만합니다. 미국 기반 인프라 기업에 대한 믿음이 강하거나 미국이 대규모 인프라 추진에 착수할 가능성이 있다고 믿는 투자자에게 TOLZ는 의미 있는 투자 대상이 될 수 있습니다.

PART 8

앞으로 30년,
연금보다 든든한
투자 전략

재정 관리에 관해
가장 많이 후회하는 것들

인플레이션에도 끄떡없는 은퇴 포트폴리오를 만들려면

노후준비와 관련해서는 좋은 조언이 많지만, 저의 경험에 비추어 가장 가슴에 와 닿았던 내용은 미래에셋 은퇴연구소에서 제안한 피사PISA 원칙입니다. 이는 이태리 피사 대성당에 있는 피사의 탑에 비유하여, 노후준비를 위한 자산의 4층 탑으로 연금Pension, 보험 Insurance, 안전자산Safe asset, 투자자산Active asse을 준비해야 한다는 내용입니다.

은퇴 생활비는 몇억과 같은 규모의 '목돈'보다는 월 몇백만 원과 같은 현금 흐름으로 조달한다는 특성이 있습니다. 즉, 목돈 형태의 자산을 보유하고 있는 은퇴자라면 이를 현금 흐름 형태로 바꿔 노후 30~40년의 생활비를 충당할 솔루션을 마련해야 한다는 것이죠.

필수요건을 기준으로 은퇴 생활비를 구분해 보면 최저생활비, 필요생활비, 여유생활비의 3단계로 나눠볼 수 있습니다. 최저생활비는 필수 의식주 비용, 관리비, 세금 등과 같이 반드시 지출돼야 하는 비용입니다. 필요생활비는 최저생활비처럼 매월 지출되는 특성이 있지만 상황에 따라 조정 가능한 비용이라고 할 수 있습니다.

최저생활비와 필요생활비를 합쳐 필수지출로 볼 수 있습니다. 이는 물가상승에 대응해 실질소득이 유지되고, 사망 시까지 끊기지 않는 현금 흐름으로 대비해야 합니다. 사망 시까지 수령 가능한 종신형 연금상품장수연금 등 또는 개인의 직접 자금 운용을 통해 때 맞춰 인출되도록 설계한 셀프연금 등의 연금자산으로 필수지출에 대비하는 것이 좋습니다.

필수지출 외에 중대한 질병, 사고로 인한 의료비, 간병비 등 비상지출 외에도 별도의 현금 흐름 대응이 필요합니다. 이는 해당되는 보험금을 그때그때 일시에 지급하는 보험자산으로 대비해야 합니다.

여유생활비는 말 그대로 노후 여가를 위한 추가 지출을 의미합니다. 이는 안전자산을 이용해 준비해야 합니다. 안전자산은 금융 분야에서 일반적으로 채무불이행 위험이 없거나 낮은 자산을 의미합니다. 하지만 보다 현실적으로는 예금, 국채 등 저위험 금융상품과 예금금리+200~300bp의 수익을 추구하는 '중위험, 중수익 금융상품을 포괄하는 자산'이라고 할 수 있습니다. 필수 및 비상지출, 여유생활비 외에 전혀 예측하기 힘든 사고, 재해 등에 대비해 언제든 인출 가능한 3~6개월치의 비상자금도 준비해야 합니다. 이를 위해서도 유동성이 높은 예금이나 채권 등 저위험 금융 자산을 마련해 둘 필요가 있습니다.

마지막으로 투자 자산으로 자유지출에 대응하도록 자산을 구성하는 것도 검토해야 합니다. 자유지출은 남는 자금으로 원하는 용처에 자유롭게 돈을 쓰는 것입니다. 투자 자산은 은퇴자가 자산을 증식할 목적으로 보유하는 자산이며 주식, 펀드, 고수익 채권 등이 해당됩니다.

그런데 이러한 준비를 하는 과정에서 자칫 실수를 하게 되어 결국에는 목표로 한 퇴직용 목돈을 마련하지 못하는 경우가 많이 발생합니다. 직장생활을 하는 경우 이러한 실수를 많이 하게 되는 연령대는 입사 초기~입사 후 10년 내라고 생각합니다.

이와 관련해 미국의 대형 생명보험회사인 뉴욕라이프NewYork Life에서는 미국 성인 2천 명을 대상으로 설문조사를 실시했습니다. 재정관리에 관해 가장 크게 후회했던 요인 4가지를 조사한 것인데, 중요한 것은 이로 인한 실수를 회복하는 데 많은 시간이 소요되어 생활에 막대한 영향을 미쳤다는 점입니다.

순위	가장 후회되는 실수	실수하는 평균 나이	실수를 만회하는 평균 나이	회복 기간 (년)
1	퇴직에 대비한 저축을 하지 못했다	34	45	11
2	지나치게 신용카드에 의존한 생활을 했다	36	44	8
3	적절한 비상용 자금을 만들어놓지 못했다	32	41	9
4	매월 감당하기 어려운 신용카드 부채를 사용했다	35	40	5

장기적인 면을 희생하는 대가로 단기에 치중했다는 점을 가장 후회한다는 사실을 알 수 있습니다. 또한 잘못된 의사결정에 따른 손실을 회복하는 데 긴 시간이 소요됐다는 점도 알 수 있습니다.

한편, 밀레니얼 세대를 대상으로 가장 바람직했던 재정적 조언은 무엇인가에 대한 설문조사도 실시했습니다. 결과는 아래와 같습니다.

순위	가장 바람직했던 조언	자신의 재정적 의사결정에 미친 영향
1	자신의 능력 범위를 넘어서는 지출을 해서는 안 된다	78%
2	예산을 설정하고 가능한 한 이러한 원칙을 지킨다	74%
3	비상금을 마련한다	64%
4	연봉이 늘어나면 지출 대신에 저축을 고려한다	64%
5	매월 신용카드 대금을 성실히 납부한다	62%

항상 제대로 된 의사결정만 할 수 있다면 좋겠지만, 그런 일은 거의 불가능하죠. 투자 등의 재정적 의사결정에 있어서 실수하지 않기란 어렵습니다. 때로는 시장이 예상과 완전히 다르게 움직이는 불운이 작용하기도 합니다. 따라서 우리는 항상 자신의 의사결정에 후회가 따를 수 있다는 가능성을 전제해야 합니다. 바로 이와 같은 전제에서 나온 것이 그 유명한 레이 달리오의 투자 프로세스, '사계절올웨더 포트폴리오'입니다. 그의 비법은 실수를 성장과 개선을 위한 프로세스에 적용한다는 데 있습니다. 달리오는 일반적인 실패에서 대형 재앙에 이르기까지, 발생하는 모든 실수는 뭔가 새로운 것을 배울 수 있는 기회가 되고

무언가 더 좋은 결과를 얻기 위한 기회일 수 있다고 말합니다.

무언가를 배우고 거듭나기에 늦은 때란 없습니다. 실수를 통한 배움이라 해도 말입니다. 실수가 불가피함을 인정하고 받아들이기 시작하는 시점이 빠를수록 자책을 멈추고 제대로 작동하지 않는 것을 고칠 수 있으며, 복리 효과가 발휘되는 시점이 당겨집니다. 앞선 설문조사 내용을 다시 한번 가슴속에 새기면서 후회하지 않는 재정적 의사결정을 하기 바랍니다.

지금부터는 은퇴를 염두에 둔 투자와 관련해 보다 구체적인 조언을 드리겠습니다. 미래에 후회하지 않기 위해 우리는 지금 어떤 의사결정을 해야 할까요?

퇴직용 포트폴리오에서 주식 비중 100%는 위험하다

거의 대부분의 퇴직용 포트폴리오 구성은 균형 포트폴리오로, 즉 주식과 채권을 중심으로 이루어집니다. 투자자들의 나이와 리스크 감내도에 따라 비중만 달리하고 일부 대체자산이 편입되기는 하지만 대체적으로 균형 포트폴리오를 유지하는 것이 일반적인 원칙입니다. 그런데 일부에서 이와 같은 일반적인 원칙이 아닌 100% 주식만으로 퇴직용 포트폴리오를 구성하는 것이 더 유리하다고 주장합니다. 이는 사실일까요?

피델리티 사는 <퇴직 소득을 보호하기 위한 5가지 방법>이라는 고객용 서한에서 주식 100% 만으로 포트폴리오를 구성하는 것이 다른 구성 비율보다 더 높은 수익률을 제공했다는 결과를 보여주었습니다.

다음 표는 투자금액 100만 달러를 30년 동안 운용한 결과입니다. 표에서 보듯이 100% 미국주식으로만 이루어진 포트폴리오가 가장 우월한 수익률을 보였습니다. 이를 지지해 주는 또 다른 보고서도 있습니다. 피셔 인베스트먼트Fisher Investments에서 내놓은 <15분 은퇴 플랜The 15-minute retirement PLAN>이라는 보고서에서는 주식 100, 주식 70/채권

		전통적인 포트폴리오	균형 포트폴리오	성장 포트폴리오	공격적인 포트폴리오	매우 공격적인 포트폴리오
시작 금액(달러)		1,000,000	1,000,000	1,000,000	1,000,000	1,000,000
연간 수익률(%)		6.01	7.98	8.97	9.64	11.35
5년 운용 후(달러)		1,338,857	1,467,968	1,536,508	1,584,328	1,711,792
10년 운용 후(달러)		1,792,538	2,154,930	2,360,856	2,510,096	2,930,233
15년 운용 후(달러)		2,399,952	3,163,369	3,627,474	3,976,815	5,015,951
20년 운용 후(달러)		3,213,192	4,643,725	5,573,641	6,300,580	8,586,268
25년 운용 후(달러)		4,302,005	6,816,840	8,563,943	9,982,186	14,697,908
30년 운용 후(달러)		5,759,769	10,006,903	13,158,565	15,815,059	25,159,769
포트폴리오 구성(%)	채권	50	40	25	15	0
	단기투자	30	10	5	0	0
	미국주식	14	35	49	60	100
	글로벌 주식	6	15	21	25	0

30, 주식 50/채권 50 등의 비중으로 이루어진 포트폴리오를 분석했습니다. 분석 기간은 1995~2019년까지 25년간입니다. 인출률을 10%, 7%, 5%, 3%인 것으로 가정해서 수익률 분석을 했는데, 모든 포트폴리오에서 100% 주식의 수익률이 가장 높았고, 원금 보전 확률도 가장 높은 것으로 나타났습니다. 왼쪽의 표는 인플레이션을 반영하여 30년간 인출률이 유지될 확률을 계산한 것입니다. 예를 들어, 연간 5% 인출률을 적용할 경우, 100만 달러 가치인 주식 100% 포트폴리오에서 1년에 한 번

● —— 30년 후 인플레이션에서 살아남을 확률
자료 : Fisher Investments, 1995~2019년

연간 인출률 (%)	100% 주식	70% 주식	50% 주식
10	17.90%	1.80%	0.00%
7	53.60%	35.50%	12.50%
5	84.70%	80.40%	69.00%
3	99.70%	99.90%	99.90%
0	99.90%	99.90%	99.90%

50,000달러를 인출할 확률은 84.7%입니다. 첫 번째 해에 2% 인플레이션을 반영하면, 2년째에는 51,000달러가 될 것입니다. 이와는 달리 주식과 채권을 50/50으로 구성한 포트폴리오에 동일한 인출률을 적용할 경우 인출 확률은 69%로 낮아집니다. 인출률이 3%인 경우에서만 주식 100% 포트폴리오가 다른 포트폴리오에 비해 약간 위험성이 높은 것으로 나타났습니다. 그러나 100% 주식 포트폴리오가 실패할 확률은 0.3%였고, 혼합 포트폴리오 실패 확률은 0.1%라는 점에서 변별력이 높지 않은 것으로 보입니다.

이러한 결과를 바탕으로 보면 미국주식 100%만으로 퇴직용 포트폴리오를 구성해도 무리가 없을 듯합니다. 그러나 100% 주식으로만 구성한 포트폴리오에 대해 ETF닷컴은 3가지 측면에서 결함이 있다며 다음과 같이 지적했습니다.

❶ 연간 5~10% 범위의 인출률이 100% 주식 포트폴리오에 더 나은 기회를 제공한다는 건 그리 놀라운 결과가 아니다. 인출률을 높게 설정할수록 위험자산 비중을 높여야 한다. 그런 면에서 퇴직자금으로 단지 100만 달러를 보유하고 있는 일부 65세 노령층의 경우, 은퇴 목표를 달성하기 위해 차라리 복권을 사는 편이 낫다고 조언하고 싶다.

❷ 수익률 가정이 주식에는 너무 높고, 채권에는 너무 낮게 설정되어 있다. 주식은 현재 매우 고평가되어 있다. 그리고 높은 실질 수익률을 가정하는 것은 너무 공격적이다.

❸ 제반 비용을 무시하는 것은 더욱더 공격적인 설정이다. 왜냐하면 비용을 반영하지 않은 아웃퍼폼추가 수익 추구는 제로섬 게임이기 때문이다. 만약에 피셔 인베스트먼트가 아웃퍼폼했다면, 다른 투자자들도 반드시 아웃퍼폼해야 한다.

실제로 피셔 인베스트먼트는 아웃퍼폼에 대한 아무런 근거도 제시하지 않았으며, 상품 설명서에서 추정한 수익률은 지난 7년간 오히려 30% 언더퍼폼한 것으로 나타났습니다. 그리고 채권에 관한 가정에서 왜 국채 수익률만을 사용했는가에도 의문을 가져봐야 합니다. 미국 지방채와 우량 회사채 수익률은 국채보다 더 우월합니다. 금리 변동에 맞추어 만기 구조를 다양하게 편입하지 않는 것도 아쉬운 대목입니다.

가장 치명적인 결함은 실패 확률 범위를 적절히 제시하지 않았다는 점입니다. 만약 누군가가 100% 주식을 보유하고 있고 쉽사리 회복되기 어려운 60~80%대공황기보다 낮은 수준 수준으로 하락한다면, 실패 규모는 매우 커질 것입니다. 여기에 더하여, 운용 관련 비용을 절감하는 것은 불가능하다는 점 또한 간과되었습니다. 만약 주식을 50% 보유하고 있다면 그만큼 거래비용을 절감할 수 있을 것입니다.

제가 하고 싶은 말은 여러분이 감내할 수 있는 리스크만큼 자산배분을 실시하라는 것입니다. 지난 11년간의 강세장을 경험한 이후 리스크 감내도를 너무 높게 설정하고 있는 분들이 많습니다. 또한 자신이 설정한 자산배분의 원칙을 반드시 지켜야 합니다. 이렇게 하면 주식이 폭락하고 저렴한 매수 기회가 발생할 때, 포트폴리오에 더 많은 주식을 망설임 없이 편입할 수 있게 될 것입니다.

최악의 상황을 가정한 포트폴리오가 중요한 이유

대부분의 자산배분 전략 또는 모델은 리스크와 리턴 간의 관계를 고려해 설정합니다. 조금이라도 더 많은 알파값추가 수익을 추구하기 위해 리스크를 고려한 새로운 전술적 접근 방법도 제시되곤 합니다. 그러나 앞선 논쟁에서도 확인할 수 있듯, 주식시장보다 더 많은 초과수익률을 내는 자산배분 모델은 찾아보기 힘든 것이 현실입니다. 코로나바이러스 사태에서도 확인했지만 예상하지 못한 이벤트가 종종 발생해 포트폴리오에 심각한 영향을 미칠 수 있기 때문입니다. 그런데 여러 가지 극단적인 상황에서도 견뎌낼 수 있도록 설계된 자산배분 모델이 있습니다. 이를 영구적 포트폴리오permanent portfolio라고 부릅니다. 설계자는 영국의 자유주의자 해리 브라우니Harry Browne입니다. 그가 영구적 포트폴리오를 설계한 목적은 "투자자들이 평생 필요로 하는 돈을 벌 해법"을 찾기 위해서였습니다. 그리고 영구적 포트폴리오라고 명명한 이유는, 한번 모델을 설정하면 시장 상황에 대한 견해가 변한다 해도 자산배분을 조정할 필요가 없다고 판단했기 때문입니다.

브라우니의 영구적 포트폴리오는 다음과 같은 4가지 유형의 극단적인 시장 상황에서도 견뎌낼 수 있도록 설계되었다고 합니다.

- 1차 세계대전 이후 독일이 경험했던 초 인플레이션Hyperinflation
- 지난 15년간 일본을 괴롭히고 있는 디플레이션
- 베네수엘라에서 경험했던 것과 같은 자산몰수Confiscation
- 전쟁과 자연재해로 인한 파괴Devastation

영구적 포트폴리오가 어떻게 이와 같은 4가지 유형의 사건들을 동시에 방어할 수 있을까요? 그 비결은 각각의 이벤트 가운데 생존할 수 있는 최소한 한 가지 자산을 식별하는 것입니다. 예를 들어, 디플레이션이나 경기 침체 구간에서는 현금이 최고의 투자 대상이 됩니다. 인플레이션이 발생하면 금이 최고의 성과를 보이고 화폐가치 하락을 방어해줍니다. 주식은 경제 성장이 이루어지는 국면에서 최고의 성과를 보입니다. 채권은 디플레이션 시기 또는 경기 활황 국면에서 좋은 모습을 보입니다.

브라우니는 이러한 논리를 통해 손실은 피할 수 없지만, 다른 접근 방법에 비해 최소한의 면역력을 갖춘 포트폴리오를 구성할 수 있다고 주장합니다. 그렇게 해서 주식, 장기국채, 금, 현금을 동일비중각 25%으로 구성하는 영구적 포트폴리오가 만들어진 것입니다.

그렇다면 시간이 경과함에 따라 영구적 포트폴리오의 성과는 어떻게 변화되었을까요? 이는 관점에 따라

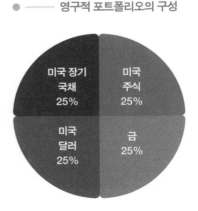

● ── 영구적 포트폴리오의 구성

| 미국 장기
국채
25% | 미국
주식
25% |
| 미국
달러
25% | 금
25% |

● ──── 영구적 포트폴리오의 총 수익(배당 포함) 기간 : 2008년 7월 8일~2018년 7월 19일

벤치마크(+83.2%)

포트폴리오(+43.6%)

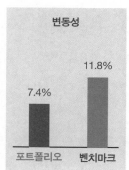

변동성

7.4%

11.8%

포트폴리오   벤치마크

다릅니다. 성과 측면에서 보면 부진하다고 볼 수 있습니다. 2008년 7월~2018년 7월까지의 포트폴리오 성과를 보면, 영구적 포트폴리오는 누적수익률 43.6%를 기록했습니다. 같은 기간 동안 미국주식시장은 83.2% 상승했습니다. 그러나 이는 브라우니의 주된 관심사인 리스크를 고려하지 않은 것입니다. 이를 기준으로 하면, 영구적 포트폴리오는 투자자들이 가장 필요로 할 때 가장 훌륭한 성과를 보였습니다. 2008년에 미국주식시장이 37% 하락했을 때, 영구적 포트폴리오는 1% 하락에 그쳤습니다. 그리고 동 구간의 최대손실률MDD은 -16%였습니다. 벤치마크 대비 절반에 그친 것입니다.

다른 사람들도 브라우니의 접근 방법을 추종하고 있습니다. 레이 달리오는 소위 사계절 포트폴리오all-weather portfolio라는 전략으로 유명해졌습니다. 브라우니의 포트폴리오와 거의 유사한데, 개념은 브라우니보다 앞서 있습니다. 2천 년 전, 바빌로니아 탈무드에는 "모든 사람은 자신의 돈을 3부분으로 나누어 1/3은 땅에, 1/3은 기업에, 1/3은 저축해야 한다"라는 내용이 있습니다. 비슷한 아이디어는 솔로몬 왕의 이야기, 셰익스피어 등의 저술에서도 언급됩니다. 그렇지만 과연 이것이 최선의 투자방법일까요? 주식시장이 사상 최고치를 연이어 갱신하고 있는 가운데, 저를 포함하여 많은 사람이 갖고 있는 의문입니다.

항상 그렇듯이, 이는 상황에 따라 다릅니다. 리스크가 전혀 없이 강력한 수익률을 창출하는 완벽한 포트폴리오는 존재하지 않습니다. 모든 전략에는 트레이드 오프_{하나를 실현하려고 하면 다른 하나의 실현이 늦어지거나 희생되는 것} 관계가 있습니다. 우린 모두가 다릅니다. 자신에게 가장 적합한 접근 방식을 선택하기 위해 다음과 같은 5가지 질문을 던져보는 것이 좋겠습니다.

감내할 수 있는 리스크 수준은 어느 정도인가?

이는 브라우니가 가장 중요하게 생각하는 요소입니다. 만약 포트폴리오의 목적이 퇴직 후 필요로 하는 생활비 충당이라면, 돈을 모두 잃어서는 안 되며 그저 약간의 손실만을 감당할 수 있을 것입니다. 수학적으로 단순하게 생각하여 이 질문에 대답해보십시오.

어떤 리스크를 선택해야 할까?

조기에 퇴직하는 경우 그동안 저축한 돈을 증식하기 위해 주식에 투자하고 싶을 것입니다. 그러나 퇴직에 필요한 자금을 이미 마련했고, 그 외에 다른 목적으로 투자하는 것이라면 그다지 많은 리스크를 감내할 필요가 없습니다. 리스크는 선택인 동시에 필요 조건이라는 점을 인식하고 어떤 리스크를 감내할지 선택하는 것이 중요합니다.

어느 정도의 리스크를 감내할 용의가 있는가?

주식시장의 등락에 어느 정도로 영향을 받습니까? 해리 브라우니가 지적한 극단적인 리스크에 대해서 어느 정도 걱정하고 있나요? 스스로에게 질문하고 이에 대하여 솔직한 답을 찾아보십시오.

시장을 쫓아가는 데 얼마나 많은 관심을 갖고 있는가?

얼마나 자주 다우 지수나 S&P 500 지수를 쳐다보고 있습니까? 이러한 숫자들은 매일 언론에 수차례 거론되기 때문에, 자신의 성과를 이러한 벤치마크와 비교하는 것은 당연한 일입니다. 하지만 이러한 행위가 우리의 투자를 더 어렵게 만듭니다. 분산투자를 하면 할수록, 자신의 성과는 일반적으로 인용되는 이러한 지수들과 차이가 날 것이고 이로 인해 심리가 흔들릴 수 있습니다. 종종 지수보다 더 좋은 성과를 낼 수 있도 있죠. 그러나 중요한 것은 이런 주요 지수들과 성과를 직접 비교할 수는 없다는 것입니다. 분산투자를 통해 얻어지는 마음의 평화, 즉 계량화할 수 없는 성과가 존재하기 때문입니다.

절대적 최대 수익을 누적하는 것이 얼마나 중요한가?

주요 목적이 투자 자산을 성장시키고자 하는 것이라면, 이는 브라우니의 목적과는 매우 다릅니다. 이 경우 영구적 포트폴리오와는 매우 다른 포트폴리오가 필요할 것입니다. 그리고 훨씬 등락이 심할 것을 각오해야 합니다.

이와 같이 각자의 자산배분 목적에 따라 모델이 달라지지만, 반드시 기억해야 할 점은 예상치 못한 리스크를 염두에 둬야 한다는 것입니다.

자산배분에서 금의 의미,
그리고 오해 바로 잡기

금 투자에 대해 가지고 있는 오해와 적절한 전략

금은 지난 10년 동안 온스당 1,800달러선을 상향 돌파하면서 가치가 재차 부각되다가 2015년에 1,000달러 수준까지 하회하였습니다. 이후 거의 4년 동안 1,400달러를 저항 선으로 하는 박스권 움직임을 보이더니, 2019년에 박스권 상단을 벗어나 이전 고점 돌파 시도를 하고 있습니다. 투자자들은 주식과 마찬가지로 금 가격이 상승할 때마다 매수세에 동참하면서 지속적으로 상승하기를 기대합니다. 금은 수천 년 동안 자산보전 수단으로 이용되어 왔고, 1971년에 금환 본위제가 폐지되기 전까지는 국제 결제 수단으로 사용 됐습니다. 또한 전통적인 자산군들의 변동성과 수익률 조합에 많은 역할을 했습니다. 그 런데 최근 스파이더SPDR: State Street Global Advisor에 따르면 금에 대한 투자자들의 오해가 팽배하다고 합니다. 하나씩 살펴보겠습니다.

오해 1. 금은 장기적인 수익률에 도움이 안 된다

첫 번째 오해는 '금은 특히 장기적으로 포트폴리오 수익률에 기여하지 못한다'는 것입니다. 이는 사실이 아닙니다. 미국의 닉슨 대통령이 미 달러화를 금본위제에서 제외시킨 1971년 8월 16일부터 금 가격은 2019년 9월 30일까지 연간 7.65%의 상승률을 보였습니다. 물론 모든 시장 사이클에서 전통적인 자산 대비 아웃퍼폼하지는 못했지만, 장기적으로 다른 많은 전통적인 자산군들에 비해 경쟁력 있는 플러스 수익률을 나타냈습니다. 더욱이 금은 시장이 위험한 상황일 때 투자자들로 하여금 자본을 보전하고 포트폴리오 손실을 제한하는 데 도움이 됩니다. 장기적으로 자산배분 면에서 분산 효과를 발휘하기 때문입니다. 이는 장기적 관점에서 수익률을 창출하는 것만큼이나 중요합니다.

금은 역사적으로 다양한 경기 사이클에서 다른 자산군 대비 실질기준으로 좋은 성과를 보였습니다. 시장이 혼란에 빠지고 대규모 주식 손실S&P 500 TR Index가 -23.48% 하락이 발생하는 구간에서도 평균 7.18%의 수익률을 안겨주었습니다. 또한 역사적으로 엄청난 규모의 금융시장 혼란과 꼬리 위험tail risk이 발생하는 국면에서도 긍정적인 수익률을 낼 가능성을 보여주었습니다.

오해 2. 금은 위험하다

금값은 종종 단기적으로 큰 변동성을 보입니다. 그렇다면 장기적으로는 어떨까요? 지난 30년간 금값의 연간 변동성은 15.44%였는데, 이는 같은 기간 S&P 500 지수가 14.32%의 변동성을 보인 것에 비해 그리 높은 수준은 아닙니다. 게다가 다음 장의 그래프에서 볼 수 있듯, 금과 S&P 500 지수의 주간 수익률에 대한 롤링 3년 표준편차는 전체적으로 비슷해 보입니다. 미국 역사상 인플레이션 수준이 가장 높았고 그래서 FED가 20%까지 연방기금금리를 인상했던 1970년대 말과 1980년대 초에는 금값이 S&P 500 지수를 큰 차이로 상회했습니다. 게다가 지수가 개별 종목이나 개별 채권에 비해 변동성이 낮다고 가정한다면, 금의 잠재적 변동성은 개별 종목이나 채권에 비해 훨씬 더 낮을 것입니다. 다시 말

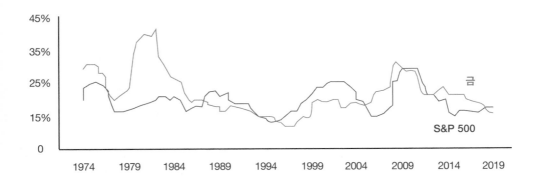

● ─── 금과 S&P 500의 변동성 비교 자료 : 블룸버그

해, 금이 주식에 비해 변동성이 과도하게 높다는 인식은 오해에 불과합니다.

오해 3. 금은 배당이나 이자를 지급하지 않기 때문에 가치가 없다

금은 채권과 일부 주식처럼 이자나 배당을 지급하지 않습니다. 이것이 전통적인 투자와 다른 점이고 투자자들이 투자에 따른 보상을 받는 근본적인 차이점입니다. 주식과 채권에 투자하면 소득배당과 시세차익수익률의 형태로 보상을 받습니다. 그러나 금실물자산에는 주주가 없습니다. 금에 투자하면 단순히 가격 상승에 의해서만 보상받게 됩니다. 그리고 이는 금값에 영향을 주는 경제 및 시장의 힘에 의해 주도됩니다. 사소해 보일지 모르지만 이것이 금과 다른 경쟁 자산의 중요한 차이점입니다. 그래서 전통적인 인컴 전략에서 금 투자는 다른 투자 자산들에 비해 수익률이 낮습니다.

문제는 사상 최저 수준의 금리환경으로 인해 전통적인 인컴 전략이 큰 도전을 받고 있다는 것입니다. 일부 투자자들은 보다 높은 수익률을 추구하기 위해 리스크를 더 많이 감내하려 하지만 이는 결코 바른 방향이 아닐 수도 있습니다. 이런 상황에서 금은 수익률이 부족함에도 불구하고 상대적으로 매력적으로 보입니다. 평균적으로 금은 실질 금리가 마이너스일 때 아웃퍼폼하는 경향이 있습니다. 실질금리가 2.5%이거나 이보다 낮을 때, 역사적으로 금이 좋은 성과를 보였던 적이 많았습니다.

오해 4. 금 투자는 인플레이션이 높을 때만 효과적이다

금은 특히 1970년대 오일 쇼크 상황처럼 인플레이션이 높은 구간에서만 혜택을 보는 것으로 인식되어 왔습니다. 그러나 현실은 다릅니다. 금과 인플레이션이 항상 같은 같은 방향으로 움직이는 것은 아니라는 뜻입니다. 오히려 금은 역사적으로 인플레이션이 낮거나 완만한 시기에 플러스 수익률을 보여주었습니다. (인플레이션은 확실히 금값에 중요한 역할을 하지만, 금의 투자수익률에 영향을 미치는 요인으로는 물가 상승에도 다른 많은 것이 있습니다.)

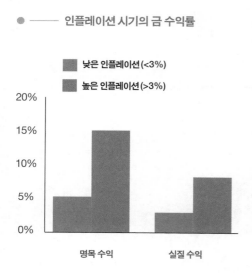

● ── 인플레이션 시기의 금 수익률

■ 낮은 인플레이션(<3%)
■ 높은 인플레이션(>3%)

1970년대 이후 미국에서 연간 인플레이션률이 3%를 하회할 때, 금값은 연평균 5.07%의 상승률을 보였습니다. 인플레이션이 연간 3%를 상회할 때는 구매력 보전 측면에서 큰 효과를 발휘했습니다. 이러한 시기 금값의 연평균 상승률은 15.05%였습니다.

오해 5. 금의 가치는 달러와 반비례한다

　금과 달러화는 구조적이고 경제적인 관계를 오랫동안 지속해왔습니다. 그러나 구조적인 관계는 금본위제가 폐지된 1971년 8월 15일에 공식적으로 단절되었죠. 이는 공식적이며 기능적으로 금 가격과 달러와의 관계를 끊은 것으로, 금값의 형성 경로를 공개시장 수요에 의해 작동하도록 한 것이었습니다. 그래서 이를 금의 공개상장Initial Public Offering of Gold라고도 표현합니다.

　여기에 더해 달러화 가치가 다른 전 세계 통화에 비해 금 가격의 변동성에 영향을 받게 되어 결과적으로 금과 달러 간의 마이너스 상관관계가 형성되었습니다. 그 결과 달러가 하락할 때만 금 가격이 상승한다고 믿게 된 것입니다. 그러나 달러와 금이 항상 이러한 관계를 보이는 것은 아니며, 금 가격에 영향을 미치는 요인은 달러 이외에도 다른 것들이 많이 있습니다.

● ──── 역사적인 시장 변화가 있던 시기, 그리고 금과 달러 사이의 관계

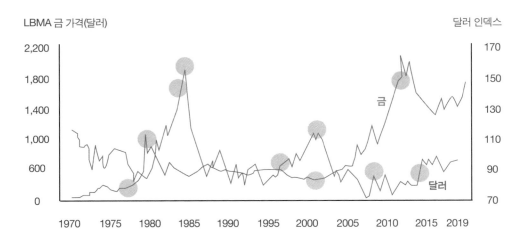

한편, 일부 투자자들은 금이 인플레이션 대비나 포트폴리오 분산 면에서 유용한 수단이 아니라고 생각합니다. 금에는 다른 본질적인 용도가 있다는 것입니다. 무엇일까요? 첫째, 경기 침체에 대비한 안전자산으로 보유하는 것입니다. 여러분이 만약 금을 보유하고 있었다면 코로나바이러스 상황에서 다시 한번 금의 위력을 체감했을 것입니다. 둘째, 일부에서는 미국이 금본위제로 회귀할 경우 혜택을 볼 수 있다는 생각을 하기도 합니다. 그러나 가까운 장래에 금본위제로 돌아설 가능성은 매우 희박합니다. 시중에 너무 많은 달러화가 유통되고 있기 때문입니다. 금본위제로 전환되기 위해서는 국제 결제 시스템이 완전히 붕괴되어야 합니다.

어쨌든 금에 대한 오해가 풀렸다면 이제는 포트폴리오에 금을 편입할 차례입니다. 금은 장기적인 재무적 목표를 달성하는 데 도움을 줄 것입니다.

채권 투자의 목적은
수익률이 아니다

포트폴리오 방어력이 진짜 목적이 되어야 한다

우리는 최근 몇 년 사이에 주식과 채권 간의 관계가 무너지는 현상을 목격했습니다. 주식시장과 미 국채 가격이 동반 상승하고 동반 하락하면서 안전자산으로서의 미 국채의 역할이 무너진 것이 아닌가 하는 궁금증을 던져주고 있습니다. 사실 지난 20년간 대부분의 구간에서 주식과 채권은 마이너스 상관관계를 보여왔습니다. 덕분에 주식이 하락할 때 채권이 헷지 기능을 해주었죠. 일반적으로 투자 심리 붕괴는 금리 하락과 동조화 현상을 보여 채권으로 자금이 이동합니다. 그래서 주식시장이 하락하면 채권 가격이 상승해서 주식 포트폴리오에 비해 균형 포트폴리오의 손실폭이 작아집니다.

그런데 코로나바이러스로 인해 주식시장이 급락하자 채권 가격과 주식시장이 동반 하락하는 장면이 목격됐습니다. 2020년 3월 10일에서 18일까지 MSCI USA 지수^{주식시장 인덱}스가 13% 하락했는데 채권 가격도 하락하고 미국채 10년물 수익률은 75bps 상승했습니다. 이러한 현상이 발생한 원인은 먼저 유동성에서 찾아볼 수 있습니다. 투자자들은 위기에 직면하면 유동성이 풍부한 자산으로부터 먼저 현금을 확보하려 합니다. 그래서 역설적으로 자산 가격이 하락하게 됩니다. 금번의 경우, FED가 금리 인하와 함께 채권 매입을 통한 양적완화 정책을 실시함에 따라 미국채 유동성이 더욱 풍부해졌습니다. 이로 인한 유동성 수요가 채권금리 상승을 유도한 것입니다. 그러나 이러한 불일치 현상은 재빨리 역전되었고, 금리는 재차 하락했습니다.

코로나로 인한 급락 초기 국면부터 살펴보면, 매우 다른 모습을 보였음을 알 수 있습니다. 아래 그래프는 전체 위기 국면에서의 단기 유동성 불일치 현상을 표시한 것입니다. 2020년 2월 19일~3월 27일까지의 10년물 누적 국채 수익률 변화를 표시한 것으로, 이러한 변화는 주식수익률과 위기 국면 이전의 금리와의 상관관계를 의미한다. 음영 구간은 단기 불일치 현상이 발생한 영역이다. 금리와 주가를 비교하는데 '주식-내재금리equity-implied rate'라는 개념을 도입했습니다. 이는 위기 이전 국면의 상관관계가 퀄리티quality에서 주식equity으로 이동한 것을 반영한 것입니다.

역사적으로 주식수익률 1%는 10년물 국채수익률 2bp 상승과 맞먹는 수치였습니다. 2020년 3월 9일 기준으로, MSCI USA 지수는 2월 19일 대비 거의 20% 하락했습니다. 만약 과거의 관계가 이번에도 맞는다면, 금리는 40bp 하락했어야 함을 의미합니다. 그러나 10년물 국채 수익률은 이의 3배에 해당하는 107bps만큼 하락했습니다.

이후 구간인 3월 10일~18일간 금리 변화는 실질적으로 주식수익률이 의미하는 기댓값에 거의 근접했습니다. 전체적으로 위기 국면에서, 금리 변화가 이러한 기대치에 부합된 것

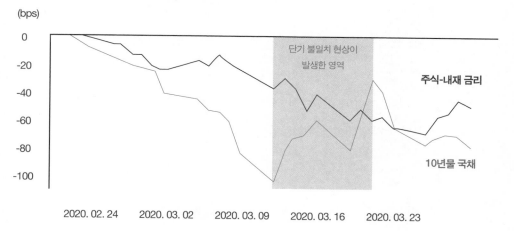

● ── 금리와 주가의 수익률 변화 추이

(bps)

단기 불일치 현상이
발생한 영역

주식-내재 금리

10년물 국채

2020. 02. 24 　 2020. 03. 02 　 2020. 03. 09 　 2020. 03. 16 　 2020. 03. 23

입니다. 오른쪽 그래프로 알 수 있듯, 주식과 금리의 상관관계는 실질적으로 안정되어 있으며, 각각 예외적인 구간도 있지만 일별 상관관계는 유지되었습니다.

그리고 1920년대 이후의 위기 국면에서 채권은 주식이 하락할 때 상대적인 성과가 좋았습니다. 아래 그림은 과거 위기 국면에서의 주식과 채권 성과를 비교한 것입니다.

자료: ofdollarsanddata

● —— **금리와 주가수익률의 상관관계**

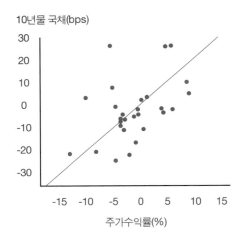

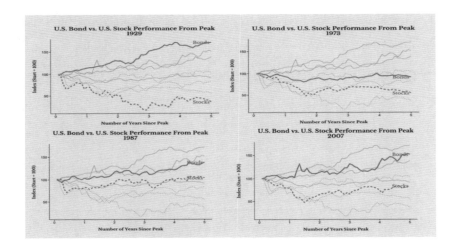

결론적으로 채권은 자산배분 면에서 핵심 포지션으로 유지해야 합니다. 리스크가 여전한 상황 또는 위기 국면을 대비한 수익률이 필요하기 때문입니다.

포트폴리오 리밸런싱
주기가 중요한 이유

수익률을 높이는 리밸런싱의 효과와 적절한 방법

자산배분 개념에 대해 들어본 적이 있다면, 리밸런싱이라는 용어도 익숙할 것입니다. 포트폴리오를 리밸런싱한다는 것은 어떤 한 가지 유형의 자산을 매도하고 다른 유형의 자산을 매수하는 것을 의미합니다. 리밸런싱을 실시하는 이유는 시간이 지남에 따라 최적의 자산배분 상태리스크/보상 간의 관계를 유지하기 위함입니다.

체계적인 기준에 의해 주식과 채권 간의 리밸런싱을 해야 한다고 주장하는 사람들은 싸게 사서 비싸게 판다buy low & sell high는 장점을 갖고 있다고 강조합니다. 예를 들어, 모건 스탠리Morgan Stanley는 1977년 이후의 데이터를 사용하여 리밸런싱이 과거 수익률을 획기적으로 개선시켰다는 사실을 증명했습니다. 실제로 체계적인 리밸런싱은 시장이 하락할수록 주식에 내재된 위험 프리미엄에 점점 더 많이 노출되게끔 만듭니다. 이로 인해 기대수익률은 더해집니다. 위험 프리미엄은 특히 약세 시장에서 커질 가능성이 있기 때문입니다. 반대로 주가가 높을 때는 기대수익률이 더 낮아지기 때문에 주식을 매도하는 것이 합리적입니다.

더 놀라운 점은, 리밸런싱이 변동성을 낮추는 효과를 보인다는 것입니다. 포트폴리오를 변화시켜서 주식 비중 확대로 이어질 가능성이 높기 때문입니다. 뱅가드 역시 이와 비슷한 연구를 했습니다. 모건스탠리가 1977~2014년에 대한 연구를 실시한 것과는 달리 뱅가드는 1927~2009년까지의 주식 60/채권 40 포트폴리오를 분석했습니다. 연구결과, 리밸런싱을 실시하지 않았다면 투자자들은 평균 84.1%를 주식에 배분했어야 했습니다. 분석 시점에 채권 금리가 7%에 이르렀던 모건 스탠리의 결과와는 달리, 뱅가드의 경우 주식 비중이 조금 더 높은 불균형 포트폴리오의 수익률은 60/40의 전략보다 높은 수준을 기록했지만, 훨씬 더 많은 리스크13.2%를 부담해야 했습니다. 아래 그림 참조.

Monitoring frequency	Monthly				Quarterly			Annually			Never
Threshold	0%	1%	5%	10%	1%	5%	10%	1%	5%	10%	NA
Average equity allocation	50.1%	50.1%	51.2%	52.2%	50.2%	50.9%	51.0%	50.6%	51.2%	52.4%	80.6%
Costs of rebalancing											
Annual turnover	2.6%	2.3%	1.6%	1.3%	2.1%	1.5%	1.2%	1.7%	1.6%	1.5%	0.0%
Number of rebalancing events	1,068	423	64	24	227	50	22	79	36	19	0
Absolute framework											
Average annualized return	8.0%	8.0%	8.1%	8.3%	8.2%	8.3%	8.3%	8.1%	8.2%	8.3%	8.9%
Annualized volatility	10.1%	10.1%	10.1%	10.2%	10.1%	10.2%	10.1%	9.9%	9.8%	10.0%	13.2%

적절한 리밸런싱 시점은 언제일까?

리밸런싱 자체뿐 아니라 실시 시점도 매우 중요합니다. 뉴파운드 리서치Newfound Research사의 코리 홉스타인Corey Hoffstein은 리밸런싱을 실시하는 달月이 중요하다는 점을 발견했습니다. 예를 들어, 5월에 실시한 리밸런싱은 10월에 실시했던 것보다 전체적인 수익률이 더욱 향상된 것으로 나타났습니다. 연간 기준으로 보면 이러한 결과는 더욱 의미가 있습니다. 2009년 2월에 실시한 리밸런싱 수익률은 2008년 9월에 실시했던 것보다 연간 1이 더 높았습니다.

일반적으로 자산배분 모델은 매월 실시하는 경우도 많습니다. 그리고 매월 실시하는 경우 대부분 그 달의 마지막 거래일 종가를 기준으로 시그널을 산출하고, 이를 바탕으로 다음 달 첫 거래일에 실시합니다. 그러나 오클라호마 대학의 아이신 마Aixin Ma와 윌리엄 프라트William R.Pratt 교수가 발표한 <급여일의 법칙PayDay Anomaly>라는 제목의 논문에 따르면, 급여일에 리밸런싱을 실시하는 것이 더욱 효과적입니다. 그들은 급여일에 주가가 이례적인 현상을 보인다고 주장했습니다. 먼저 '급여일의 이례적 현상'에 대해서 살펴보죠.

1950년 1월 3일부터 2018년 3월 19일까지 분석한 바에 따르면 "16일은 1일과 2일을 제외한 다른 시점보다 아웃퍼폼했다. 이는 월간 2차례 실시되는 급여 시스템이 다음 달로 넘어가는 시점뿐만 아니라 매월 중간 시점에서도 이례적인 현상을 보이는 원인으로 작용했다"라고 합니다. 분석 기간 동안 매월 1일과 2일의 평균 수익률S&P 500 지수은 각각 0.18%, 0.15%로 나타났습니다. 그리고 16일의 평균 수익률은 0.13%로 다른 날보다 아웃퍼폼했습니다.

이를 기준으로 1952년 4월 이후 매월 16일에 리밸런싱을 실시한 결과 일평균 +0.14%의 초과수익률을 얻었음을 발견했습니다. 또한 매월 1일과 2일에 리밸런싱을 실시한 결과 각각 일평균 +0.16%, +0.13%의 초과수익률을 기록했습니다. 이와는 달리, 일평균 수익률이 제일 저조했던 19일에 실시한 결과 -0.13%의 부정적인 결과를 얻었습니다. 오히려 공매도하기에 적절한 시점임을 알 수 있었습니다.

이는 단순히 S&P 500 지수를 대상으로 분석한 것이어서, 다른 자산 및 각기 다른 로직을 적용한 자산배분 모델에 따라 결과가 다르게 나타날 수 있습니다. 다만 앞서 말한 바와 같이 리밸런싱이 주로 주식 비중 조절에 적용된다는 점을 감안할 때 의미가 있어 보입니다.

또한 매월 1일과 2일에 리밸런싱 시기를 놓쳤다면 16일에 실시하는 것도 고려할 만하다고 생각합니다.

수익과 안정성, 두 마리 토끼를 잡는 퇴직자 맞춤형 ETF

연금 목적으로 보유할 만한 ETF 상품들

최근 자신의 퇴직연금 계좌를 이용해 스스로 투자하려는 분들이 계속 늘어나고 있습니다. 모두가 공감하는 내용이겠지만, 퇴직금을 대상으로 한 투자는 안정성이 첫 번째이고, 두 번째로 일정한 수입이 창출될 수 있어야 합니다. 안정성은 분산투자를 통한 안정적인 수익률을 의미하고, 수입인컴은 매년 고정적으로 유입될 수 있는 현금 흐름을 의미하는 것입니다.

국내 ETF를 통한 운용도 가능하지만 본고의 성격상 해외투자에 초점이 맞추어져 있는 만큼 해외상품들을 소개하겠습니다. 이 상품들은 미국 내 저명한 자산운용사 및 투자자문사 전문가들이 선정한 것으로 국내 금융시장 환경에는 적합하지 않을 수도 있습니다. 미국 퇴직자들에게 적합한 상품이라는 점을 염두에 두고 참고하면 좋겠습니다. 본 내용은 매우 심플하게 설명한 것으로, 보다 자세한 사항은 해당 운용사나 ETF닷컴etf.com, ETF디비닷컴etfdb.com 등을 한 번 더 참조하기 바랍니다.

아래에 제시한 상품들은 주식, 채권, 우선주, 부동산 등 다양한 자산을 대상으로 한 것입니다. 어떤 상품을 매입하고 각각의 ETF에 어느 정도를 배분할지는 원금 보전, 수입 창출 또는 투자 자산 증식 등과 같은 개개인의 목표에 따라 다를 것입니다.

VYM : 뱅가드 고배당수익률 ETF

일반적으로 포트폴리오에 주식을 어느 정도 배분해야 할지는 100세부터 지금의 나이를 빼보면 알 수 있다고들 합니다. 예를 들어 50세라면 주식 비중은 50%가 될 것입니다. 70세가 되면 30%로 떨어지겠죠. 아주 쉽습니다. 하지만 최근 몇 년 들어 금융 전문가들은 인생 후반부에 진입할수록 더 많은 주식 비중을 가져가야 한다고 말합니다. 왜일까요? 수명이 늘었기 때문입니다. 미국인 남성의 평균 수명은 1970년 67.1세에서 2017년 76.1세로, 여성의 경우 1970년 74.7세에서 2017년 81.1세로 급증했습니다.

이와 같은 수치들은 그저 평균에 불과합니다. 여러분은 90세까지 살 수 있고, 심지어 세 자리 숫자에 도달하는 나이까지 생존할지도 모릅니다. 이것은 퇴직 펀드가 과거보다 수십 년 더 오래 지속되어야 한다는 것을 의미합니다.

VYMVanguard High Dividend Yield ETF는 은퇴 기간 동안 주식을 보유하는 비교적 보수적인 방법입니다. 400개 이상의 대형주를 편입했으며 동종 상품들보다 더 높은 수익률을 보이고 있습니다. 편입 비중이 높은 종목 대부분은 배당관련주들로 존슨앤존슨JNJ, 엑슨모빌XOM, 프록터 앤드 갬블PG 등이 대표적입니다.

VYM은 전략상 보수적 주식형 펀드라 할 수 있습니다. VOOVanguard S&P 500 Index는 성장과 가치의 조화를 통해 적정한 수준의 수익률현재의 1.9%을 얻으면서 펀드 주가 상승도 기대합니다. 이에 비해 VYM은 보다 가치 및 배당 지향적이며, 실질적인 수입 창출을 위해 잠재적 주가 상승을 포기하는 측면이 있습니다.

EFA : 아이쉐어즈 MSCI EAFE ETF

대표적인 투자 어드바이저인 마크 프루이트Mark Pruitt는 다음과 같이 지역적 분산투자의 중요성을 강조했습니다. "1998년부터 2017년까지의 50% 구간에서는 S&P 500 지수가 해외미국 외 주식시장을 아웃퍼폼했지만, 나머지 50% 구간에서는 해외시장이 S&P 500

지수를 아웃퍼폼했다."

EAFE는 유럽Europe, 호주Australia, 극동Far East의 약자이며 이들 지역의 선진국들을 의미합니다. 선진국들은 전형적으로 산업이 고도화되어 있으며 경제적으로 성숙하며 안정적인 정치기반을 가진 국가를 말합니다. EFAiShares MSCI EAFE ETF는 이러한 지역에 고루 투자할 수 있는 ETF로, 12개국의 900개 대형주들을 편입하고 있습니다. 이 가운데 일본이 24.3%, 영국은 16.1%, 프랑스가 11.3%를 차지합니다. 편입비 상위 종목들은 대부분 익히 들어본 기업들입니다. 네슬라, 도요타, 영국 국영 석유회사BP 등이 이에 속합니다. 가치와 성장 개념이 혼합된 상품으로 배당수익률은 S&P 500보다 거의 2배 수준의 안정성을 보여주고 있습니다.

VT : 뱅가드 전 세계 주식 ETF

VTVanguard Total World Stock ETF는 말 그대로 전 세계 주식 보유를 원하는 사람들을 위한 상품입니다. 대략 8,200개의 글로벌 주식을 편입하고 있는데 미국과 선진국 시장 모두 포함되어 있습니다. 심지어 중국이나 인도처럼 경제가 덜 건조한 국가들도 있지만 높은 성장률을 보이고 있는 이머징 마켓에도 자산의 약 10%를 적절히 배분하고 있는 것이 특징입니다.

포트폴리오 가운데 56%는 미국에 투자되어 있습니다. 상위 10종목 가운데 미국 이외의 기업은 단 2개뿐입니다. 일본7.5%, 영국5.0%, 중국3.2% 등 세계 각국에 적정 규모의 보유 지분을 갖고 있지만 필리핀0.2%, 칠레0.1%, 카타르0.1% 등 수십 개국에 대한 보유 비중은 낮은 편입니다. 매우 저렴하게 운용되며, 현재까지 유통수익률2.25%은 미국 시장1.82%보다 조금 더 높은 수준입니다.

ICF : 아이쉐어즈 코헨&스티어즈 리츠 ETF

리츠REITs는 1960년에 만들어졌습니다. 수백만 달러의 금액이 없어도, 불과 몇백 달러로 사무실이나 쇼핑몰 등의 지분을 매수할 수 있는 상품입니다. 이 같은 리츠는 2가지 이유로 퇴직 투자자들에게 적합합니다. 첫째, 과세소득의 90%를 주주들에게 배당금의 형태로 지불하도록 설계되어 있습니다. 이에 따라 부동산은 배당수익률이 가장 높은 업종에 속하며 이는 퇴직자들에게는 엄청난 수입원이 됩니다. 또한 부동산은 미국주식과 상관관계가 낮은 경향이 있습니다. 즉, 항상 같은 방향으로 움직이는 것은 아니며, 그래서 미국주식들이 성과가 좋지 않을 때 때때로 리츠는 좋은 성과를 보이기도 합니다. 분산투자에 따른 혜택을 볼 수 있는 것이죠. 벤 칼슨은 1978년부터 2018년 7월까지 S&P 500과 리츠 지수를 각각 75%~25%씩 혼합한 것이 각각의 지수를 아웃퍼폼했다는 것을 증명한 바 있습니다. 그는 "이는 어떤 방법으로든 엄청난 개선 효과를 보인 것은 아니지만 두 자산을 합치면 리츠 지수보다 높은 수익률을 보였으며 S&P보다 낮은 변동성을 보였다"라고 강조했습니다.

ICFiShares Cohen & Steers REIT ETF는 시장 급락을 방어할 용도로 주목받는 ETF입니다. 부동산 전문기업인 코헨&스티어즈Cohen & Steers의 전문성과 아이쉐어즈비교적 낮은 수수료를 부과함의 장점을 결합한 것으로 여러 가지 다른 유형의 부동산 관련 주요 기업들에 투자합니다. 예를 들어 아메리칸 타워AMT는 미국과 다른 스마트폰 사용과 관련된 통신 인프라를 제공하는 기업이며, 웰타워WELL는 노인 주택 및 생활용 부동산의 선두주자입니다. ICF는 대부분의 다른 리츠 ETF보다 수익률이 낮습니다. 그러나 고퀄리티에 초점을 맞추고 있으므로 장기적인 관점에서 관심을 가져볼 만합니다.

BND : 뱅가드 전체 채권시장 ETF

미국 정부부터 거대 기업, 작은 지방자치체에 이르기까지 수많은 기관이 발행하는 채권은 많은 포트폴리오, 특히 퇴직 연금계좌에 편입되어 있습니다. 은퇴자들에게는 의존할 수 있는 고정소득이 간절하기 때문입니다. 그리고 또 다른 상관관계가 낮은 자산을 편입한 데 따른 효과도 있습니다. 그렇다면 왜 개별 채권이 아닌 채권 펀드에 투자를 해야 할까요? 많은 채권을 일일이 분석하기 힘든 데다 언론에서도 채권은 거의 다루지 않기 때문입니다. 채권 펀드는 이러한 부담감을 덜어주고, 수천 개의 채권을 대상으로 분산투자함으로써 위험을 회피하는 효과도 있습니다.

BNDVanguard Total Bond Market ETF는 8,600개 이상의 채권을 보유하고 있는 ETF로, 평균 6년의 만기를 가진 '중기' 채권펀드입니다. 듀레이션은 채권에 대한 위험측정치로, 기본적으로 금리가 1%포인트 오르면 펀드는 6% 하락한다는 것을 의미함. BND는 다양한 종류의 부채에 투자하는데 예를 들어 국채44.0%, 회사채26.8%, 정부 MBS21.8% 등으로 구성되어 있습니다. BND가 보유하고 있는 모든 채권은 '투자 가능등급'으로, 이는 주요 신용측정기관들이 모든 채권의 상환 가능성이 높다고 인식하고 있다는 뜻입니다. 또한 운용보수를 낮추어서 현재 시장에서 가장 저렴한 미국 채권 ETF이기도 합니다.

BIL : 스파이더 블룸버그 바클레이즈 1~3개월 티빌 ETF

MMF머니마켓펀드는 주로 자산을 보호하고 부차적으로 약간의 수익을 얻기 위해 고안되었습니다. 이들 펀드는 미 국채와 CD예금증서 같이 고퀄리티이면서 단기 채권에 투자합니다. 수익률은 높지 않지만 위험 부담이 적어 격동하는 시장에서는 이상적인 은신처가 되고 있습니다.

머니마켓 ETF는 종류가 많지 않지만 BILSPDR Bloomberg Barclays 1-3 Month T-Bill ETF은 상위 자산 옵션 가운데 비교적 견고한 상품이면서도 저렴합니다. 이보다 규모가 더 작은 ETF 포트폴리오는 찾기 어려울 정도입니다. BIL은 현재 1개월에서 3개월에 이르는 초단기국채 15개 만을 편입하고 있으며 평균 듀레이션 기간은 29일에 불과합니다.

PFXF : 반에크 벡터 우선주 유가증권 ETF

우선주는 보통주와 채권의 다양한 측면을 혼합한 하이브리드 증권이라 할 수 있습니다. 예를 들어, 우선주는 보통주와 같이 실제로 회사의 소유권을 나타내지만 보통은 의결권이 없습니다. 채권 보유자들도 마찬가지입니다. 또한 많은 보통주 배당금과 같이 종종 배당금을 지급하지만, 이러한 배당금은 채권 쿠폰 같이 특정 비율로 고정되어 있습니다.

실증적인 관점에서 우선주는 소득인컴 관련주로 분류됩니다. (종종 평균보다 훨씬 높은 5%에서 7% 사이의 수익률을 제공하는 경우도 있습니다.) 우선주의 특징은 편파적으로 움직이지 않는다는 것으로, 다시 말해 어떤 기업에서 폭발적인 기업이익이 발생할 경우 보통주는 더 높게 상승할 수 있지만 우선주들은 거의 움직이지 않을 수도 있습니다. 이처럼 보수적이고 소득 중심적인 성격 덕분에 퇴직 포트폴리오에 우선주를 편입하는 경우가 많습니다. PFXFVanEck Vectors Preferred Securities ex Financials ETF 또한 그중 하나입니다.

2007~2009년 약세 시장과 금융위기 이후, 은행들이 입은 타격과 이에 따른 불신에 대응하기 위해 수많은 금융 업종 이외 ETF가 출현했는데 2012년에 출시된 PFXF도 같은 맥락에서 만들어졌습니다. 대부분의 우선주 펀드는 금융 업종 우선주에 대한 비중이 큰 반면에, 반에크의 ETF는 시장의 다른 업종들 중에서 유틸리티, 리츠 및 통신사의 우선주에 투자합니다. 금융 업종의 위험성이 시장에서 거의 제거된 상황에서도 470개로 구성된 기존의 포트폴리오를 여전히 지켜가고 있습니다. 평균보다 높은 수익률을 보이며 경쟁 상품 가운데 운용보수가 가장 낮다는 특징도 있습니다.

VIG : 뱅가드 배당 ETF

배당 관련 ETF 가운데 인기가 가장 높으며 운용규모가 가장 큰 상품입니다. 10년 이상 매년 배당을 늘려온 고퀄리티 기업으로 구성된 나스닥 디비든드 어치버스 셀렉트 인덱스 NASDAQ US Dividend Achievers Select Index를 추종합니다. 투자자들에게는 분산된 저비용 포트폴리오로써 성장 잠재력과 수입을 동시에 제공해줍니다. 포트폴리오는 시가총액 방식으로 182종목을 보유하고 있습니다. 규모가 큰 업종에 베팅하지만 벤치마크 대비 안정적으로 높은 수익률을 제공하며, 때로는 벤치마크보다 성장성이 더 높기도 합니다.

업종별로는 산업 비중이 가장 높은 23%를 차지하고, 필수소비재 업종이 15%에 이르는 등 방어적 성격이 강해 보입니다. 헬스케어와 기술 업종이 각각 12%씩 편입되어 있어 성장성 면에서도 구색을 갖추고 있습니다.

ETF 투자를 위한
기초적인 전술 트레이딩 기법

연습해두면 도움이 되는 트레이딩 및 데이터 수집 기술

저는 20대 청춘 및 초보 투자자들에게는 매수 후 보유 전략을 권장합니다. 그렇지만 리스크에 대한 모든 투자자의 태도가 다르듯이, 시장의 등락을 이용해서 알파값을 추구하고 싶은 용기를 가진 분도 있으리라 생각합니다. 이러한 투자 목적을 가진 여러분들에게 숙련된 전문가 수준과 유사하다고 판단되는 전술적 트레이딩 전략을 제시하려 합니다. 백테스팅 결과를 보면 알 수 있겠지만 수익률 및 안정성 면에서도 크게 뒤지지 않습니다.

그에 앞서 꼭 한 가지 당부하고 싶은 것이 있습니다. 각자 능력에 따라 엑셀 또는 다양한 코드파이썬, R, C++ 등를 이용해서 작성하겠지만, 기초 데이터는 가능한 직접 입력하길 권합니다. 그냥 이렇게만 말하면 어떤 의미인지 이해되지 않을 것입니다. 조금 더 설명하자면, 모델을 개발하는 경우 정확도를 높이기 위해서는 분석 기간을 2가지로 나누어 실시합니다. 즉, 모집단in-sample과 표본집단out-of-sample으로 나누어서 실시하게 됩니다. 예를 들어 2001년 1월 1일부터 2010년 12월 30일까지의 데이터를 기준으로 실제 설정된 모델을 적용해 결과를 도출합니다. 당초 설정된 전략을 동 분석 기간에 적용해본 결과 유의미한 결과in-smaple를 얻었다면, 그다음에는 2011년 12월 30일까지로 분석 기간을 확대해서 모델을 적용합니다. 이때 결과가 당초 설정한 대로 적합한 것으로 나오면 기간을 다시 2012

년 12월 30일까지로 늘리는 등 순차적으로 적용해서 모델의 당위성을 확인하게 됩니다. 이때 2011년 12월 30일까지의 구간을 표본집단이라고 합니다.

이러한 방식을 적용하는 이유는 그 누구도 처음부터 완벽한 전략을 설정할 수 없기 때문입니다. 즉, 모집단 구간에서 당초의 전략이 효과적이지 않았으면 원인을 분석하고 이에 적당한 변수를 고려하여 수정 변경하여 유의미한 결과가 도출될 때까지 구동해야 합니다. 만약에 최근 시점까지 적용했는데도 결과가 유의미하지 않으면 전략 자체가 효용성이 낮은 것이기 때문에 과감하게 폐기해야 합니다.

따라서 다음에 제시될 전략을 이용하여 분석할 때 2018년 12월 30일까지 적용해보고 난 후에, 1년 단위로 표본집단 확인을 실시해야 합니다. 무엇보다도 자신이 직접 만든 것이 아니기 때문에 각자 투자 성향에 맞는 모델을 찾는 것이 중요합니다. 전략 가운데 한 가지 결과가 매우 좋다고 생각해서 이를 실전에 바로 적용하면 어떻게 될까요? 원래 생각한 대로 효과적이면 문제가 없는데, 결과가 예상과 다른 방향으로 나오면 당황하게 되고 이는 투자 손실로 이어질 것입니다.

트레이딩 모델을 이용할 때 제일 중요한 것은 해당 모델에 대한 투자자 자신의 신뢰도 또는 확신입니다. 흔히 표현하는 대로 자기 것으로 만들어야 후회를 덜하게 되고 자신감을 갖고 흔들리지 않으며 전략대로 투자할 수 있게 됩니다.

이를 위해서 표본집단을 구현하는 경우, 가급적이면 매일 데이터를 직접 입력해보기 바랍니다. 느낌을 구체적으로 설명하기는 어렵지만, 이를 실습해보면 제가 말씀드리는 의미가 충분히 이해되리라 생각합니다.

트레이딩 기준 및 데이터 수집 방법

다음에 제시될 전략들의 공통점은 마켓 타이밍 요소가 삽입되어 있다는 것입니다. 이들 전략은 현금으로 전환하거나 포지션 규모를 줄이거나 또는 안전한 ETF로의 진입에 관한 신호를 찾는 데 도움이 됩니다. 이는 스윙 트레이딩 전략, 월별 로테이션 전략, 전술적 자산배분 모델에도 적용할 수도 있습니다.

여러 가지 마켓 타이밍 방법이 있는데, 여기서는 200일 이동평균선과 비교함으로써 본인에게 적합하다고 생각되는 전략을 선택하기 바랍니다.

본고에 사용된 전략에 대한 백테스팅은 SPY를 대상으로 2004년 1월 1일부터 2018년 12월 31일까지의 데이터를 사용한 것입니다. 물론 배당이 포함된 가격입니다. 분석 시작일을 2004년으로 선택한 이유는 분석에 필요한 2가지 상품에 대한 데이터 이용이 가능한 시점이기 때문입니다.

❶ 매수 기준

매월 마지막 거래일 종가를 기준으로 매수 신호가 발생하면,

→ 다음 영업일 시초가로 매수 포지션에 진입한다.

❷ 매도 기준

매월 마지막 거래일 종가를 기준으로 매도 신호가 발생하면,

→ 다음 영업일 시초가로 매도 포지션에 진입한다.

❸ 데이터 수집 방법(엑셀을 활용할 경우)

finance.yahoo.com에 접속하여 SPY를 입력, 서칭한다.

→ Historical Data를 선택하고, Time Period를 분석 기간에 맞춰 수정한 다음에 Apply를 누르면 다음 그림과 같은 화면이 나온다.

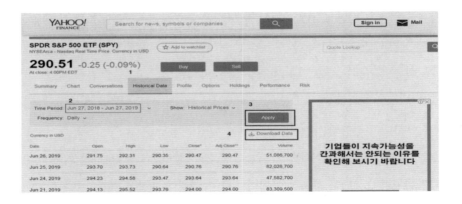

→ Download Data를 누르면, 엑셀 형식으로 나타난다. 그리고 형식에 맞추어 조절하면 데이터가 수집된다.

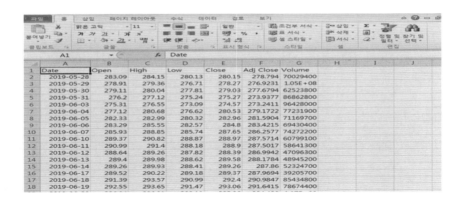

전략

❶ 200일 이동평균 전략 : 가장 많이 사용되는 전략

- 매수 신호 : SPY 종가가 200일 이동평균선을 상회하는 경우

- 매도 신호 : SPY 종가가 200일 이동평균선을 하회하는 경우

❷ 200일+5일 이동평균 전략 : 5일간 200일 이동평균선을 기준으로 사용

- 매수 신호 : SPY 종가가 5일동안 200일 이동평균선을 상회하는 경우

- 매도 신호 : SPY 종가가 5일 동안 200일 이동평균선을 하회하는 경우

❸ 1% 밴드 Band **전략**

- 매수 신호 : SPY 종가가 200일 이동평균선 대비 1%를 상회하는 경우

- 매도 신호 : SPY 종가가 200일 이동평균선 대비 1%를 하회하는 경우

❹ 골든크로스 Golden Cross **전략**

- 매수 신호 : 50일 이동평균선이 200일 이동평균선을 상회하는 경우

- 매도 신호 : 50일 이동평균선이 200일 이동평균선을 하회하는 경우

❺ 제이 코포크 Jay Coppock **전략** *ROC : Rate Of Change / WMA : Weighted Moving Average

코포크 지표 산식 = (11개월 ROC+14개월 ROC)÷10구간 가중평균WMA

코포크 곡선Coppock curve= ((H27*1)+(H28*2)+(H29*3)+(H30*4)+(H31*5)+(H32*6)
+(H33*7)+(H34*8)+(H35*9)+(H36*10))/55

- 매수 신호 : 이번 달 코포크 곡선이 3개월 전 수치를 상회할 경우

- 매도 신호 : 이번 달 코포크 곡선이 3개월 전 수치를 하회할 경우

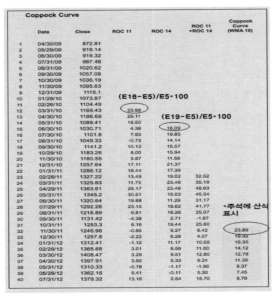

	Date	Close	ROC 11	ROC 14	ROC 11 +ROC 14	Coppock Curve (WMA 10)
1	04/30/09	872.81				
2	05/29/09	919.14				
3	06/30/09	919.32				
4	07/31/09	987.48				
5	08/31/09	1020.62				
6	09/30/09	1057.08				
7	10/30/09	1036.19				
8	11/30/09	1095.63				
9	12/31/09	1115.1				
10	01/29/10	1073.87	(E16-E5)/E5·100			
11	02/26/10	1104.49				
12	03/31/10	1169.43	33.98			
13	04/30/10	1186.69	29.11	(E19-E5)/E5·100		
14	05/31/10	1089.41	18.50			
15	06/30/10	1030.71	4.38	18.09		
16	07/30/10	1101.6	7.93	19.85		
17	08/31/10	1049.33	-0.73	14.14		
18	09/30/10	1141.2	10.13	15.57		
19	10/29/10	1183.26	8.00	15.94		
20	11/30/10	1180.55	5.87	11.68		
21	12/31/10	1257.64	17.11	21.37		
22	01/31/11	1286.12	16.44	17.39		
23	02/28/11	1327.22	13.49	19.02	32.52	
24	03/31/11	1325.83	11.73	23.46	35.19	
25	04/29/11	1363.61	25.17	23.46	48.63	
26	05/31/11	1345.2	30.51	15.03	45.54	
27	06/30/11	1320.64	19.88	11.29	31.17	
28	07/29/11	1292.28	23.15	18.62	41.77	·주석에 산식 표시
29	08/31/11	1218.89	6.81	18.26	25.07	
30	09/30/11	1131.42	-4.38	2.71	-1.67	
31	10/31/11	1253.3	6.16	19.44	25.60	
32	11/30/11	1246.96	-0.85	9.27	8.42	23.89
33	12/30/11	1257.6	-2.22	6.28	4.07	18.32
34	01/31/12	1312.41	-1.12	11.17	10.05	16.35
35	02/29/12	1365.68	3.01	8.59	11.60	14.12
36	03/30/12	1408.47	3.29	9.51	12.80	12.78
37	04/30/12	1397.91	3.92	5.33	9.24	11.39
38	05/31/12	1310.33	-0.78	-1.17	-1.95	8.37
39	06/29/12	1362.16	5.41	-0.11	5.30	7.45
40	07/31/12	1379.32	13.16	2.64	15.70	8.79

코포크 전략 도출 사례

⑥ 13주 하이 & 로우 전략

하이로우 밸류hiloValue = 100×(13주 최고가 종목수 - 13주 최저가 종목수)÷500

- 매수 신호 : 하이로우 밸류가 5보다 높은 경우

- 매도 신호 : 하이로우 밸류가 5보다 낮은 경우

⑦ LQD/IEF 비율 전략 : LQDInvestment Grade Corporate Bond ETF 종가를 IEF 7-10 Year Treasury Bond ETF의 종가로 나눈 비율

- 매수 신호 : 동 비율이 5일간 200일 지수 이동평균값을 상회한 경우

- 매도 신호 : 동 비율이 5일간 200일 지수 이동평균값을 하회한 경우

⑧ 카나리아 전략 : 이 전략은 탄광 속의 일산화탄소를 카나리아를 통해 알 수 있다는 일화에서 유래했다. 카나리아의 성격을 지닌 자산으로는 안전자산을 대표하는 ETF인 BNDTotal

Bond Market ETF와, 위험자산을 대표하는 ETF인 VWOFTSE Emerging Markets ETF의 모멘텀을 통해 시장의 특성을 파악하는 전략이다.

카나리아 자산을 확인한 방법은 다음과 같다. 1926년 12월부터 1970년 12월까지 샘플링 기간 동안 최고의 카나리아 유니버스를 검색했다. 유니버스를 통해 다음 달 SPY 추이를 확인할 수 있는 최적의 카나리아 유니버스가 2가지의 뱅가드 ETF(BND 및 VWO)임을 확인했다.

BND와 VWO를 카나리아 유니버스로 활용하는 것은 어떤 의미가 있을까? 한 가지 가설은 SPY가 금리금리가 상승하면 SPY는 하락한다에 민감하며, 이와 유사한 메커니즘으로는 미국 달러화 환율이 높아지면 SPY가 하락한다는 것이다. 그리고 높은 금리/USD는 낮은 BND/VWO 가격으로 나타난다. 게다가 VWO는 또한 이머징마켓의 불안정성을 알려줄 수도 있다.

모멘텀 = (12×1개월 수익률+4×3개월 수익률+2×6개월 수익률+12개월 수익률)÷4

- 매수 신호 : BND 와 VWO 모멘텀이 모두 0을 상회할 경우
- 매도 신호 : BND 또는 VWO 중 한 개 ETF가 0을 하회할 경우

⑨ **구리/금 비율 전략** : 이는 LQD/IEF 비율과 유사한 개념이다.

비율 = 구리 종가÷금 종가

- 매수 신호 : 비율이 5일 동안 200일 지수 이동평균선을 상회할 경우
- 매도 신호 : 비율이 5일 동안 200일 지수 이동평균선을 하회할 경우

전략 비교

비교를 위해 사용한 측정치는 다음과 같습니다.

- 연평균수익률CAR : Compounded Annual Rate
- 최대손실률MDD : Maximum System Drawdown
- 위험조정수익률RAR : Risk Adjusted Return(CAR을 비중으로 나눈 비율)
- 샤프 비율SR : Sharpe Ratio

연평균수익률

상기에 제시한 전략을 SPY에 대한 매수 후 보유 전략기본 전략과 비교해보았습니다. 기본 전략 대비 높은 연평균수익률CAR을 기록한 전략은 5개 전략으로 8.3~8.8을 기록했습니다. 이 가운데 카나리아 전략이 가장 높은 수치를 보였습니다.

No.	노출	연평균 수익률	위험조정수익률	최대손실률	거래량	샤프 비율	마켓 타이밍
5	66.15	8.83	13.34	17.86	26	0.87	카나리아
8	82.76	8.76	10.58	21.85	7	0.80	200일 이동평균
23	82.23	8.74	10.63	18.57	6	0.83	1% 밴드
20	83.32	8.56	10.27	18.57	6	0.79	200일+5일 이동평균
11	80.45	8.25	10.26	19.34	8	0.74	골든크로스
2	100.00	7.65	7.65	55.18	1	0.47	매수 후 보유
29	69.04	7.38	10.68	17.31	11	0.70	LQD/IEF 비율
26	54.34	6.26	11.52	15.42	15	0.65	구리/금 비율
17	53.60	5.37	10.01	19.63	21	0.52	13주 하이&로우
14	47.66	5.20	10.90	27.54	8	0.54	제이 코포크

최대손실률

손실률drawdowns을 기준으로 하면 모든 전략이 기본 전략보다 우수한 것으로 나타났습니다. 변동성을 줄였다는 의미로도 해석할 수 있습니다. 이 가운데 구리/금 비율 전략이 가장 낮은 손실률을 보였습니다. 이는 비중이 낮은 데 기인한 결과인지도 모릅니다. 비중을 함께 고려해보면 상대적으로 LQD/IEF 전략이 우수한 것으로 보입니다

위험조정수익률

위험조정수익률RAR을 기준으로 하면 다시 한번 카나리아 전략이 두드러진 결과를 보여줍니다. 흥미로운 점은 구리/금 비율이 상위권에 있다는 점입니다.

샤프 비율

샤프 비율을 기준으로 하면 카나리아 전략이 또 한 번 가장 좋은 수치를 보였습니다.

결론적으로, 각각의 전략 모두 장단점이 있기 때문에 어떤 전략이 절대적으로 우월하다고 말하기는 어렵습니다. 서두에서도 언급한 바와 같이 본인이 직접 엑셀을 이용해서 감각을 익히는 것이 가장 중요합니다. 그리고 이러한 전략들을 실습해보면서 상기에 제시된 산식의 조건들을 변경함으로써 결괏값을 비교해보는 것도 필요합니다. 이러한 과정을 통해 본인에게 적합한 전략을 만들 수 있을 것입니다. 이러한 과정을 거치면 이제 여러분은 진짜 초보 투자자의 길로 들어서게 될 것입니다.

안정적인 수익률을 얻을 수 있는
자산배분 전략, LAA

GTT(성장-트렌드 타이밍)을 이용한 자산배분의 최신 모델

최근 코로나바이러스로 인해 대혼란을 경험하면서 어떠한 시장 상황에 직면하더라도 포트폴리오를 방어하며 안정적인 수익률을 얻을 수 있는 포트폴리오 모델 또는 자산배분 모델을 찾는 분이 많아졌습니다. 사실 이러한 개념에 입각한 모델은 이미 발표되었고, 많은 자산운용사가 상품화해서 판매하고 있습니다. 그럼에도 불구하고 기존 상품에 조금은 회의적이어서 더 나은 이론이 없을까 하는 기대감을 갖고 있는 것도 사실입니다. 먼저 이러한 논리에 입각한 모델에 대해서 살펴보고, 이를 보완하리라 생각하는 새로운 이론GTT을 소개하려 합니다. 개인적인 생각으로 본 모델은 앞장에서 언급한 내용을 완전히 숙지하고 상위 개념을 바탕으로 한 모델을 원하는 분들이 직접 해볼 수 있는 것이라 생각합니다.

  시장 상황에 관계없이 안정적인 운용이 가능한 이론은 해리 브라우니의 영구적 포트폴리오298페이지 참고이며, 이를 보완한 모델이 사계절 포트폴리오 모델입니다. 사계절 포트폴리오를 개발한 레이 달리오는 자산 가격을 움직이는 요인으로 4가지를 지목했습니다. 인플레이션·디플레이션·경제성장률 상승·경제성장률 감소가 그것입니다. 이러한 환경이 투자 자산의 가격이 하락하거나 상승하는 데 결정적인 영향을 미친다는 것입니다. 그런데 여기서 제일 중요한 것은 자연의 계절과는 달리, 모델에서 제시하는 계절은 순서에 상관없이 언제 나타날지 알 수 없다는 점입니다.

따라서 4가지 잠재적인 경제 환경에 대한 각각의 위험이 25%라고 생각하고 포트폴리오 비중을 설정하게 됩니다. 레이 달리오는 "이렇게 각각 동일한 위험을 가진 4가지 포트폴리오를 설정하면 어떤 특정 환경에도 크게 노출되지 않아서 각각의 위험에 대한 보호수단을 갖게 된다"라고 설명합니다. 이러한 투자 전략을 사용하면, 금융 사계절의 예측 불가능한 변동성으로부터 자산을 보호할 수 있으며, 어떤 계절이 닥쳐와도 전체적인 투자 포트폴리오에는 큰 영향이 없습니다.

시장 상황에 적합한 자산배분 모델 : LAA 모델 개요

시장 상황을 고려해서 변동성을 최소화하고 안정적인 수익률을 얻을 수 있는 자산배분 모델이 있습니다. 지금부터 소개하려는 LAALethargic Asset Allocation 모델입니다. LAA 모델은 시장 상황을 판단하고, 그 상황에 적합하게 자산을 배분하는 것을 목적으로 합니다. 시장 상황을 판단하기 위해서는 먼저 현 국면이 경기 침체 국면인지 아니면 경기 활황 국면인지를 판단해야 합니다. 경기 국면에 대한 판단에는 실업률을 사용합니다.

이는 본 모델의 이론적 배경인 ≪필로조피칼 이코노믹스Philosophical Economics(2016)≫에서 발표한 논문 <경제 성장률과 추세 : 주식시장 마켓 타이밍을 위한 간단하고 강력한 기법Growth and Trend: A Simple, Powerful Technique for Timing the Stock Market>에서는 "경기 판단에 관한 가장 강력한 지표는 FRED에서 매월 발표하는 실업률 모멘텀이다. 여기에 실업률과 S&P 500 지수 모멘텀을 동시에 고려했을 때 더욱 유용한 판단지표GTT : Growth Trend Timing가 된다"라고 제시했습니다.

이러한 판단지표 GTT를 기반으로 각각의 시장 상황에 적합한 포트폴리오를 구성하는 것이 LAA 모델의 핵심입니다.

시장 상황에 대한 판단 기법과 포트폴리오 구성

경기 침체는 실업률UE12SMA을 기준으로 판단합니다. 즉, 실업률 12개월 이동평균선 SPY10SMA이 상승하면 경기 침체로 규정합니다. 그리고 SPY에 대한 추세는 10개월 이동평균선을 사용합니다. 그래서 2가지 지표를 기준으로 아래와 같이 '위험자산에 투자 가능한 시장risky market'과 '안전자산에 투자 가능한 시장cash market'으로 구분합니다.

	실업률(UE12SMA) 하락	실업률(UE12SMA) 상승
10개월 이동평균선(SPY 10SMA) 상승	위험자산에 투자 가능한 시장	위험자산에 투자 가능한 시장
10개월 이동평균선(SPY 10SMA) 하락	위험자산에 투자 가능한 시장	안전자산에 투자 가능한 시장

위의 결과를 보면서 대부분 불마켓Bull Market, 강세장인 점에 대해 의아하게 생각할 수도 있습니다. 그런데 실제로 1949년 2월부터 2019년 10월까지 분석한 결과, 전체 구간에서 13%만 안전자산에 투자 가능한 시장으로 밝혀졌습니다. 그리고 최근 10년간은 2% 구간에서만 안전자산에 투자 가능한 시장이었습니다. 다음 그래프를 보면 12개월 이동평균선 MA12이 상승세로 전환하는 경우 대부분 경기 침체 국면에 진입했음을 알 수 있습니다.

그렇다면 포트폴리오는 어떻게 구성할까요? LAA 전략에 사용되는 포트폴리오는 영구적 포트폴리오와 유사합니다. 즉, 어떤 경제 상황이 닥치더라도 이에 대비할 수 있게 구성했습니다.

- 상승장 : 미국 주가 지수(IWD, QQQ: Russell 2000, Nasdaq)
- 불황 : 단기채(SHY : 1-3Y Treasury)
- 인플레이션 및 자산배분 효과 극대화 : 금(GLD : Gold)
- 디플레이션 : 장기채(IEF : 7-10Y Treasury)

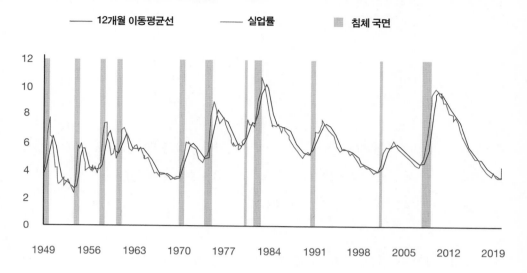

● —— 미국의 실업률과 경기 침체 국면의 상관 관계

—— 12개월 이동평균선   —— 실업률   ■ 침체 국면

그리고, 포트폴리오 자산 비중은 각각 25%씩 배분됩니다. 이러한 포트폴리오는 GTT에 따라 국면별로 다음과 같이 편입하도록 설정되었습니다.

- **위험자산에 투자 가능한 시장** : QQQ(25%), IWD(25%), GLD(25%), IEF(25%)
- **안전자산에 투자 가능한 시장** : SHY(25%), IWD(25%), GLD(25%), IEF(25%)

연간 10%대의 수익률과 안정적인 변동성

앞선 내용을 기반으로 분석한 결과 다음과 같은 성과를 얻을 수 있었습니다_{거래비용이 반영}
_{된 것임.}

출발시점	종료시점	연간수익률	최대손실률	연간변동성
1949년 2월	1981년 6월	10.6%	15.0%	8.2%
1981년 6월	2019년 10월	10.4%	14.4%	8.8%
1999년 10월	2019년 10월	9.0%	13.1%	8.1%
2009년 10월	2019년 10월	9.5%	5.5%	7.8%
1049년 2월	2019년 10월	10.5%	15.0%	8.5%

　표에서 보듯이 전체 분석 기간1949/2~2019/10 동안의 수익률은 연간 10.5%이며 연간 변동성은 8.5%인 것으로 나타났습니다. 이는 리스크 대비 수익률이 더 높다는 것을 의미하는 것으로, 본 모델의 목적인 변동성을 최소화하면서 안정성을 추구한다는 가정이 증명된 것입니다.

　저도 마찬가지이지만 이 책을 읽고 있는 독자분들은 코로나바이러스 사태가 본 모델의 성과에 어떤 영향을 미쳤을지 궁금할 것입니다. 그래서 1994년 8월부터 2020년 5월까지 백테스팅을 실시해보았습니다. 이에 대한 결과는 아래 표와 같습니다. 분석 기간이 위와 다른 이유는 제가 수집 가능한 데이터 상의 제약요인 때문입니다.

출발시점	종료시점	연간수익률	최대손실률	연간변동성
1994년 8월	2020년 5월	10.4%	13.1%	8.8%

　그리고 S&P 500 지수와 비교했습니다.

2007월 1월~2020년 5월	LAA 전략	S&P 500
연간수익률	9.1%	8.0%
연간변동성	8.4%	15.3%
최대손실률	13.1%	7.0%

사실 자산배분 상품을 단순히 종합주가 지수와 비교하는 것은 논리에 맞지 않습니다. 그럼에도 불구하고 종합주가 지수와 비교한 이유는 수익률과 리스크 측면에서 LAA 전략에 장점이 있음을 강조하기 위해서입니다.

지금까지 설명한 모델은 여러분이 스스로 충분히 실습하고 실전에 사용할 수 있습니다. 분석을 위한 데이터들은 야후닷컴Yahoo.com에서 수집할 수 있고, 실업률 데이터는 FRED 홈페이지Fred.stlouisFED.org에서 찾을 수 있습니다. 그리고 특별한 로직이 있는 것이 아닙니다.

물론 거래를 자주 하는 투자자들에게는 적합하지 않을 수 있습니다. 그러나 매수 후 보유 전략을 유지하면서 자신만의 연금 포트폴리오를 구성하고 싶다면, 한 번쯤 실천해도 무리가 없을 것입니다. 또한 보다 전문적인 지식을 갖고 있는 투자자라면 자신만의 고유한 모멘텀 지표를 사용해서 포트폴리오를 일부 교체하는 등의 방식으로 응용할 수 있습니다.

마지막으로 거듭 강조하건대, 어떤 자산배분 전략이든 투자 전략이든 간에 자신에게 적합한 것을 선택하기 위해서는 직접 실천해보고 경험해야 합니다. 그것이 최선의 투자 전략입니다.

통찰의 투자 : 주식편

초판 1쇄 인쇄일 2020년 7월 27일 • 초판 1쇄 발행일 2020년 8월 6일
지은이 박재훈
펴낸곳 도서출판 예문 • 펴낸이 이주현
편집기획 김유진 • 마케팅 김현주
등록번호 제307-2009-48호 • 등록일 1995년 3월 22일 • 전화 02-765-2306
팩스 02-765-9306 • 홈페이지 www.yemun.co.kr
주소 서울시 강북구 솔샘로67길 62(미아동, 코리아나빌딩) 904호

ⓒ 박재훈, 2020
ISBN 978-89-5659-384-5 13320